高 等 学 校 小 学 教 育 专 业 教 材

U0661127

# 教育法律法规教程

主编 黄正平 阎玉珍

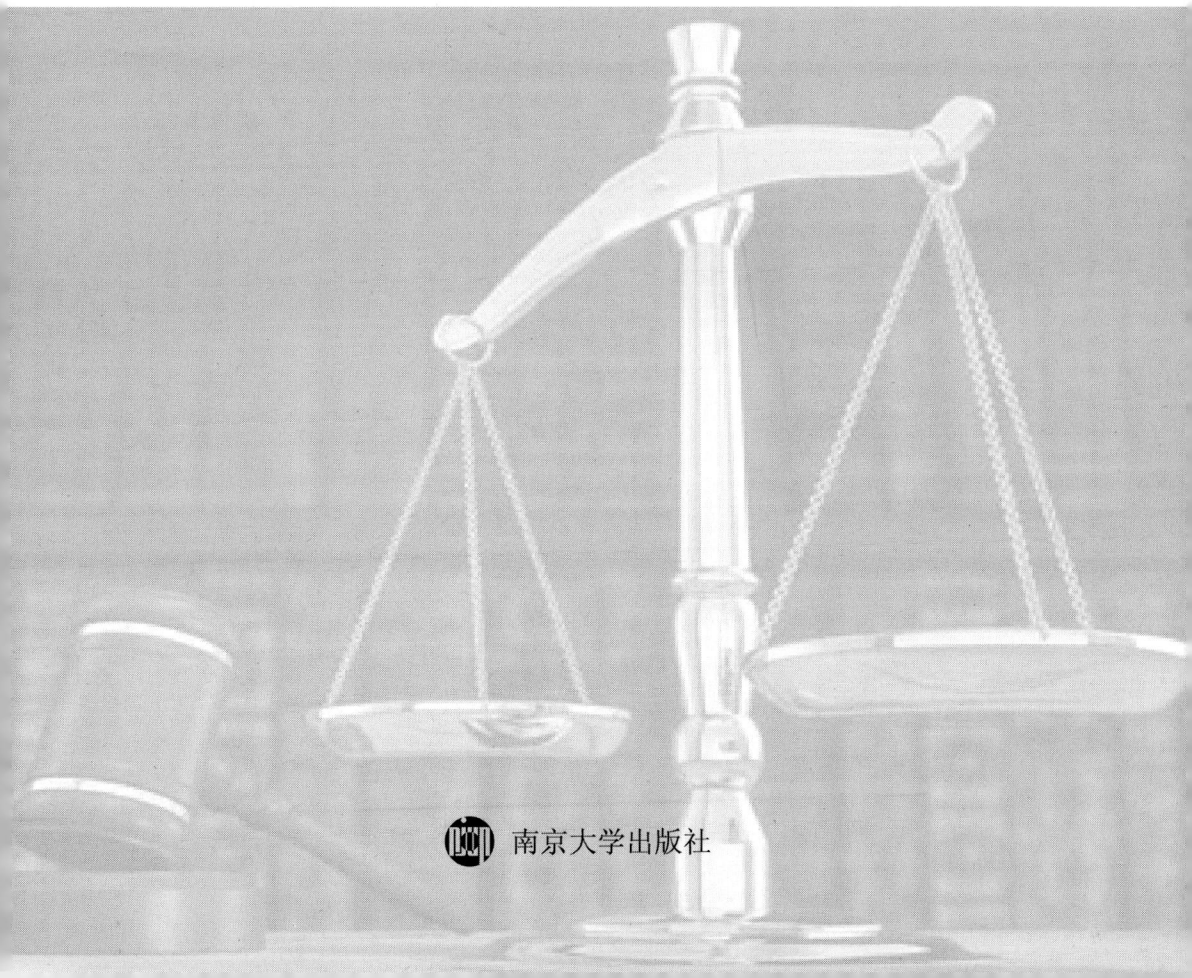

南京大学出版社

# 目　　录

# 第一章 绪 论

## 【学习提示】

　　进入现代社会,为了保障教育秩序的稳定和教育事业的健康发展,教育法制建设问题引起各国的普遍重视。通过教育立法、教育执法和教育守法,加强对教育的管理,成为一种世界性的趋势。教育法律法规也成为国家法治化建设进程中的重要法律部门,并逐步趋向完善。

　　本章作为绪论,是本书的导言。主要介绍我国教育法制化建设的社会意义、历程与现状;教育法律关系与教育法制体系。通过本章的学习,可以了解教育法制建设与现代教育的内在关系及其影响,了解我国教育法制建设的基本历程、依法治教的基本目的和基本要求,了解《教育法律法规教程》的研究内容和学习意义,掌握本课程的学习要求和基本方法。

## 【案例导航】

　　重庆应用外国语专修学院是一所全日制高等教育自考助学的民办非学历教育机构,不具备独立招生、独立发放文凭资格。该校于 2008 年起违规设置高级护理专业,并以"统招"名义招生,声称学校为"大学统招、补录",学生可以拿到教育部颁发的本科文凭。学校四处邮寄录取通知书,2008 年和 2009 年先后有 200 多名来自云南、贵州、四川等国内 20 个省市的高考落榜生来此就读高级护理专业。学生在报名参加护士资格考试时才得知,该校没有办学资质,学生在教育部没有注册学籍,不能报名参加护士资格考试。此后,学校因无专业教师上课、无法为学生提供护士证考试资格等原因,引起家长和学生的不满情绪。在多方干预和努力下,有关部门为 100 多名 2009 级新生办理了退学,剩余 100 多名已在校就读一年的学生不得不接受一所中专的代培,拿到中专文凭才能继续深造。

　　　　　　　　　　　　　　(摘编自新华通讯社《内参选编》,2010 年 5 月 12 日第 18 期)

　　思考:

　　(1)重庆应用外国语专修学院为什么不能开办高级护理专业、招收该专业学生?

（2）学校依法办学、依法治教有何重要社会意义？

## ·第一节　现代教育与教育法制·

教育走向法制化有一个历史过程。教育发展到今天,进行教育法制建设具有重要的社会意义,随着教育法制进程的加速,教育法律在法律体系中的地位不断提高。本节将介绍教育走向法制化的社会背景、教育法制建设的社会意义和教育法律在法律体系中的地位。

### 一、教育走向法制化的社会背景

教育是一种古老的、广泛存在的、极其重要的社会现象。从出现之日起,教育就肩负着教授和传承人类已有的、世代积累起来的、以生产经验和社会生活规范为主要内容的人类文明这一重任,对社会的延续和发展起着巨大的作用。在进入现代社会以前,由于经济生活落后、社会交往隔绝、社会等级界限森严,教育主要是为社会的政治需要服务,受教育也是少数人的特权,学校的数量与规模有限,教育的社会功能以及由此产生的受教育机会、教育内容、教育制度等均受到极大的限制。教育关系的调整更多的是依靠以道德为主要特征的社会习俗和传统习惯来完成,因而也就不可能存在现代意义上的教育法制活动。

资本主义制度形成后,教育开始进入法律调节的领域。这既是社会内在规律发展的必然结果,也是现代教育的必然要求。时至今日,教育已经成为一项规模宏大的、大众化的社会事业,成为现代社会生活的一个重要组成部分。

（一）教育立法的历史

纵观世界各国的教育法制建设历程,教育立法大致经过了三个阶段。

1. 教育零星立法阶段

第一个阶段是资本主义发展初期的教育零星立法阶段。从英、美、德、法、俄等国的情况看,这一阶段主要是资产阶级国家与教会势力争夺教育领导权的斗争,是宗教教育与世俗教育之间的斗争。其斗争结果是逐步确立了国家政权对教育事业的领导权,确立了现代教育管理领导体制的基础,确立了国民教育和世俗教育的合法地位。

2. 义务教育立法阶段

第二个阶段是 19 世纪下半叶大机器工业发展后的义务教育立法阶段。这一阶段的教育法规从表现形式到法规内容都有了较大的发展。由于机器大工业迅速发展,要求有较高教育水平的新的劳动职业不断出现。同时在现代化的生产过程中,劳动生产率的提高不能只靠传统的延长劳动时间或增加劳动强度,而必须依靠提高劳动者的受教育程度,依靠先进科学技术的应用。因此,在19世纪末期,资本主义国家基本上都发布了强迫义务教育法令,而且相继将普及初等义务教育写进了宪法,进一步加强对各级教育特别是公共教育的控制,统一学制,延长义务教育年限,并注重兴办职业教育。

3. 教育广泛立法阶段

第三个阶段是第二次世界大战以后的教育广泛立法阶段。二次大战后,教育在世界范围内获得迅速发展,无论是资本主义国家,还是社会主义国家,都在致力于教育的深度发展。20世纪中期以后,世界的政治、经济形势发生了巨大变化,各主要发达国家之间的竞争逐步转向了科技竞争,国力的竞争实质上演变成为科技、人才与教育的竞争,教育的作用日益彰显。发达国家的民众争取受教育权利的斗争成为一种社会意识,"教育民主化"、"大众化"的趋势使得教育管理问题变得复杂化。与此同时,依靠发展教育提高国民素质也成为各国特别是广大发展中国家提升综合国力的必由之路。

(二)教育立法的现状

随着人类文明的进步、社会现代化的发展,社会生活变得越来越复杂化。各国教育事业的迅猛发展,教育与人们社会生活之间的联系更是日益加强,教育对社会和个人发展的影响与作用日益显露,人们对教育权益的要求越来越强烈。新的社会、经济秩序不仅需要法律,而且需要更多、更全面完整的法律;不仅需要法律具有强制性和权威性,而且要求法律的适用具有确定性、一致性和稳定性。因此,现代法治社会出现的不仅是大规模增长的法律部门与数量,更主要的是法律在社会中的地位的增强、法律调整范围的外延扩张,进而逐步成为主要的社会控制手段和工具。现代法制不仅仅是静态意义上的一套法律制度,而且成为一种按照民主原则把国家事务制度化、法律化,并严格地依法办事的治国方式。社会现代化其实也是法律社会化、社会法律化的过程。

现代教育法制就是顺应这种社会现代化、教育现代化潮流而诞生并逐步生长起来的。为了保障教育秩序的稳定和教育事业的健康发展,教育法制建设问题引起各国的普遍重视。通过教育立法、教育执法和教育守法,加强对教育的管理,成为一种世界性趋势。但我国的教育立法起步较晚,教育执法相对滞后,教育法制建设任重道远,在教育法制国际化的背景下,还需要我国政府和社会各界共同努力,迎头赶上世界发达国家教育法制建设的步伐。

## 二、教育法制化的社会意义

教育法制化,就是依法治教,是在社会主义民主的基础上,使教育工作逐步走上法制化、规范化的道路。教育法制化具有重要的社会意义。

### (一) 教育法制化是现代教育普及化、大众化的要求

我国是人民当家做主的社会主义国家,享有受教育权利是保障人民当家做主地位的具体体现。国家实施科教兴国战略,教育要为大力发展生产力、推进社会主义市场经济和现代化建设服务。社会主义市场经济条件下由于科学技术因素的大量介入,劳动的性质、内容及条件都发生了极大的变化,新的劳动职业不断涌现,对人的教育素质提出了新的更高的要求。普及教育成为经济社会发展的内在要求和必然趋势。然而普及教育并不是自发产生的现象,它必须是自觉的、有意识的推动过程,必须运用法律的强制力量来保证教育的普及。

教育的普及化、大众化最终要在法制的保障基础上才能真正得到实现。《中华人民共和国宪法》(简称《宪法》)规定了公民享有受教育的权利和国家发展各种教育设施的原则。1986年通过的《中华人民共和国义务教育法》把有步骤地实行九年义务教育作为一项基本国策,使它成为新中国成立以来有关普及教育的最重要的一部法律。

### (二) 教育法制化是现代社会教育权社会化、国家化的要求

现代社会以前,教育主要是一种家庭的职能和权利。即使是在出现了早期的学校和专职的教师职业以后,家庭对子女的教育仍然负有全部责任。而到了现代社会,统治阶级在发展生产、管理经济和社会以及维护自己政治统治的过程中,越来越深刻地认识到国家控制教育的重要性,因此,凭借法律制度来实现国家对教育的控制就成为教育现代化的重要标志。现代各国普遍通过立法手段规定全面的教育政策和目标、制定教育发展规划和计划、筹措教育经费和分配教育资源、编写或审定教科书、设置和审批教育教学机构等等,以此来控制教育活动。

我国为了保障教育的社会主义性质,保障国家行政在管理教育事务中的作用,同样必须依靠加强教育法制建设。通过推进教育法制化,明确国家、社会、学校、家庭的职责权限,依靠各方面的自觉性、主动性和积极性来对教育实施领导,使一切

社会力量统一起来,形成有机的、和谐的教育管理体系。要按照教育规律,运用法律调节,慎重、妥善地处理好国家与社会、中央与地方、政府与学校之间在教育管理与利益分配上的复杂关系。

### (三)教育法制化是现代学校活动复杂化、有序化的要求

教育现代化、社会化的一个直接结果就是学校活动的日益复杂化和有序化。现代经济社会的发展对人才的规格、标准和数量提出了新的要求,从而形成了现代学校制度。这种制度要求教育同社会的人才需求结构相适应,要求形成一个从幼儿到青少年、到成人,并由家庭、学校、社会密切配合的一体化的学校体系,从而促使学校工作规范化、制度化并推动教育立法、教育执法向纵深发展。课程计划和方案的编制,教科书的编写审定,学生入学、升学、毕业与就业等的学籍管理,学校办学条件和设施的评估,教师资格和职称的审查与评定等正在逐步做到有法可依。

我国幅员辽阔,地区经济与社会条件、教育发展水平差异明显。因此,一方面要给予各级教育行政部门以及学校更大的办学自主权,使学校教育教学活动能较好地适应当地不断变化的社会要求;另一方面,复杂化的学校运行与管理过程要能真正实现有序化,如果单纯依靠具有千差万别的利益诉求与价值取向的学校管理者和教师来自觉、主动完成是难以想象的,还需要依据法律。通过教育法制化,要求学校的教育教学活动和财物的管理与使用均有相应的运作方式、程序和评估标准,从而保障学校教育目标、方向的正确以及教育教学活动的连续性和稳定性。

### (四)教育法制化是现代国家法制化的要求

在进入现代社会以前,法律并不是独立的社会控制要素,而是附属于行政的一种辅助手段。进入现代社会以后,为维持现代社会政治、经济和社会生活的稳定与发展,迫切需要建立和完善作为社会管理要素的法律,从而实现社会管理的法制化。

依法治国,建设社会主义法治国家,是党的十五大和宪法确立的党领导人民治理国家的基本方略。依法治国,就是广大人民群众在党的领导下,按照宪法和法律的规定,通过各种途径和形式管理国家事务、管理经济文化事业、管理社会事务,保证国家各项工作都依法进行,逐步实现社会主义民主的制度化、法律化。依法治国要求社会的各项事业都需要依法治理,社会的各项工作都需要依法办事。依法治国要求教育领域依法治教,实现教育法制化。教育事业是国家事业的重要组成部分,而且在国家各项事业中具有基础性、先导性、全局性的地位和作用。在现代

国家,依法治国和科教兴国是不可或缺的两大支柱。我国现代化发展将依法治国与科教兴国同时作为治国的根本方略。要实现科教兴国,必须推进教育法制化建设。只有做到依法治教,才能保障教育事业持续健康发展,才能达成教育事业的繁荣与兴旺,从而真正实现科教兴国。

## 三、教育法律在法律体系中的地位

教育法制化,首先要有完善的法律制度,并且明确其在国家法律体系中的地位。

### (一)法律部门、法律体系

一个国家的现行法律规范尽管在形式上多种多样,在具体内容上各不相同,在功能上也存在着差异,但它们并不是杂乱无章的。若干相关的法律规范构成了法律制度,若干相关的法律制度又构成了一个法律部门。法律部门,又称为部门法,是运用特殊调整方法调整一定种类社会关系的法律规范的总和。在现行法律规范中,由于调整的社会关系及其调整方法不同,可分为不同的法律部门,凡调整同一类社会关系的法律规范的总和,就构成一个独立的法律部门。学界把法律部门归为九类:宪法、行政法、民法、刑法、诉讼法、经济法、劳动法、环境保护法、军事法。法律体系是由不同法律部门的现行法律规范所组成的有机统一的整体。

### (二)教育法律在法律体系中的地位

教育法律在法律体系中的地位,是指教育法律在法律体系中所处的位置,这是教育法学研究极为关注的一个重要问题。特别是由于教育法学是一门较新的、基础较为薄弱的学科,因而研究教育法律法规在国家法律体系中的地位更具有迫切而又重要的意义。

当然,学界也有人主张教育法律应当成为一个独立的法律部门或至少是一个二级的独立法律部门。从发展的眼光看,随着教育事业的发展、教育法律关系正在不断深入和扩展,教育法律法规的调整对象的广泛性、复杂性正在显示出来,法律必然向教育各个层面、各个阶段、各个环节渗透,教育法律体系也会逐步完善,教育法律将会从行政法部门中独立出来成为一个单独的法律部门。目前,我国教育法律体系已经初具规模,把教育法律从行政法部门中独立出来,建立相对独立的教育法律部门,既具有可能性,也具有必然性。

首先,随着教育终身化发展,教育已经成为现代社会中一个最为重要的职能部门,其涉及的社会面最广,参与人员最多,由此产生的教育关系不仅是各种社会关系中最为复杂的关系之一,也是一种区别于其他社会关系的具有特殊性和相对独立性的社会关系,教育法律的完善及其所调整的教育关系的广泛性使教育法律构成相对独立的法律部门具有了可能性。

其次,教育法律自身体系建设发展迅速。20世纪80年代以来,我国加快了教育立法步伐,教育法律在数量上增长迅速,教育法律的内容不断丰富。1981年1月1日,新中国的第一部教育法律——《中华人民共和国学位条例》(简称《学位条例》)正式实施,拉开了中国依法治教的帷幕。特别是在世纪之交,我国教育立法呈现出加速发展的趋势,《中华人民共和国义务教育法》(简称《义务教育法》,1986年颁布、2006年修订)、《中华人民共和国教师法》(简称《教师法》,1993年)、《中华人民共和国教育法》(简称《教育法》,1995年)、《中华人民共和国职业教育法》(简称《职业教育法》,1996年)以及《中华人民共和国高等教育法》(简称《高等教育法》,1998年)、《中华人民共和国民办教育促进法》(以下简称《民办教育促进法》,2002年)等相继颁布和实施,标志着具有中国特色的社会主义教育法律体系的基本框架初步形成,标志着我国开始走上依法治教的轨道。特别是具有国家基本法地位的《教育法》的颁布实施和一系列单行教育法律法规的不断推出,作为法律部门应有的各层次法律规范表现形式已经基本具备。教育法律调整的教育关系范围不断扩大,不再仅仅局限于教育行政关系,已远远超出了行政法规调整的范围。教育法制建设实践发展的需要将会使教育法律建设成为一个独立法律部门。

## 第二节 我国的教育法制建设

加强教育法制建设,就是强调依法治教,完善教育立法,做到有法可依、有法必依、执法必严、违法必究。这一节介绍依法治教的基本目的和要求、我国教育法制建设的历程、我国教育法制的体系结构。

### 一、依法治教的基本目的和要求

依法治教,是指国家机关以及有关机构依照与教育相关的法律规定,在其职权范围内从事有关教育的治理活动,以及各级各类学校及其他教育机构、社会组织和公民依照与教育相关的法律规定,从事办学活动、教育教学活动及其他有关教育的活动。依法治教,简言之,就是指在社会主义民主的基础上,使教育工作逐步走上法制化、规范化。依法治教的这一定义,明确了依法治教的基本目和要求。

(一) 依法治教的基本目的

1. 确保教育的战略地位

《教育法》第四条明确规定:"教育是社会主义现代化的基础,国家保障教育事业的优先发展。"国家通过教育立法确保教育事业优先发展,使"科教兴国"战略法制化,保障"科教兴国"战略的贯彻实施。

2. 保障公民的受教育权

《宪法》第四十六条规定:"中华人民共和国公民有受教育的权利和义务。"受教育权是公民的基本权利,依法治教的目的是落实宪法赋予公民的权利,保障公民的受教育权。为了保障公民的受教育权,《教育法》还强调了对家庭经济困难的学生、残疾学生、有违法犯罪行为的未成年人的受教育权的保障。即第三十七条至三十九条的规定:"国家、社会对符合入学条件、家庭经济困难的儿童、少年、青年,提供各种形式的资助。""国家、社会、学校及其他教育机构应当根据残疾人身心特性和需要实施教育,并为其提供帮助和便利。""国家、社会、家庭、学校及其他教育机构应当为有违法犯罪行为的未成年人接受教育创造条件。"《义务教育法》则强调了义务教育的公益性,强调政府的职责:"国家实行九年义务教育制度。义务教育是国家统一实施的所有适龄儿童、少年必须接受的教育,是国家必须予以保障的公益性事业。"

3. 保护学校的管理秩序

依法治教的目的是保护学校良好的管理秩序和教育教学秩序。为了建立良好的管理秩序和教育教学秩序,学校、教师、学生要依据《教育法》行使权利,履行义务;对于未成年人,家庭、学校、社会、司法部门都要依据《未成年人保护法》和《预防未成年人犯罪法》各司其职,为未成年人的成长创造良好的成长环境。

依法治教是依法治国方略在教育领域的具体体现,是在社会主义民主的基础上,以一定的教育法律体系为基础,依据法律来加强对教育事业的管理和规范,以促进教育事业发展的过程和手段。依法治教作为一个过程,是随着教育法律体系的完善、人们的教育法律意识水平的增强、行政和司法机关的教育执法、司法水平的提高而不断推进的。正是在这个意义上,依法治教目的的实现需要人们做出长期的努力。依法治教作为一种手段,是指它与行政手段、经济手段等一样,是加强教育行政、学校管理、教育教学及其他教育行为的有效手段,它与上述手段一起成为做好教育工作的基础。

（二）依法治教的基本要求

依法治教的内容,主要包括教育立法、教育普法、教育执法、教育司法、教育守法、教育法律监督、教育法律救济等方面。其中依法行政、依法治校是依法治教的核心体现。

依法治教要像依法治国一样,必须做到"有法可依、有法必依、执法必严、违法必究"。

1. 有法可依

有法可依,要求有权创制教育法律法规的国家机关应根据国家教育发展战略和规划以及教育管理的实际需要,加强教育立法,尽快建立比较完善的、适应社会主义市场经济体制需要的教育法律体系。有法可依虽是立法部门的事,但我们教育工作者和关心教育事业的各界人士都有权通过合法途径,对我国教育提出立法建议,呼吁立法部门加快立法进程。

目前我国教育已经初步形成了有中国特色的社会主义教育法律法规体系,使教育的重大问题和教育工作的重要方面都有了法律依据和保障。在教育法律法规的统领下,我国已依法实施和规范了从学前教育到高等教育的学校教育制度,义务教育制度、职业教育制度和成人教育制度,教育考试制度、学业证书制度和学位制度,以及教育督导和学校教育评估制度等教育基本制度;明确了我国基础教育、职业教育、高等教育的管理体制、投入体制,中央与地方在管理教育事业中的职责与权限;确立了各类教育活动主体的行为规范及权利义务关系,在教育各个重要方面、重要环节上都形成了较为完善的制度规范。这些制度规范,将我国教育改革的重要成果和成功经验,提升为普遍遵循的行为准则,形成了我国教育体制的基本框架,同时也成为推动和保障教育改革的重要的制度资源,为构建面向 21 世纪充满生机的有中国特色社会主义教育体系,奠定了坚实的基础。

2. 有法必依

有法必依,要求我们在教育管理和教育教学活动过程中,必须遵守宪法和《教育法》确定的基本原则,坚持教育的社会主义方向,发展社会主义教育事业;做到正确行使权利,行使权利不得以损害他人的权利为代价;严格履行义务,法律规定必须做到的一定要积极主动地去做;坚决执行教育法中的禁止性规定,即法律规定禁止做的或不准做的,坚决不做。教育法制建设推动了我国教育管理和运行方式的现代化进程。教育法律规范的建立,有力促进了各级政府、教育行政部门和政府有关部门转变观念、树立法治意识,推动对教育的管理由主要运用行政手段向主要依靠法律手段的转变。这种转变使我们突破了传统管理模式,向现代教育行政迈出了步伐,对建立与社会主义市场经济体制相适应的教育新体制有很重要的意义。

当然,在我国已经基本建立教育法律体系的情况下,在实际的教育工作中,仍存在着大量的不依法治教的现象。比如,教师体罚和变相体罚学生的问题屡禁不止;教育行政部门不能充分尊重和维护学校的办学自主权,各级教育行政部门还没有真正将依法行政变成为普遍、自觉的行为,仍习惯于运用行政指示、行政命令等老办法。这些现象的存在表明,要实现依法治教,必须做到有法必依。

3. 执法必严

执法必严,要求教育行政部门在任何时候、任何地点、任何条件下的执法活动都应坚持统一而一贯的执法尺度。法的权威性、严肃性是法能够在全国普遍而长久发生效力的前提。法律不是橡皮筋,不是可长可短的。执法活动不是搞运动或会战,突击性的执法活动只能一时起到些作用,不能发挥法的长久效能,而且战役式的执法活动在一定程度上损害了法的严肃性和政府执法活动的权威性。因此,应将执法必严的要求贯彻到教育行政部门日常的行政管理工作中去。

各级教育行政部门要严格履行保护青少年和学生身心健康发展的法律职责,坚决制止侵犯学生合法权益的行为。对各种违反国家规定、侵犯少年儿童接受义务教育权的行为、违反教育方针的行为、教师体罚或变相体罚学生的行为、影响学生身心健康的行为,要予以制止;对侵犯教师合法权益的行为,要依照法律的规定进行查处。教育部门也要主动与公安、工商、文化、卫生等职能部门加强协作,探索建立综合执法机制,积极依据《预防未成年人犯罪法》等法律法规,治理、整顿学校校园及周边环境,维护学校正常的教育教学秩序。同时,要加强对中小学的法律指导与援助,注重通过司法手段合法处理教育纠纷,维护学校、教师和学生的合法权益。

4. 违法必究

违法必究,是"法律面前人人平等"原则在司法活动中的具体体现。《宪法》规定,任何组织或个人都没有超越宪法和法律的特权。因此,教育领域与其他社会领域一样,不管是什么组织、什么人,不管其地位有多高、社会影响有多大,一旦违法都要受到追究。作为学生特别是作为未来的人民教师,应该知法、守法、不违法,一旦违法,就要承担相应的法律责任,接受法律制裁。

推进法律的有效实施,需要建立有力的监督和制裁机制。司法机关应当加强执法力度,加快案件审理速度,起到惩恶扬善的作用。各级人大及其常委会对教育法律实施情况进行的执法检查,是促进教育法律实施的有效监督和制裁制度,也是对教育工作的最大支持。要积极利用司法监督、政府系统的层级监督、监察和审计等机关的专项监督以及党内的监督和社会舆论监督等多种监督方式,综合发挥各种监督渠道的作用,充分发挥法律制裁的惩戒效应,切实推动教育法律法规的落实。

## 二、我国教育法制建设的历程

我国的教育立法经历了从无到有、从零星到系统的过程,改革开放以后教育立法过程呈现出加速发展的趋势。目前我国教育已经初步形成了有中国特色的社会主义教育法律法规体系,使教育的重大问题和教育工作的重要方面都有了法律依据和保障。

### (一)新中国成立之前的教育立法

在我国两千余年的封建社会时期,封建法律的发展是相当可观的。伴随着维护封建地主阶级教育特权的封建官学制度形成的同时,法律成为帝王管理教育的重要手段,教育法律法规的建设也取得了相当的成就。从其表现形式来看,开始只是皇帝对与教育有关的具体事务发出的诏令,隋唐以后,其逐步发展为行政法典的一部分。具体来说,主要包括学校设置、教学经费、教师管理、学生学业品行管理、科举制度等。

中国教育的近代化是从建立近代学校教育制度开始的。我国第一个近代教育法规的主要内容就是关于学制方面的。清光绪二十八年(1902年)公布的《钦定学堂章程》(壬寅学制)和光绪二十九年(1903年)公布的《奏定学堂章程》(癸卯学制)是我国最早两个具有近代法规性质的章程。由此开始,清廷颁布了一系列以建立国民教育制度为目的的教育法规,其主要内容有:规定教育宗旨,确立学制和各级各类学校的教育目标;设立教育行政机关,确立教育行政制度;以及对教师、义务教育、女子教育、教材审定等作出规定。

辛亥革命后,中华民国成立,其先后颁布的教育法规虽然性质各有差异,但内容均是围绕教育宗旨、学制、课程设置、教育行政组织和学校管理制度等方面展开的。如民国初年的《普通教育暂行办法》和《普通教育暂行课程标准》,特别是1922年颁布的《学制系统改革令》是在总结民国以来教育立法的经验教训、借鉴西方国家现代学校教育体制的基础上制订的,是一个较为成熟的学制法令。至此,中国的现代学校体制及其立法可以说是基本定型了。总的说来,民国时期的教育法规相对比较系统、完整和规范,并且吸收了先进国家教育立法的某些经验,在发展现代学校教育制度的历史进程中起到了一些进步作用。但从根本上讲,这些法律法规带有较为明显的封建性和专制性特点,内容较为空泛,而且有的法规内容变化不定,几乎无法实施。

中国共产党成立后,解放区"红色政权"也十分重视发展教育,以党的教育方针、政策为依据,制定了一些适合当时当地的教育法规,确立了工农民众的受教育权。这对促进新民主主义教育的发展发挥了重要作用,也为后来的新中国教育事业积累了宝贵的经验。

(二)改革开放前的教育法制建设

1949 年 12 月,新中国成立不久,中央人民政府教育部召开了第一次全国教育工作会议,为新中国的教育建设规定了明确的发展方向。建国初期先后颁布了《关于学制改革的决定》、《高等学校暂行规定》、《专科学校暂行规定》等法律法规,对建国初期教育事业的变革与发展起到了十分重要的作用,并对以后产生了强烈且深远的影响。1956 年 3 月,中共中央、国务院作出了《关于扫除文盲的决定》,这是建国初期国家教育法规建设的一件大事,它是中国几千年来第一次向文盲"宣战",充分体现了社会主义国家教育的"全民性"特征。

上世纪 60 年代初期,国家对教育事业进行了调整,为使教育事业重新步入平稳发展的轨道,国家制定了三部重要的教育法规,即《教育部直属高等学校暂行工作条例(草案)》(简称《高教十六条》)、《全日制中学暂行工作条例(草案)》(简称《中学五十条》)和《全日制小学暂行工作条例(草案)》(简称《小学四十条》)。这三大《条例》是新中国成立以来对高校、中小学工作做出的系统而科学的规范,它对稳定各级各类学校的教学秩序,规范各级各类学校的办学行为以及提高各级各类学校的教育质量均产生了良好的影响与作用。"文化大革命"期间,在极"左"错误思潮的主宰与影响下,教育工作呈现混乱状态,教育法制建设陷于停顿。

(三)改革开放后的教育法制建设

"文化大革命"结束,特别是 1978 年党的十一届三中全会确立"改革开放"基本方针后,我国的教育事业和其他事业一样,进入了新的历史时期,教育法制建设和教育立法重新受到了重视,开始了新的起步并不断向前推进。1980 年 2 月,由第五届全国人大常委会第十三次会议通过并于 1981 年 1 月 1 日正式实施的《学位条例》,是新中国成立以来第一部由我国最高权力机构制定的专项教育法规。1986

年4月12日,第六届全国人大第四次会议通过的《中华人民共和国义务教育法》,以基本法律的形式规定国家实施九年制义务教育,这是根据宪法和我国国情,为发展基础教育、保证义务教育的有效实施而制定的重要法规。1993年10月,第八届全国人大常委会第四次会议通过的《教师法》,是为保障我国教师合法权益、建设素质优良的教师队伍、促进社会主义教育事业发展而制定的专项教育法规。1995年3月18日,第八届全国人大第三次会议通过了我国教育的根本大法——《中华人民共和国教育法》。它的制定、颁布与实施,对于以法律的形式规范和促进我国各级各类教育事业的发展具有特别重要的意义,同时也为进一步制定我国各种专项教育法规提供了法律依据。1996年5月、1998年8月又相继颁布了《中华人民共和国职业教育法》和《中华人民共和国高等教育法》。自《学位条例》的出台到《高等教育法》的颁行,标志着改革开放30多年中,我国的教育立法工作取得了丰硕成果,我国的教育事业已初步形成具有中国特色的社会主义教育法律体系。

20世纪80年代以来,在由国家最高权力机构通过的各项重要教育法律法规先后颁行的同时,一些旨在进一步规范与推进我国各类教育事业发展的有关条例、规定也由国家最高行政机构颁布实施。如《全国中小学勤工俭学暂行工作条例》(1983年)、《国务院征收教育费附加的暂行规定》(1986年)、《幼儿园管理条例》(1989年)、《教师资格条例》(1995年)等。另外,各省市人大也制定了一些地方性教育法规,国家教育行政部门在其职权范围内制定了若干教育规章,地方人民政府根据当地教育发展的需要制定了相应的教育规章。这些条例、规定与规章,是我国独立的教育法规体系中的重要内容和有机组成部分。

进入21世纪后,我国教育事业被进一步置于优先发展的战略地位。为保障与促进教育持续、健康、科学地发展,教育法制建设在进一步加强,教育立法有了新的发展。2002年12月第九届全国人大常委会第三十一次会议通过了旨在促进民办教育事业健康发展的《中华人民共和国民办教育促进法》,界定了民办教育的性质,确立了民办教育的地位和民办教育主要法律主体、权利与义务关系等。2003年3月国务院公布了规范中外合作办学活动、促进教育对外交流与合作的《中华人民共和国中外合作办学条例》。

新世纪教育法制建设的一个重大事项是2006年6月经第十届全国人大常委会第二十次会议通过了对1986年颁布实施的《义务教育法》的修正案,新《义务教育法》于当年9月予以施行。该法进一步强调了义务教育的国家保障性,界定了义务教育的各类责任主体及其相应的法律责任。其颁布实施对于保障公民接受义务教育的权利,提高全民族素质,实施科教兴国和人才强国战略,对于落实科学发展观、推进社会主义和谐社会建设和实施全面建设小康社会的目标,具有重大的现实意义和深远的历史意义。

## 三、我国教育法制的体系结构

我国教育法制的体系结构,从微观上看,是一个个法律规范,从宏观上看,纵向呈现出宝塔形的体系,横向则呈现出网状的体系。

### (一)教育法律规范和教育法律关系

#### 1. 教育法律规范

教育法律规范是法律规范的一种特殊类型,它是由国家机关按照法定程序制定或认可,并以国家强制力保证实施的,调整教育法律关系的教育行为规则。教育法律规范是有关教育的法律行为模式的成文载体形式,是构成教育法律法规的细胞。它的完整性和系统性,关系着教育立法水平与质量。

教育法律规范作为构成教育法律法规的基本元素,按照其作用和形式,形成一定的类型体系,从不同角度来规范和约束教育行为,在每一个微观环节上形成联系,共同形成教育主体权利和义务的保障体系。教育法律规范在其内部逻辑结构上,与一般法律规范一样,包括三个构成要素,即适用条件、行为模式和法律后果。

适用条件,是指法律规范中规定的适用该规范的条件和情况。即在一定范围内,具备一定条件时,该法律规范才对人的行为产生效力。

行为模式,是指法律规范中具体规定的人们的行为规则。它包括三种模式:一是可以做什么(可为),法律用语一般是"可以"、"鼓励"。这种模式的行为规则构成的法律规范称为"授权性规范",即法律将这一行为规则的行使权利赋予权利人,由权利人自己决定作为或不作为。二是应该做什么(应为),法律用语一般是"应当"、"必须"。这种模式的行为规则构成的法律规范称为"义务性规范",即法律规定义务人必须作为或不作为,否则将承担相应的法律责任。三是不得做什么(勿为),法律用语一般是"不得"、"禁止"。这种模式的行为规则构成的法律规范称为"禁止性规范",即法律规定义务人禁止行为、不得作为,否则将承担相应的法律责任。依据行为规则,法律规范分为授权性规范、义务性规范和禁止性规范三大类。行为模式是法律规范中的主体部分和核心内容,是法律权利和义务的具体表现。

法律后果,是指法律规范中规定的遵守或违反该规范的行为模式所引起的法律后果。它包括两种类型：一是肯定性法律后果，即褒奖某种行为，如《义务教育法》第十条规定："对在义务教育实施工作中做出突出贡献的社会组织和个人，各级人民政府及其有关部门按照有关规定给予表彰、奖励。"二是否定性法律后果，即惩罚某种行为，法律文件中的"法律责任"都是对违法行为的惩罚条款。

法律规范是法律条文的内容，法律条文是法律规范的文字表达形式。但一个法律条文并不一定等于一个法律规范。为了立法方便和文字表述上的简明扼要，一个完整的法律规范往往由几个法律条文来表达，甚至各组成部分散见于几个规范性法律文件中。一个法律条文也可以包含若干法律规范中的行为模式。如《义务教育法》第二十九条规定："教师在教育教学中应当平等对待学生，关注学生的个体差异，因材施教，促进学生的充分发展。教师应当尊重学生的人格，不得歧视学生，不得对学生实施体罚、变相体罚或者其他侮辱人格尊严的行为，不得侵犯学生合法权益。"这一法律规范中的适用条件是"在教育教学中"，行为模式是两个"应当"的行为和三个"不得"的行为，法律后果没有在这一条文中出现。在该法的第五十五条中规定："学校或者教师在义务教育工作中违反教育法、教师法规定的，依照教育法、教师法的有关规定处罚。"具体的法律后果体现在《教师法》第三十七条中："教师有下列情形之一的，由所在学校、其他教育机构或者教育行政部门给予行政处分或者解聘：（一）故意不完成教育教学任务给教育教学工作造成损失的；（二）体罚学生，经教育不改的；（三）品行不良、侮辱学生，影响恶劣的。教师有前款第（二）项、第（三）项所列情形之一，情节严重，构成犯罪的，依法追究刑事责任。"

我国教育法律规范主要采用成文法，即以规范性文件来表达法律规范。因此，教育法律规范的表现形式就是指承载教育法律规范的规范性文件。按照内容划分，教育法律可以分为教育实体法和教育程序法。教育实体法是指以规定教育主体的权利、义务关系或职责、职权关系为主要内容的教育法律法规；教育程序法是指以保证主体的教育权利和义务得以实现，或保证主体的教育职责、职权得以履行或行使所需程序或手续为主要内容的教育法律法规。作为我国教育法律规范的规范性文件，不是任何国家机关都可以制定的，《中华人民共和国立法法》（简称《立法法》）对立法的权限有严格而明确的规定。

2. 教育法律关系

教育法律关系是指教育法律在调整教育领域中的活动所形成的一种特殊的社会关系，即教育法律上的权利义务关系。教育法律关系由教育法律关系主体、教育法律关系客体、教育法律关系内容三要素构成。

　　教育法律关系主体是教育法律关系的参与者,也就是教育法律关系中的权利的享有者和义务的承担者,是形成教育法律关系的主要因素。教育法律关系主体包括组织和个人。组织包括教育行政部门、学校和其他依法成立的教育机构等,个人包括教师、学生及家长等。

　　教育法律关系客体是教育法律关系主体权利与义务指向的目标或对象。如教师对学生学业成绩作出的评价行为和评价结论,就是教育法律关系客体。具体包括三种:一是一定主体的教育活动,即各种教育行为;二是一切用于举办教育事业的物质,包括各种物资、财产、设施、场所、资金等;三是精神产品,包括教育者或受教育者的知识产权、学术著作、发明创造等。教育法律关系客体是使主体之间形成教育法律关系的联结点。没有教育法律关系主体的权利和义务共同指向的客体,教育法律关系就不可能保持和体现。

　　教育法律关系内容由权利和义务构成。教育法律关系的最终实现是通过其主体享有教育权利和履行教育义务而获得。教育权利是教育法律法规赋予人们所享有的有关教育权益,它允许人们根据自己的愿望选择作为或不作为某种教育行为;教育义务是教育法律法规要求人们应履行的有关教育责任,它规范人们必须或者不得作为某种教育行为。一般情况下,教育法律关系主体双方的权利和义务是对等的,主体双方的行为互为权利和义务,如教师履行教育教学义务,学生才能享有受教育的权利。教育法律关系中所要求的权利和义务关系在很多情况下表现为主体同一性。比如公民受教育权利与义务的同一性,教师行使教育工作权利与履行教育工作义务的同一性,国家举办教育事业的权利与义务的同一性等等。

　　教育法律关系正是通过教育法律关系客体在一定主体之间结成权利和义务关系而形成的。教育法律关系的主体、客体和内容相互联系、相互制约、缺一不可,其中任何一个要素的改变,都会导致原有法律关系的变更。

　　教育法律关系是教育法规作用于教育活动的结果。当法律手段作为规范教育关系的手段,使教育活动与法律活动相互渗透、有机结合,便产生了教育法律关系。教育法律关系主体之间通过特定的教育法律关系客体联结起来而形成教育权利义务关系,构成教育法律关系的内容。教育法律关系首先是一种法律关系,适用教育法律调整的社会关系转化为教育法律关系。教育法律关系还是一种教育关系,但它的产生以教育法律规范存在为前提,只有适用教育法律规范调整的教育关系才是教育法律关系。

（二）我国教育法制的体系结构

教育法律法规，从法理学的意义上讲，是指国家制定或认可并由国家强制力保证实施的教育活动的法律法规体系，以及实施这种法律规范所形成的教育法律关系的行为准则和法律秩序的总和。教育法制体系，通常是指教育法律法规依据法理学原理，按照一定的原则，组成一个门类齐全、结构严谨、内部和谐、体例科学、协调发展的整体。

改革开放以来，我国教育立法的进展较为迅速，相继出台了一系列的教育法律法规，初步形成了以《教育法》为核心，以教育单项法为骨干，内容比较完备、结构比较合理的有中国特色的社会主义教育法律法规体系的基本框架。这些教育法律法规覆盖我国各级各类教育和教育的主要方面，具有不同等级和不同的法律效力，它们按照一定的纵向、横向联系构成总体框架，这就是我们通常所说的我国的教育法制体系结构。

1. 我国教育法制的纵向结构

从教育法律法规的纵向构成上看，由于教育法律法规的立法权限和立法程序不同，教育法律法规的适用范围和效力也不同。除了国家根本大法——宪法对我国教育作了最根本的规范之外，按我国教育法律法规不同的适用范围和效力等级，可将其从纵向上分为以下几个层级：

一是与宪法相配套，对整个教育全局起宏观调控作用的教育基本法，即《教育法》。《教育法》是依据宪法制定的调整教育内部、外部相互关系的基本法律准则，有人将其称为"教育的宪法"或"教育的母法"。1995 年 3 月 18 日由第八届全国人大第三次会议审议通过并于 1995 年 9 月 1 日生效的《教育法》，是我国教育事业改革和发展的根本大法，它规定了我国教育的基本方针、基本任务、基本制度以及教育活动中各主体的权利和义务等，也是制定其他教育法规的基本依据。

二是与《教育法》相配套的单行教育法以及其他法律中与教育相关的条款。教育单行法是根据宪法和《教育法》确立的原则制定的，用于调整某类教育或教育的某一具体部门的教育法规。我国先后制定并公布实施的教育单行法有《学位条例》、《义务教育法》、《教师法》、《职业教育法》和《高等教育法》等。一些相关法律如《未成年人保护法》《预防未成年人犯罪法》《残疾人保障法》中的有关教育问题的相关条款也属于教育法律的范畴，其效力仅次于《教育法》。此外，全国人大及其常委会制定的与教育相关的决定、决议等法律效力的规范性文件也属于教育法律的范畴。

三是与教育法律和其他法律相配套的,由国家最高行政机关(即国务院)制定、发布的教育行政法规。它包括对某一方面的行政工作作较为全面、系统规定的条例,如《学校体育工作条例》、《学校卫生工作条例》。

四是地方性教育法规。它是由省、自治区、直辖市和较大的市(也称为大市,即有权制定地方性法规的城市,如省会城市)的人大及其常委会在不与宪法、法律、行政法规相冲突的前提下制定并颁发实施的地方性教育法规,如《江苏省中小学生人身伤害事故预防与处理条例》。

五是部门教育规章。部门规章是指国务院所属各部委根据法律和行政法规,在本部门权限内单独或与其他部委联合发布的有关命令、指示、实施细则等规范性文件。其效力虽低于国务院制定的行政法规,但在全国通行有效。部门教育规章通常由教育部或由教育部联合其他部委签发。其常用名称为规定、办法、规程、大纲、标准等。这些规章是执行教育法律、行政法规的具体办法,也具有一定强制性。它既包括对某一项行政工作作部分规定的"规定";也包括对某一项行政工作作比较具体规定的"办法"或"细则"。

六是地方政府规章。它是省、自治区、直辖市和较大的市人民政府在自身权限范围内发布的调整教育行为的规范性文件。

上述六个层级在总体上呈现一种由高到低、按序分列的态势。但在宪法和《教育法》之下的各种层级中,也有相互包容、相互渗透的一面。

2. 我国教育法制的横向结构

教育法律法规的横向结构是指按照它所调整的教育关系的性质或教育关系的构成要素,划分出若干个同一层次的专项法律法规,形成教育法律法规调整的横向覆盖面,使之在横向上呈现出门类齐全、内容完整、互相协调的态势。

人们对教育内部和外部各种教育关系构成要素的认识不同,因此,判别教育法律法规横向构成的种类所采用的标准不同,以致对教育法律法规的横向结构的表现形式也会形成不同的划分。此外,需要注意的是,有时一种教育法律法规的内容作用于几个领域,教育法律法规横向构成的分类出现交叉重复的现象很难避免。从目前情况看,可将我国教育法律法规按横向结构表现形式分成以下六类:

(1)教育基本法;

(2)规范相关部门教育行政管理权限和运作方式的教育行政组织法;

(3)规范各类学校办学行为的学校教育法;

(4)规范教师、学生行为的教职学员法;

（5）规范实施教育经费保障的教育经费投入法；

（6）规范学校设备必需额度及其标准的教育设备法。

上述第三类"学校教育法"，又可细分为：基础教育法律、职业教育法律、高等教育法律、成人教育或称社会教育法律、特殊教育法律等。

对教育法律法规从横向构成上进行统一的分类，是一个较为复杂的问题，需要作更深层次的研究。当然，划分教育法律法规的种类数量可多可少，关键在于充分兼顾，使其相互协调，且能涵盖教育主体关系的主要部类和方面。

我国教育法律法规的体系结构的形成，是一项系统工程，需要一个较长过程，只有在动态发展中逐步加以整合，方可使之日臻完善。我国教育法律法规的动态发展，表现在教育法律法规在整个社会法规体系中地位的变化上。

我国教育法律法规的纵向、横向结构可用下图表示：

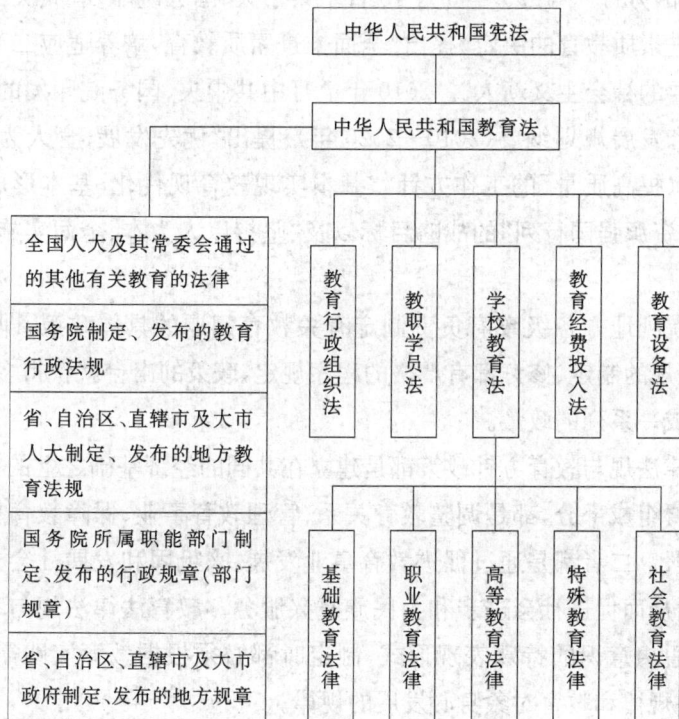

（三）我国教育法律与教育政策的关系

教育方针和教育政策是党和国家为实现一定历史时期的教育发展目标和任务，依据党和国家在一定历史时期的基本任务、基本方针而制定的行动准则和具体措施与指导性意见。党和国家的教育方针、教育政策对教育事业的运行与发展具有强烈的现实针对性,起着普遍的指导作用。

中国共产党作为执政党,在发展我国的教育事业方面作出了许多重大决定,并且根据形势和任务的变化与时俱进地作出相应调整。比如党的十六大报告中提出的"教育为社会主义现代化建设服务,为人民服务,与生产劳动和社会实践相结合,培养德、智、体、美全面发展的社会主义建设者和接班人";党的十七大报告中提出的"坚持育人为本、德育为先,实施素质教育,提高教育现代化水平,培养德、智、体、美全面发展的社会主义建设者和接班人,办好人民满意的教育"等。

有些决定还会由党和国务院一起制定、发布。如 1993 年 2 月中共中央、国务院印发的《中国教育改革和发展纲要》提出"各级各类学校要认真贯彻'教育必须为社会主义现代化建设服务,必须与生产劳动相结合,培养德、智、体全面发展的建设者和接班人'的方针"。1999 年 6 月 13 日中共中央、国务院印发的《关于深化教育改革全面推进素质教育的决定》提出"全面推进素质教育,培养适应二十一世纪现代化建设需要的社会主义新人"。2010 年 7 月中共中央、国务院印发的《国家中长期教育改革和发展规划纲要(2010—2020 年)》提出"优先发展、育人为本、改革创新、促进公平、提高质量"的工作方针,"基本实现教育现代化,基本形成学习型社会,进入人力资源强国行列"的战略目标以及"坚持以人为本、全面实施素质教育"的战略主题。

从国务院到地方各级政府负责制定有关教育问题的具体政策,即"规范性文件"。法律法规的制定、修订都有严格的程序规定,政策的出台就快得多,往往一个会议就能形成一系列的政策。

教育法律法规与教育方针政策都是建立在共同的经济基础之上的社会主义上层建筑的重要组成部分,都是调整教育关系、管理教育事业、保障教育事业健康发展的重要手段。二者都是通过促进教育事业发展,来巩固和发展社会主义生产力与生产关系,从而促进社会进步和为民族复兴服务。教育法律法规与教育方针政策作为教育思想意识的特殊表现形式,制定时都必须根据教育实践需要,充分考虑、尊重教育规律和教育对象身心发展的规律。

教育法律法规与教育方针政策的内在联系主要体现在二者之间相互影响、相互补充、相互转化的关系上。作为中国特色社会主义事业的领导核心,党对教育工作的领导主要是通过党的教育方针、教育政策在教育战线的贯彻执行来体现。教育方针政策是根据社会政治、经济形势的发展变化对教育提出的要求而制定的,并且随时调整。党和国家的教育政策经过一段时间的贯彻执行,经实践验证之后,最终要依靠国家立法机关,按照立法程序,上升为国家教育法律法规,以法的形式固定下来。教育法律法规的制定和执行必须以党和国家的教育方针政策为指导,以相应的教育方针政策为依据。教育法律法规是党和国家的教育方针政策的条文化、法律化,是成熟的教育方针政策。当然,教育方针政策一经转化成教育法律法规,就具有极大的权威性,执行教育方针政策不能与教育法律相抵触。

教育法律法规与党和国家的教育方针政策有着明显的区别。其区别主要在于:教育法律法规是由国家依照法定权限、程序制定和认可的,具有国家意志的属性。通常以规范性法律条文的形式出现,有其特殊的表达形式,对法律法规的适用条件和具体情况、具体行为规则、权利义务关系以及违反者应承担的法律后果等要作出确切的表述。教育法律法规依其层级在一定的范围内具有普遍的约束力,并以国家强制力保证实施,具有公开性和强制性。教育法律法规要求必须做的却没有做,或者禁止做的却做了,都要承担相应的法律责任。教育法律法规还具有稳定性的特征,一经制定,就不能随意改变,其立、改、废均须按照法定程序进行。而教育方针政策一般不具有国家意志的属性,不具有普遍的约束力,但具有普遍的指导意义。一般是通过党和国家的领导机关会议等形式,通过民主讨论、广泛征求意见、集中研究而形成。其表现形式多样,通常不采用法律的严格条文化形式,其表现形式通常是决议、决定、指示、号召等,其内容主要或完全由原则性规定构成,带有原则性、号召性的特点,不包括制裁内容。党的教育方针政策一般只在党组织、党员和国家机关及其工作人员中具有约束力,不具有普遍性。党的教育方针政策贯彻执行更多的是靠宣传教育、思想工作,靠党的领导干部、工作人员来自觉执行,其强制力是有一定限度的。

教育法律法规和党的教育方针政策之间的关系十分密切。实践中两者的关系处理得好,可以相互制约、相互补充、相得益彰;处理不好,就可能两败俱伤,使两者都失去信度和效度。因此,一方面要避免把两者割裂开来,对立起来,甚至借执行教育方针政策违背教育法律法规;另一方面,也要避免把教育法规与教育方针政策简单等同起来,甚至以教育方针政策代替教育法律法规。作为学校管理者和教育工作者,既要学习、遵守教育法律法规,做到有法依法;也要熟悉、掌握并灵活执行党和国家的教育方针政策。

─── 第三节 《教育法律法规教程》的研究内容与学习方法 ───

目前我国的教育法律法规很多,限于篇幅,在这本《教育法律法规教程》中不可能面面俱到,只能有选择地对一些法律法规进行诠释。学习《教育法律法规教程》要结合师范专业的特点和要求,理论联系实际,学以致用。

## 一、《教育法律法规教程》的研究内容

依法治教是法制社会对教育行政管理部门、学校管理者、广大教师提出的日常管理要求,是国家依法治国方略在教育领域、教育事业发展中的基本要求。随着依法治国方略和原则逐步深入人心,随着教育法制建设的不断加强和完善,对教育从业人员的法律素质要求也越来越高。法律特别是教育法律法规不仅是管理学校的依据,而且是保护学校及师生合法权益的有效工具。教育法律法规对于学校而言,有两个最基本的作用:一个表现在"治"上,即在管理上,法律法规作为一种管理手段,使学校管理法制化、规范化,使管理工作更有秩序、更有效率;二是表现在"护"上,即保护学校、教师和学生的合法权益,使其不受侵害,或者当合法权益受到侵害时能及时有效地通过法定程序得以补救。

一个不懂法律、不懂教育法律法规的教育从业人员既不能运用法律手段有效地开展教育教学及管理工作,也不能运用法律手段有效地保护学校和师生的合法权益,是无法适应现代教育和法制建设发展的时代要求的,终将会被时代所淘汰。因此,要做到依法治教、依法从教,首先要知法懂法,不知法、不懂法往往是在学校管理和从教活动中出现违法行为的首要原因。

作为未来人民教师的师范生,其法律素养和守法用法意识如何,直接关乎自身今后的专业成长和事业发展。编写《教育法律法规教程》并在高等师范学校中开设这门课程的宗旨就是为了引导和帮助师范生熟悉、掌握教育法律法规的基本内容,为今后职业生涯中增强法制意识、坚持依法从教、依法护教奠定坚实的思想基础。

在高等师范学校课程计划中,虽然一直有着开设教育法律法规和政策课程的要求,但各学校在课程开设、课时安排、教材选用等方面并不统一,大多数学校也没有将该课程纳入课时计划,基本上是应景式地开设一些专题性讲座。讲座内容、教材选用往往也是因教师的专业兴趣而有所侧重。

《教育法律法规教程》作为师范专业的一门专业必修课程,主要介绍师范生在

今后的职业生涯中从事教育教学活动所应知应会的一些基本法律知识。其主要内容除绪论外包括"教育基本法律制度"、"义务教育法律制度"、"教师法律制度"、"学生法律保护制度"、"其他教育法律法规"、"教育法律责任和法律救济"等几个方面的内容。

"教育基本法律制度"以我国教育领域的基本法《教育法》为依据,着重介绍我国教育的基本制度、《教育法》的立法依据、立法宗旨、教育的法律地位、教育方针、教育原则、教育的基本制度以及教育主体的权利义务、教师与社会关系等相关规定。

"义务教育法律制度"以《义务教育法》为依据,着重介绍我国义务教育制度的主要特征、义务教育实施的主要对象及年限、实施义务教育的原则、义务教育阶段的学校建设、师资队伍与物质保障等内容。

"教师法律制度"以《教师法》为依据,着重介绍我国教师法的立法宗旨和适用对象、教师的权利和义务、教师管理制度、教师待遇及其保障等内容。

"学生法律保护制度"以《未成年人保护法》和《预防未成年人犯罪法》为依据,着重介绍我国未成年人的法律地位、未成年人保护工作的法律原则、对未成年人的家庭、学校、社会的保护和司法保护,预防未成年人犯罪从预防未成年人的不良行为入手,矫治未成年人的严重不良行为,做好未成年人的自我防范工作,预防未成年人的重新犯罪等内容。

"其他教育法律法规"主要介绍《职业教育法》、《民办教育促进法》、《残疾人教育条例》、《幼儿园管理条例》的主要内容,包括:职业教育的地位、职业教育体系、职业教育的实施;民办教育的性质、国家对民办教育方针、民办学校的组织机构、民办学校以及民办学校教师、学生的地位;残疾人教育的基本原则;残疾人的学前教育、义务教育、职业教育、高中教育、大学教育以及师资和物质条件保障;幼儿教育方针、幼儿园的保育和教育工作、幼儿园的行政事务等内容。

"教育法律责任与法律救济"主要介绍法律责任与违法、法律制裁的关系;行政机关、学校、教师和学生的行政责任;学校、教师、监护人、第三人的民事责任;教育行政管理人员、学校教职员工的刑事责任;教育申诉制度、学生申诉制度;教育行政复议制度;教育行政诉讼制度等主要内容。

## 二、《教育法律法规教程》的学习方法

结合师范专业,学习《教育法律法规教程》的方法主要有:

（一）以学习法律为前提

党的教育政策和国家机关颁布实施的教育法律法规，是教师职业活动的准则和规范。学习《教育法律法规教程》，首先需要学习、掌握相关教育法律法规。只有学法，才能知法、懂法，才能真正了解我国教育立法的宗旨、目的和意义，才能真正领会我国政府对教育领域各权利义务主体的具体要求和法律责任，才能在实际工作中自觉遵守和执行教育法律法规的相关规定，才能自觉运用法律武器来维护学校、教师、家长和学生的合法权益，才能主动在学校形成依法治校、依法治教的良好氛围，才能促进教师专业成长和提升职业素养，才能最终形成优良的学校管理秩序。

学习教育法律法规可以结合自身的法律知识基础和专业方向，急用先学，逐步拓展。对于五年制高等师范各专业的学生首先要重点学习普遍适用的《教育法》、《教师法》、《义务教育法》、《未成年人保护法》、《预防未成年人犯罪法》、《教师资格条例》等。学前教育专业的学生还要学习《幼儿园工作条例》。特殊教育专业的学生还要学习《残疾人教育条例》。所有的师范生同时还要学习地方性法规和政策，包括与国家相关法律法规相配套的实施细则和办法。

（二）以调查研究为基础

著名学者贝弗里奇指出，"在研究工作中，养成良好的观察习惯，比拥有大量学术知识更重要"。调查研究作为一种社会研究方法，也是开展研究性学习的重要方法。调查研究是有目的、有计划、有系统地去了解教育实际情况，弄清事实，借以发现存在的问题，探索一定规律的研究方法。调查研究可以有问卷调查、现场观察、访问座谈等途径。学习《教育法律法规教程》需要联系教育领域的法制建设现状，了解社会各界和学校、教师、家长与学生遵守教育法律法规的基本情况，形成个案材料。在此基础上，总结依法治教的基本经验，发现存在的问题，分析出现存在问题的根源和症结，通过解剖典型，进一步培养、提升依法治教、依法从教的意识，为今后从教奠定坚实基础。

在学习《教育法律法规教程》的过程中可以结合自己在小学、初中的生活经历与体验，设计出若干个需要研究的专题或课题，拟定调查研究实施方案，分成若干个研究小组，带着问题利用节假日和教育实践机会，深入附近中小学以及幼儿园，通过调查、观察和访问座谈等方式，有目的、有计划地搜集、整理教育活动中相关材料。研究小组成员应当运用集体智慧，着重从学生和教师角度思考现实生活中依法治教、依法从教的重要意义和违法施教的危害。

（三）以案例分析为依托

在学习《教育法律法规教程》的过程中，可以选择、运用调查、观察和访问座谈中获得的鲜活素材以及从媒体上搜集到的典型案例，分解为若干个话题、争辩点，发动参与者放开思想，依据各人对教育法律法规的理解，充分发表意见。

案例讨论分析要强调以法律为准绳，以事实为依据。案例讨论分析的过程，也是进一步引导大家学法、用法的过程。从讨论分析的过程中可以掌握自己及别人对教育法律法规理解的准确性程度，掌握自己及别人对案例中关键问题的关注程度。讨论分析需要争论与交锋，要保证参与者的话语权，要让大家能够畅所欲言，积极阐述自己的意见。要努力营造一种通力合作的气氛，使大家都能信心百倍地参与到问题的讨论中来。不要简单地、过早地作出结论，即便是认为别人的发言中有不妥之处，也不应加以责难，以免干扰别人的思路，影响通过讨论分析促进学法用法的实际效果。

（四）以实践运用为目标

毛泽东曾说："读书是学习，使用也是学习，而且是更重要的学习。"为用而学，在使用中学习，最重要，也最有效。学习的目的全在于应用。师范专业的学生将来的职业方向是从事教育工作，依法从教，依法护教应当是学生们今后职业操守的重要内涵。

学习《教育法律法规教程》的基本目标和根本目的不是为了考试，不是为了分数，而是要在今后的职业生涯中坚持依法从教、依法护教。学习《教育法律法规教程》不能仅仅知道有哪些教育法律法规，也不是简单地记住几条法律条文就行。对于教育法律法规，最好的学习方法是注重与实践相结合，做到学以致用、用以促学。向实践学习、在活动中学习、在宣讲中学习，这应成为学习《教育法律法规教程》的基本方法。

【本章小结】

本章阐述了教育立法经过了教育零星立法阶段、义务教育立法阶段和教育广泛立法阶段，现代教育促使教育走向法制化，教育法律在整个法律体系中的地位越来越高。加强我国教育法制建设，要明确依法治教的基本目的和要求，强调有法可依、有法必依、执法必严、违法必究。研究教育法制的体系结构，先要了解教育法律规范内部逻辑结构的三个组成要素和教育法律关系的主体、客体和内容，梳理我国教育法制的纵向结构和横向结构。我国教育法律与国家的教育政策、党的教育政策关系密切,依法治教的同时要贯彻落实党和国家的教育政策。

【基础性练习】

(一)填空题

1. 在 19 世纪末期,各国基本上都发布了( )法令,而且相继将( )写进了宪法。

2. 二次大战以后开始了( )阶段。

3. 清光绪二十八年(1902 年)公布的( )和光绪二十九年(1903 年)公布的( )是两个我国最早具有近代法规性质的章程。

4. 1922 年颁布的( )是在总结民国以来教育立法的经验教训,借鉴西方国家现代学校教育体制的基础上制订的,是一个较为成熟的学制法令。

5. 各国的法律分类虽然各不相同,但教育法律一般被视为( ),被看作是行政法的一个分支。

(二)概念解释题

1. 依法治教

2. 法律部门

3. 法律体系

4. 教育法律规范

5. 教育单行法

(三)单项选择题

1. 1981 年 1 月 1 日起实施的新中国的第一部教育法律是 ( )

A. 《中华人民共和国教育法》　　　　B. 《中华人民共和国义务教育法》

C. 《中华人民共和国教师》　　　　　D. 《中华人民共和国学位条例》

2. 法律用语一般是"可以"的法律规范是 ( )

A. 义务性规范　B. 权利性规范　C. 禁止性规范　D. 授权性规范

3. 法律用语一般是"应当"的法律规范是 ( )

A. 义务性规范　B. 权利性规范　C. 禁止性规范　D. 授权性规范

4. 以规定教育主体的权利、义务关系或职权、职责关系为主要内容的教育法

律法规称为　　　　　　　　　　　　　　　　　　　　（　　）

    A. 教育权利义务法　　　　　　B. 教育职权职责法

    C. 教育实体法　　　　　　　　D. 教育程序法

    5. 教育法律关系是指教育法律在调整教育领域中的活动所形成的一种特殊的社会关系，即教育法律上的_____关系。　　　　　　　　（　　）

    A. 职权职责　　　B. 权利义务　　　C. 责任追究　　　D. 法律救济

（四）多项选择题

    1. 纵观世界各国的教育法制建设历程，教育立法大致经过了哪些阶段？

                                  （　　）

    A. 教育零星立法阶段　　　　　B. 义务教育立法阶段

    C. 职业教育立法阶段　　　　　D. 教育广泛立法阶段

    2. 依法治教的基本要求是　　　　　　　　　　　　　　（　　）

    A. 有法可依　　B. 有法必依　　C. 执法必严　　　D. 违法必究

    3. 教育法律规范在其内部逻辑结构上，与一般法律规范一样，包括的要素是

                                    （　　）

    A. 适用前提　　B. 适用条件　　C. 行为模式　　　D. 法律后果

    4. 法律规范依据行为规则可以分为　　　　　　　　　　（　　）

    A. 义务性规范　B. 权利性规范　C. 禁止性规范　　D. 授权性规范

    5. 我国先后制定并公布实施的教育单行法有　　　　　　（　　）

    A.《教育法》　　B.《义务教育法》C.《教师法》　　D.《职业教育法》

（五）判断题

    1. 执法必严的主体是教育行政机关和学校。　　　　　　（　　）

    2. 教师行使教育工作权利与履行教育工作义务是不同一的。（　　）

    3. 能够引起教育法律关系产生、变更和消灭的是符合教育法律规范所设定条件的法律事实，即客观事实。　　　　　　　　　　　　　（　　）

    4. 法律事实中的法律事件指的是与当事人意志有关的客观事实，法律行为指的是与当事人意志无关的行为。　　　　　　　　　　　　（　　）

    5. 地方性教育法规由省、自治区、直辖市和较大的市（也称为大市，即有权制定地方性法规的城市，如省会城市）的政府制定。　　　　　（　　）

（六）简答题

1. 加强教育法制建设的社会意义有哪些？

2. 简要介绍改革开放后我国教育法制建设的基本情况。

3. 依法治教的基本目的是什么？

4. 简述教育法律关系的组成要素。

5. 简述我国教育法律与教育政策的关系。

【拓展性活动】

（一）讨论

作为师范生，在未来的从教生涯中应当主要了解哪些教育法律法规？在校学习期间怎样才能提高自己的教育法制意识？

（二）案例分析

1. 西安市某省级重点中学，以它踏实严谨的校风和全面严格的管理，成为许多学生的理想求学之地。该校学生多数是通过考试录取的，只有很少一部分是就近入学。因此，该校学生分布于西安市各个方位，而且有些学生家庭住址离学校非常远。过去，迟到的现象比较严重。学校为了严格纪律，实行量化管理，规定：每天迟到的学生要签到，扣所在班级量化管理分数。量化管理分数是各班评比先进集体的依据，也是决定班主任月奖金等级的依据。因此，各班主任都非常重视学生迟到现象。大部分教师能够利用班会、和学生谈心等方式，教育学生严格遵守学校作息制度，不迟到早退。但也有个别教师在班级实行了一些"土政策"：

甲班班主任规定：罚迟到的学生扫操场一周。

乙班班主任规定：罚迟到的学生早操后在操场跑步十圈。

丙班班主任规定：迟到的学生干脆别进学校，回家自习，下次上课时间再来。

此规定实行后，甲、乙、丙班迟到现象确有改观。

（摘自褚宏启主编的《中小学法律问题分析（案例篇）》，红旗出版社 2003 年 1 月版第 10 页。）

要求：

（1）查阅我国《未成年人保护法》、《义务教育法》、《教师法》、《中小学班主任工作规程》等，了解我国相关法律对这类问题有什么规定和要求。

（2）根据相关教育法律法规和教育政策，分析甲、乙、丙三个班主任的"土政策"存在什么问题？应当如何处理？

（3）作为未来教师，你对解决学生迟到问题有什么好的建议？

2. 浙江临安金盾职业高中的校规规定，每学期每个学生的道德总分为100分，及格分为60分。若学生有违规行为，学校就按《学生综合加扣分细则》扣分。如果不够60分，学生可以花钱买分，价格是每1分20元钱。

对此，该校校长赵某说："出发点是好的，这样做是为了帮助学生。有不良行为的学生实在太多，这个加扣分细则可以帮助这些学生，花钱买分是为了使他们更快地改正不良行为。"

（原载《青年时报》，2005年5月12日）

要求：

（1）评价校长赵某的话。如何看待"花钱买分"的管理方法？

（2）调查访问，了解你所在地区的学校是否有类似现象。

（3）结合本案例和调查材料，围绕"依法治教"，写一篇心得体会。

（三）组织活动

活动主题：学校依法治教情况调查

活动方式：将本班学生分成4～5人一个小组，通过问卷调查或召开座谈会（学校领导、老师、学生、家长可分开进行）的方式，搜集、了解所在师范学校或原就读小学、初中学校依法治教情况。

活动要求：

（1）将搜集、调查到的情况进行整理汇编，根据材料形成小型调查报告。

（2）举行实践成果专题报告会，可邀请教育行政主管部门与学校领导、教师和家长代表参加。

（3）就被调查学校中存在的违反依法治教要求的问题提出合理化整改要求和建议。

【学生阅读的文件与书目】

[1]《中华人民共和国宪法》

[2]《中华人民共和国教育法》

[3] 褚宏启. 中小学法律问题分析：案例篇. 红旗出版社，2003.

【本章参考书目】

[1] 张乐天. 教育法规导读[M]. 华东师范大学出版社，2007.

［2］李晓燕.教育法学［M］.高等教育出版社,2006.

［3］褚宏启.教育法制基础［M］.北京师范大学出版社,2002.

［4］国家教育委员会师范教育司.教育法导读［M］.北京师范大学出版社,1996.

［5］劳凯声.教育法论［M］.江苏教育出版社,1993.

# 第二章 教育基本法律制度

## 【学习提示】

　　教育法是现代教育发展的产物,是现代国家重要的立法领域。我国宪法规定,国家发展社会主义教育事业,提高全国人民的科学文化水平。《中华人民共和国教育法》(以下简称《教育法》)是教育的基本法,教育的母法。依据《教育法》建立起系统的教育法律法规是现代国家教育管理的基础和基本依据,它对宣传教育理想,促进教育民主化,建立和改革教育制度,推动教育发展,提高教育质量等具有重大作用。《教育法》共有十章,包括总则、罚则(即法律责任)、附则、分则。其分则涉及教育的方方面面:第二章对教育基本制度作了宏观上的规定,第三章至第五章对学校及其他教育机构、教师和其他教育工作者、受教育者作了权利义务等方面的规定,第六章至第八章则对教育与社会、教育投入与条件保障、教育对外交流与合作方面的规范作了规定。本章将依据《教育法》的法律条文循序分为六节阐述该法。通过本章的学习,同学们可以掌握《教育法》的主要内容,掌握该法对我国教育的性质和地位、教育方针、教育法的基本原则、教育的基本制度等作出的相关规定,从而增强法律意识,自觉地维护和遵守教育法律法规。

## 【案例导航】

　　罗彩霞和王佳俊均为湖南省邵东县邵东一中 2004 年应届文科毕业生,两人同时参加高考,罗彩霞成绩为 514 分,王佳俊成绩为 335 分。当年湖南省文科本科二批分数线为 531 分,两人都没有达到分数线。王佳俊父亲,时任县公安局政委的王峥嵘经王佳俊班主任老师张文迪,获得了罗彩霞高考成绩等相关信息,随后通过伪造罗彩霞的迁移证、高考档案,并通过同学关系最终使女儿王佳俊被贵州师范大学降低 20 分定向补录。罗彩霞复读一年后,考取了天津师范大学。2009 年 3 月 1 日,罗彩霞到天津市某银行网点办理网上银行业务,却因身份信息不符,被拒绝了业务申请。罗彩霞发现,银行网络上输入的身份证号码、出现的信息、名字,无不吻合,但头像却是另外一个女孩王佳俊,身份证的颁证机关也变成了贵阳市白云分局。罗彩霞满腹狐疑,这让她想起去年 7 月办理教师资格证的怪事。2008 年 7 月,罗彩霞在天津申请了教师资格证,但她却接到了天津市教育局的电话,说她已经在贵阳申请了教师资格证,罗彩霞当即否定了这个说法。事件被媒体披露后,2009年5月15日,罗彩霞以姓名权、受教育权受到侵害为由,将王佳俊、其父母王峥嵘和杨荣华、邵东一中、邵东县教育局、贵州师范大学、贵阳市教育局等作为被告起诉至天津市西青区法院,请求法院判令第一被告王佳俊停止侵犯原告姓名权、受教育权的行为,赔偿原告经济损失41190元,赔偿原告精神损害抚慰金10万元;要求其他被告承担连带责任。2010年8月13日,天津市西青区人民法院在长沙市中级人民法院开庭审理此案。经过近3小时的协商,原告与被告达成调解协议。赔偿金4.5万元当庭给付完毕。罗彩霞事件曝光后,2009年10月26日,湖南省邵阳市北塔区人民法院以伪造国家机关证件罪判处王峥嵘有期徒刑两年。

(根据2009年5月至6月《现代快报》、《扬子晚报》等报刊、2010年8月14日《中国青年报》整理)

思考:

(1) 此案的责任人违反了《教育法》的哪些法律规定?

(2) 罗彩霞事件后,媒体又相继曝光了几起男版"罗彩霞",今后如何杜绝此类案件的发生?

## 第一节 概　述

《教育法》是1995年3月18日由第八届全国人民代表大会第三次会议通过,并于1995年9月1日起施行。本节阐述的是《教育法》总则的主要内容,《教育法》在总则中明确了该法的立法依据和立法宗旨,对教育的性质和地位、教育方针、教育的基本原则作了具体的规定。

## 一、立法宗旨

《教育法》总则第一条明确了我国教育法的立法宗旨和立法依据:"为了发展教育事业,提高全民族的素质,促进社会主义物质文明和精神文明建设,根据宪法,制定本法"。

### (一)立法依据

《教育法》是教育领域中的母法,因此,其法律依据是《中华人民共和国宪法》。

《宪法》第十九条第一款规定:"国家发展社会主义的教育事业,提高全国人民的科学文化水平。"为了保证社会主义教育事业的发展,需要通过国家强制力来保障,因此,必须制定《教育法》。

《宪法》第十九条第二款、第三款规定:"国家举办各种学校,普及初等义务教育,发展中等教育、职业教育和高等教育,并且发展学前教育。国家发展各种教育设施,扫除文盲,对工人、农民、国家工作人员和其他劳动者进行政治、文化、科学、技术、业务的教育,鼓励自学成才。"因此,《教育法》必须对学校教育体制、义务教育、职业教育和成人教育作出具体规定,以落实宪法的精神。

《宪法》第十九条第四款规定:"国家鼓励集体经济组织、国家企业事业组织和其他社会力量依照法律规定举办各种教育事业。"因此,《教育法》必须对社会力量办学作出条件和程序上的规定,把社会办学力量纳入法治的轨道。

《宪法》第十九条第五款规定:"国家推广全国通用的普通话。"因此,《教育法》将推广普通话作为一条教育的基本原则予以确认。

《宪法》第四十六条第一款规定:"中华人民共和国公民有受教育的权利和义务。"这是宪法规定的公民受教育权。公民受教育权的落实要靠《教育法》,可以说整个一部《教育法》都是在落实宪法赋予的公民受教育权。

《宪法》第四十六条第二款规定:"国家培养青年、少年、儿童在品德、智力、体质等方面全面发展。"这是宪法对教育方针的表述。宪法要求通过教育使受教育者在德、智、体等方面全面发展,具体表述时突出了重点,在受教育者中突出的是青年、少年、儿童,在德、智、体三个方面突出的是其核心内容,即德育中的品德、智育中的智力、体育中的体质。宪法在教育方针的表述中强调的是教育的整体目标、对人才培养规格的总体要求,《教育法》在落实宪法确定的教育方针时,就必须作出进一步的规定,规定培养的目的,培养的途径。这些我们在下面的叙述中可以看得很清楚。

(二)立法宗旨

1. 发展教育事业

新中国成立以来,特别是改革开放以来,党和国家十分重视教育,把教育作为关系社会主义现代化建设全局和社会主义历史命运的大事来抓,使教育事业的发展取得了重大成就。但是由于种种因素的影响,教育事业的发展还不能适应现代化建设的需要,教育改革还滞后于社会主义市场经济的需要。实践证明,发展教育事业,单靠政策手段和行政手段,靠领导人的重视等"人治"手段,是不能从根本上解决问题的,必须有完备的法制来规范和保障。因此,有必要制定《教育法》,以进一步深化教育改革,加快教育事业的发展。

## 2. 提高全民族素质

民族素质关系到民族的振兴和国家的兴旺发达。当今世界竞争日趋激烈,国家综合实力的竞争根本上还是人才的竞争、教育的竞争。从这个意义上说,谁掌握了教育,培养出高素质的国民,谁就能在未来的国际竞争中取胜。我国是一个人口大国,劳动者接受教育的程度普遍偏低已成为制约我国经济发展的因素之一,如何将人口压力转化为人才优势,就需要制定《教育法》,发展教育事业,从法律上保障公民的受教育权利和义务,提高全民族素质。

## 3. 促进社会主义现代化建设

大力发展教育事业,提高全民族素质,最终是为了促进社会主义物质文明建设、精神文明建设和政治文明建设。我国社会主义物质文明建设的根本任务是发展生产力,集中力量进行现代化建设。生产力的发展有赖于文化教育的繁荣。《教育法》的制定,将使我国的国民素质提高到一个新的水平,为培养现代化建设所需要的合格劳动者和各类专门人才打下坚实的基础,从而为社会主义物质文明建设创造必要条件。社会主义精神文明是社会主义的重要特征。精神文明建设的根本任务,是适应社会主义现代化建设的需要,培养"四有"公民,提高整个中华民族的思想道德素质和科学文化素质。而社会主义政治文明建设又是前两个文明建设的保证。

# 二、教育法的概念和特征

## (一)教育法的概念

教育法是调整在国家行使教育行政权力和公民享受受教育权利过程中所发生的各种社会关系的法律规范的总称。在我国,教育法有广义和狭义的理解,广义的教育法包括教育法律、法规、规章。狭义的教育法是指全国人大及其常委会通过的教育法律,包括《教育法》、《义务教育法》、《教师法》等。最狭义的教育法专指《中华人民共和国教育法》。

## (二)教育法的特征

教育法作为法律首先具有一般法律共同的特征,即法的强制性、普遍性和规范性。教育法作为教育领域的法与其他法律相比,又具有其自身的特点。

## 1. 教育法律关系主体的多元性

教育法就是对教育法律关系主体在教育教学活动中享有哪些权利,应履行什

34

么义务进行规定。教育活动包括兴办教育、管理教育、实施教育、接受教育、参与和支持教育等诸多方面。教学活动也不仅仅是学校的教师和学生的参与,也需要家长、社会有关方面的参与。在教育教学活动中所产生的由教育法来调整的教育法律关系,既包括教育行政机关与学校、学校与学生、教师与学生、学校与学校之间的教育内部关系,也包括教育行政机关、学校、学生、教师与其他国家机关、社会组织、公民在举办、管理、实施以及参与教育的各种活动中产生的社会关系。教育教学活动涉及教育行政机关、其他国家机关、社会组织、学校、社会团体和几乎每个家庭和公民。公民、法人、组织在教育教学活动中享有广泛的权利和承担多方面的义务,从而使教育法律关系的主体呈现多元性。

2. 教育法适用范围的广泛性

(1) 教育法涉及对象的广泛性。

我国宪法赋予每个公民有受教育的权利和义务。按照《义务教育法》的规定,每个适龄儿童必须接受九年制义务教育;随着教育事业的发展,大多数初中生要接受高中教育,还有一定比例的青年要接受高等教育;各类从业人员要接受职业培训和继续教育,并向终身教育发展。在这些教育活动中,法律主体都享有和承担一定的教育权利和义务。

(2) 教育法调整范围的广泛性。

由于教育在现代社会中的作用越来越重要,国家以法的形式干预教育的功能逐步扩大,使教育法适用的范围几乎涉及现代社会的各个方面。教育法不仅调整教育内部的关系,也调整教育外部的关系。

(3) 教育法律关系的多样性。

教育法律关系呈多样性且往往相互交叉,使教育法律关系复杂化。教育者与受教育者之间存在着一种特殊的法律关系。教师与学生之间的关系既非民事关系,又非行政关系,是一种"传道授业"、"教学相长"、尊师爱生的特殊关系。

(4) 教育法律后果的特殊性。

从法律后果看,教育法注重保护受教育者,尤其是青少年学生,可以说,教育法的核心是保障公民的受教育权,尤其是保护权利能力和行为能力不一致的儿童、少年。教育法还注重保护教师的特殊职业权利,在教育活动中,教师与学生的关系,对教师来说是由其职业活动引起的,因此,法律保护教师的教育教学活动。教育法还注重维护学校的正当权益,教育法规定任何组织或者个人不得侵占、克扣、挪用义务教育经费,不得扰乱教学秩序,不得侵占、破坏学校的场地、房屋和设备。对违反者,要根据不同情况,分别给予行政处分、行政处罚;造成损失的,责令赔偿损失;情节严重构成犯罪的,依法追究刑事责任。

## 三、教育的性质和地位

《教育法》作为教育的基本法,对教育的性质和地位作出了明确的规定。

（一）教育的性质

教育的性质关系到教育的指导思想问题、办学的方向问题。宪法和《教育法》明确我国的教育是社会主义教育,必须坚持教育的社会主义方向。《宪法》第十九条规定:"国家发展社会主义的教育事业,提高全国人民的科学文化水平。"《教育法》第三条规定:"国家坚持以马克思列宁主义、毛泽东思想和建设有中国特色的社会主义理论为指导,遵循宪法确定的基本原则,发展社会主义的教育事业。"坚持教育的社会主义性质,要做到以下几点。

1. 要坚持以马列主义、毛泽东思想、邓小平理论为指导

以什么思想为指导来办教育,这是一个原则性的问题。我国的社会主义事业是以马列主义、毛泽东思想、邓小平理论为指导,教育作为社会主义事业的组成部分,也必须以马列主义、毛泽东思想、邓小平理论为指导。在目前新的历史条件下,尤其要以邓小平理论为指导。邓小平理论是在和平与发展成为时代主题的国际背景下,以中国改革开放和社会主义现代化建设为基础,继承和发展了马列主义、毛泽东思想而逐步形成的。它系统地回答了中国怎样建设和巩固社会主义的一系列基本问题,我国的社会主义教育事业必须以此作为根本的指导思想。

2. 坚持中国共产党的领导

我国宪法确定的基本原则中最核心的是坚持中国共产党的领导。中国共产党是社会主义中国的缔造者,是我国各项事业的领导核心,坚持中国共产党的领导,是我国教育社会主义性质的集中体现,也是坚持社会主义方向的根本保证。《教育法》规定的遵循宪法确定的基本原则也主要是指坚持中国共产党的领导。

教育的社会主义性质,是我国教育工作必须始终不渝地贯彻执行的一项根本性的原则,也是我国教育区别于西方国家及其他国家教育的根本标志。

（二）教育的地位

教育的地位,也就是教育作为社会的一个子系统,在社会整体系统中处于什么样的地位,在社会发展的总体战略中被放在什么地位。教育在社会整体系统中处于什么样的地位是由教育的内在本性及其社会功能所决定的,具有客观性;而教育

在社会发展的总体战略中被放在什么地位,则体现了社会现代化发展的操作者对教育社会地位所作出的政策选择,具有主观意志性。前者是后者的客观基础,后者是对前者的反映及其运用。

《教育法》第四条对教育的地位作了明确规定:"教育是社会主义现代化建设的基础,国家保障教育事业优先发展。全社会应当关心和支持教育事业的发展。全社会应当尊重教师。"《教育法》的这一规定宣告了教育在我国现代化建设系统工程中的基础地位,确立了教育在现代化发展战略中的优先发展地位,同时要求全社会必须保证教育的基础和优先发展战略地位的实现。

"教育是社会主义现代化建设的基础",所谓基础是指事物发展的根本或起点,就是说,教育是我国社会主义现代化建设的根本或起点。

实现"国家保障教育事业优先发展"要做到以下几方面。

1. 国家要把教育列入优先研究和决策的议程

教育作为社会主义现代化的基础性事业较之其他社会子系统的发展具有优先性,这种优先性应当体现于、贯彻于各级政府工作中,体现于、贯彻于社会的各个方面。计划部门要把教育发展作为社会发展的优先领域,依法保障教育在国民经济发展计划中的优先位置;财政部门要在资源配置中依法优先保证教育的资金需求和增长比例;基本建设和物资部门要依法优先保证教育的资金需求和增长比例;人事部门要依法优先落实提高教师待遇和社会地位的各项规定。

2. 国家要逐年增加教育拨款,增加教育投入,改革教育经费筹措体制

《教育法》第五十四条规定了教育财政拨款的"两个比例提高"原则:"国家财政性教育经费支出占国民生产总值的比例应当随着国民经济的发展和财政收入的增长逐步提高。具体比例和实施步骤由国务院规定。全国各级财政支出总额中教育经费所占比例应当随着国民经济的发展而逐步提高。"《教育法》第五十五条规定了教育财政拨款的"三个增长"原则:"各级人民政府教育财政拨款的增长应高于财政经常性收入的增长,并使按在校学生人数平均的教育费用增长,保证教师工资和学生人均公用经费逐步增长。"《教育法》还对教育经费筹措体制改革作了规定,规定教育财政拨款在预算中单独列项、设立教育专项资金、运用金融信贷手段支持教育事业的发展等。《教育法》的这些规定,还需要由其他专门法律、法规和规章来具体规定。而要把这些法律法规真正落在实处,还要加大执法力度,加大法律监督,否则教育的优先发展地位不可能落到实处。

## 四、教育方针

教育方针是一个民族、一个时代教育的整体目标,是对人才培养规格的总体要求。《教育法》对国家的教育方针作了法律性的表述。《教育法》第五条规定:"教育必须为社会主义现代化建设服务,必须与生产劳动相结合,培养德、智、体等方面全面发展的社会主义的建设者和接班人"。

《教育法》以立法的形式对我国的教育方针加以规定,就可以减少人为的干扰,使教育方针对任何国家机关、社会团体及个人,特别是公职人员都具有约束力和强制力。

我国教育方针主要包括三个方面内容。

### (一)培养目的

"国运兴衰,系于教育"。教育为社会主义现代化建设服务,这里,社会主义现代化建设不仅仅是经济建设,还包括社会的发展和进步,包括政治、经济、文化、科学、国防建设。从"教育必须为无产阶级政治服务"到"教育必须为社会主义现代化建设服务"的转变,集中表明我们教育指导思想的重大变化和进步。教育不仅要为国家、社会的发展服务,还要为人的个性发展服务。为此,我们要不断加强教育体制、培养规格、教育内容、教育方法手段等方面的教育改革,不断提高教育质量。

### (二)培养途径

我国教育的培养途径的原则,是教育必须与生产劳动相结合。教育和生产劳动相结合,从教育学观点看,主要是培养德、智、体全面发展的人才的基本途径,又是使教育适应和服务于经济发展的一项基本途径、基本措施。教育与生产劳动相结合,从宏观上看,整个教育事业要适应国民经济发展的需要,要为国民经济的发展提供各级各类的人才;从微观上看,在教学过程中,要理论联系实际,既动手又动脑,既学科学文化知识,又学生产劳动技能。

落实教育与生产劳动结合原则,就要从几个方面做好工作:一是学校结合实际,把劳动教育列入教学计划;二是各级教育行政部门要进行具体指导和督促检查;三是各级党委和政府要加强领导;四是社区有关方面要积极支持,提供必要条件。

### (三)培养目标

1. 培养"社会主义的建设者和接班人"

我国的教育方针要求:必须把青少年培养成"社会主义的建设者和接班人"。

这里,"建设者和接班人",是把学生培养成既是社会主义的建设者,又是社会主义的接班人,是对受教育者同一要求的两个方面,绝不意味着我们要培养两种不同规格的人才,不能把建设者和接班人割裂开来,必须把二者统一起来。

2. 社会主义的建设者和接班人必须是"德、智、体等方面全面发展"

培养的人具有什么样的素质?《教育法》规定:社会主义的建设者和接班人必须是"德、智、体等方面全面发展"。实施素质教育,就是全面贯彻党的教育方针,以提高国民素质为根本宗旨,以培养学生的创新精神和实践能力为重点,造就"有理想、有道德、有文化、有纪律"的,德、智、体、美等全面发展的社会主义事业的建设者和接班人。

## 五、教育的基本原则

教育的基本原则是指贯穿于教育规范之中,指导教育法律法规的制定和实施活动的基本准则,是人们对教育现象的抽象和概括,反映着教育的基本价值观念。

(一)重视德育的原则

《教育法》第六条规定:"国家在受教育者中进行爱国主义、集体主义、社会主义的教育,进行理想、道德、纪律、法制、国防和民族团结的教育。"

1. 进行爱国主义、集体主义和社会主义教育

(1)爱国主义教育就是爱祖国的教育,在现时代主要表现为热爱中国共产党,热爱中华人民共和国,热爱社会主义制度,维护国家利益、拥护党和国家的各项路线、方针、政策,并自觉地为社会主义现代化事业勤奋学习,努力工作。

(2)集体主义教育要求在个人与集体、社会的关系上,强调当个人利益与集体利益发生冲突时,个人利益服从集体和社会利益,局部利益服从整体利益,为了国家和人民的利益,在必要时应当不惜牺牲自己的生命等。

(3)社会主义教育就是要使受教育者理解科学社会主义理论的主要内容,认识我国人民选择社会主义道路的客观必然性,了解社会主义新成就,并自觉为社会主义建设事业添砖加瓦、多做贡献等。

2. 进行理想、道德、纪律、法制、国防和民族团结的教育

(1)理想教育就是教育学生树立远大的共产主义理想,将个人的发展、人生价值的实现与社会的发展紧密结合起来,融个人的理想于伟大的共产主义事业之中。

(2)道德教育就是使受教育者不断加强共产主义道德修养,形成高尚的道德品质,培养自觉遵守社会主义道德要求的良好习惯。

（3）纪律和法制教育就是要培养受教育者严格的遵纪守法观念，成为合格的符合时代要求的现代公民。

（4）国防教育就是要求受教育者了解国防知识，提高国防意识，并自觉保卫国家的主权独立和领土完整，坚决反对对我国的任何侵略行径。

（5）民族团结教育既要反对大汉族主义，又要反对民族沙文主义和任何以民族自决为借口分裂祖国的企图。

（二）继承和吸收优秀文化成果原则

1. 继承和弘扬中华民族优秀的历史文化传统

《教育法》第七条规定："教育应当继承和弘扬中华民族优秀的历史文化传统，吸收人类文明发展的一切优秀成果。"

（1）要认真研究和继承在我国三千多年历史发展中形成和流传的优良道德思想、行为准则，并赋予其新的时代内容。

（2）要把中华民族的优良道德传统和在人民革命及社会主义建设实践中形成的新道德典范结合起来。

（3）要吸收世界上其他国家的先进文明成果，提出有中华民族特色、体现时代精神的价值标准和道德规范。

2. 吸收人类文明发展的一切优秀成果

（1）是洋为中用、不照搬。学习和吸收的目的在于发展我们自己的事业，建设我们自己的国家。

（2）是立足中国国情，有分析、有批判、创造性地吸收和学习。反对拿来主义、生搬硬套、全盘西化、囫囵吞枣。

（3）是相互尊重，相互理解，相互交流，相互学习。

（4）人类文化不可分割地联系在一起，任何一个民族的文化都是全人类文化中的一部分；一个民族的文化只有在人类文化长河中才能得到很好的发展。

（三）教育公共性原则

《教育法》第八条规定："教育活动必须符合国家和社会公共利益。国家实行教育与宗教分离。任何组织和个人不得利用宗教进行妨碍国家教育制度的活动。"

1. 教育活动必须符合国家和社会公共利益

在我国，"国家利益"是指以工人阶级为领导、以工农联盟为基础的人民民主专政的社会主义国家的利益；"社会公共利益"是指中华人民共和国全体社会成员的共同利益。

（1）必须对国家和人民负责。在中国境内实施的教育活动必须对国家和人民负责，而不是对个人或小团体负责，不能因个人或小团体的利益而损害国家和社会的利益。

（2）不得以营利为目的办学。我国的教育事业属于公益事业，不得以营利为目的办学。

（3）必须接受国家和社会的管理和监督。

### 2. 不得利用宗教进行妨碍国家制度的活动

教育与宗教相分离，任何组织和个人不得利用宗教进行妨碍国家教育制度的活动。我国宪法规定，"中华人民共和国公民有宗教信仰自由"，"国家保护正常的宗教活动"，还规定"任何人不得利用宗教进行破坏社会秩序、损害公民身体健康、妨碍国家教育制度的活动。"教师在学校有权进行辩证唯物主义教育，宣传无神论，但不得强迫学生不信仰宗教，也不得歧视信仰宗教的学生。

### （四）公民受教育机会平等的原则

《教育法》第九条规定："中华人民共和国公民有受教育的权利和义务。公民不分民族、种族、性别、职业、财产状况、宗教信仰等，依法享有平等的受教育机会。"

### 1. 教育起点平等

国家给予每个公民以均等的学习机会，每个公民享有的学习机会不受民族、性别、职业、财产状况、宗教信仰等条件的限制。

### 2. 教育过程平等

国家要求每个公民接受一定的教育，如果公民不履行受教育的义务，也将受到法律的制裁。义务教育是对全体儿童和青少年所实施的免费教育，学生在入学时不能因经济和社会地位的差异而被区别对待；各个学校的教学设施、师资力量应大体相同。

### 3. 教育结果平等

学生的教育效果大体要差不多，检测、考核、选拔标准一致，否则就有失公平、公正。

### （五）特殊扶持和帮助原则

《教育法》第十条规定："国家根据各少数民族的特点和需要，帮助各少数民族地区发展教育事业。国家扶持边远贫困地区发展教育事业。国家扶持和发展残疾人教育事业。"

1. 对少数民族和边远地区的扶持和帮助

我国地域辽阔,民族众多,经济发展很不平衡,教育的基础也有很大差别。少数民族和边远贫困地区的经济文化发展相对落后,而这些地区经济文化落后的重要原因之一是人口素质偏低、人才资源贫乏。为推进我国少数民族和边远贫困地区经济和文化的发展,必须大力发展这些地区的教育事业。对少数民族、贫困地区的教育要给予经费资助、政策倾斜和师资培养等方面的扶持。

2. 对困难群体、残疾人的扶持和帮助

作为公民,困难群体、残疾人与正常人一样也享有受教育的权利,困难群体、残疾人可以进普通学校学习,也可以进单独设置的学校学习。国家对困难群体、残疾人教育实行扶持和帮助,以保护这一弱势人群的受教育权利。

(六)建立和完善终身教育体系的原则

《教育法》第十一条规定:"国家适应社会主义市场经济发展和社会进步的需要,推进教育改革,促进各级各类教育协调发展,建立和完善终身教育体系。国家支持、鼓励和组织教育科学研究,推广教育科学研究成果,促进教育质量的提高。"

1. 建立和完善终身教育体系

为适应社会主义市场经济体制和社会在政治、经济、科技、文化等诸方面全面进步的要求,我国正建立和完善终身教育体系,从改革教育体制入手,突破传统的、单一的、封闭的教育体系框框,优化教育结构,促进各级各类教育的一体化和协调发展。目前已经开始形成学制系统内的学前教育、初等教育、中等教育、高等教育的协调发展,并和学制系统外的职业教育、成人教育相互沟通和衔接,为公民接受终身教育创造条件。

2. 加强教育科学研究

提高教育质量,推进教育改革,建立和完善终身教育体系,必须十分重视和加强教育科学研究工作。目前基础教育改革已经进入到课程改革,这一改革能否顺利进行,很大程度上取决于第一阶段的实验,因此,要加强科研工作,推广科研成果。

(七)教学语言文字原则

《教育法》第十二条规定:"汉语言文字为学校及其他教育机构的基本教学语言文字。少数民族学生为主的学校及其他教育机构,可以使用本民族或者当地民族通用的语言文字进行教学。学校及其他教育机构进行教学,应当推广使用全国通用的普通话和规范字。"

1. 推广使用全国通用的普通话和规范字

语言是民族文化的重要构成部分,从某种意义上来说,它是民族文化的基础和神经。语言规范化是教育现代化的重要内容。作为我国正式工作语言文字的汉语言文字,不仅在全国通行,而且是联合国六种工作语言之一,应该成为我国基本的教学语言文字。

2. 少数民族地区可以使用本民族语言进行教学

我国是多民族国家,各民族都有自己特殊的语言系统,各民族的语言都是本民族文化传统的有机部分,是独特民族文化的重要表现之一。《教育法》确立了以汉语言文字为教育的基本语言文字,同时在少数民族地区可以使用本民族语言进行教学的原则。

(八)奖励激励原则

《教育法》第十三条规定:"国家对发展教育事业做出突出贡献的组织和个人,给予奖励。"要提倡和鼓励各级政府、社会团体、企业单位和个人建立教师奖励基金。教师的奖励分精神奖励和物质奖励。对教师的奖励要形成制度。具体内容后面章节将介绍,在此不再赘述。

## 第二节  教育基本制度

教育制度,有广义和狭义两种理解。广义上的教育制度,是指根据国家的性质所确立的教育目的、教育方针和开展教育活动的各种机构的体系和运行规则的总和。这些机构包括教育行政管理机构及各类教育机构。从广义上来理解教育制度,《教育法》就是关于中国教育制度的整体的宏观的法律规范。狭义上的教育制度,是指有组织的教育和教学的机构及各级教育行政组织机构的体系。《教育法》第二章从狭义上对我国教育的基本制度作了明确的规定。国家的教育基本制度有十种。

## 一、学校教育制度

学校教育制度,即学制,是一个国家各级各类学校的系统,它具体规定着各级各类学校的入学条件、培养目标、修业年限,以及它们之间的衔接关系。学校教育制度是现代教育制度的基本组成部分。

（一）学校教育制度

《教育法》第十七条规定："国家实行学前教育、初等教育、中等教育、高等教育的学校教育制度。国家建立科学的学制系统。学制系统内的学校和其他教育机构的设置、教育形式、修业年限、招生对象、培养目标等，由国务院或者由国务院授权教育行政部门规定。"我国的学校教育制度分四个部分。

1. 学前教育

学前教育，主要指幼儿园教育。幼儿园对三周岁以上学龄前幼儿实施保育和教育。学前教育属学校教育的预备阶段。根据国家教委 1989 年颁发的《幼儿园工作规程》(试行)的有关规定，我国幼儿园的学制一般为三年，招收三周岁至入小学前的适龄儿童。

2. 初等教育

初等教育主要指小学教育。我国小学招收六、七岁儿童入学，学制五年至六年。相当于小学教育程度的还有成人初等业余教育。

3. 中等教育

中等教育，包括全日制普通中学、中等专业学校、技工(职工)学校及其他的中等学校。其中全日制普通中学的初中阶段，与小学教育阶段合并在一起为我国的九年义务教育阶段。目前的义务教育阶段存在着"六、三"制、"五、四"制和九年一贯制等多种学制。普通高中和职业高中的学制一般为三年。

学前教育、初等教育和中等教育为基础教育，是科教兴国的奠基工程，对提高中华民族素质、培养各级各类人才、促进社会主义现代化建设具有全局性、基础性和先导性的作用。

4. 高等教育

高等教育，包括全日制普通高等院校、普通专科学校和各种类型的成人高等学校及研究生院。全日制大学的学制为四至五年，专科学校为二至三年，研究生学制二至三年。

国家在建立基本学制的基础上，还颁布了一系列法规性文件，对学制系统内的学校和其他教育机构的设置、招生对象、任务和培养目标等作了具体规定。

（二）其他教育制度

1. 义务教育制度

《教育法》第十八条规定："国家实行九年制义务教育制度。各级人民政府采取各种措施保障适龄儿童、少年就学。适龄儿童、少年的父母或者其他监护人以及有关社会组织和个人有义务使适龄儿童、少年接受并完成规定年限的义务教育。"义务教育是基础教育,是提高全民族素质的基本保证。为此,全国人大常委会制定了《中华人民共和国义务教育法》,该法是我国教育法律体系的重要组成部分,本书的第三章将对该法进行介绍。

2. 职业教育制度和成人教育制度

《教育法》第十九条规定:"国家实行职业教育制度和成人教育制度。各级人民政府、有关行政部门以及企业事业组织应当采取措施,发展并保障公民接受职业学校教育或者各种形式的职业培训。国家鼓励发展多种形式的成人教育,使公民接受适当形式的政治、经济、文化、科学、技术、业务教育和终身教育。"

职业教育是现代教育的重要组成部分,大力发展职业教育,是符合我国国情,培养大量应用人才的一条根本出路,也是推进教育现代化、振兴经济的必由之路。因此,全国人大常委会制定了《中华人民共和国职业教育法》,本书的第六章将介绍这部法律。

成人教育是传统学校教育向终身教育发展的一种新型教育制度,对提高民族素质,直接有效地促进经济、社会发展具有重要作用。因此,在现阶段要大力办好各类成人教育,适应社会主义市场经济体制的建立和科学技术迅速发展的要求,积极开展多层次的继续教育,使广大在职人员知识得到更新、思想文化素质和职业技能不断得到提高。要特别重视开展电视以及函授、业余进修、自学辅导等多种形式的教育。

## 二、考试、证书、学位制度

与学校教育制度配套的是考试制度、证书制度,高等教育还存在着学位制度。

### (一)教育考试制度

国家教育考试制度是国家基本教育制度的重要组成部分。《教育法》第二十条规定:"国家实行国家教育考试制度。国家教育考试由国务院教育行政部门确定种类,并由国家批准的实施教育考试的机构承办。"违反国家考试制度的要承担相应的法律责任,《教育法》第七十九条规定:"在国家教育考试中作弊的,由教育行政部门宣布考试无效,对直接负责的主管人员和其他直接责任人员,依法给予行政处分。非法举办国家教育考试的,由教育行政部门宣布考试无效;有违法所得的,没收违法所得;对直接负责的主管人员和其他直接责任人员,依法给予行政处分。"目前由国务院教育行政部门确定的教育考试种类有以下几种。

### 1. 普通高中毕业会考

1990年发布的《国家教委关于在普通高中实行毕业会考制度的意见》规定:从1990年起,用两年左右时间有计划地在全国逐步实行普通高中毕业会考制度。普通高中毕业会考是全国承认的省级普通高中文化课毕业水平考试。它是检查、评价普通高中教学质量的一种手段,也是考核普通高中学生文化课学习是否达到必修课教学大纲规定的基本要求的重要手段。会考采取考试和考查两种方式。具体科目由省(自治区)、县(市)规定。

### 2. 普通中等专业学校招生考试

1988年发布的《国家教育委员会普通中等专业学校招生暂行规定》规定:普通中等专业学校招生考试由省、自治区、直辖市招生委员会统一命题,并制订参考答案和评分标准。试题、参考答案、评分标准在启用前为国家绝密材料。

### 3. 普通高等学校招生考试

国家教委考试管理中心1988年发布的《普通高等学校招生统一考试管理规则》规定:全国普通高等学校招生实行统一考试,由国家教育委员会统一管理,省(自治区、直辖市)招生委员会组织实施。

### 4. 高等教育自学考试

国务院1988年发布的《高等教育自学考试暂行条例》规定:高等教育自学考试的任务,是通过国家考试促进广泛的个人自学和社会助学活动,推进在职专业教育和大学后继续教育,造就和选拔德才兼备的专门人才,提高全民族的思想道德、科学文化素质,以适应社会主义现代化建设的需要。全国高等自学考试指导委员会在国家教育委员会领导下,负责全国高等教育自学考试工作。

### 5. 其他方面的国家教育考试

其他方面的国家教育考试,有大学外语水平考试,研究生入学考试和国家教师资格考试等。

### (二)学业证书制度

《教育法》第二十一条规定:"国家实行学业证书制度。经国家批准设立或者认可的学校及其他教育机构按照国家有关规定,颁发学历证书或者其他学业证书。"

学业证书是指学生在学校或其他教育机构学习功课完成情况的书面证明。学业证书一般可分为毕业证书、修业证书、肄业证书、单科合格(及格)证书、专业证书、写实性学习证书、结业证书等种类,各类学业证书颁发的条件均有明文规定。

我国的学业证书,主要是证明学历和学业水平,是一种具有法律效力的文书。与此相联系,根据不同情况,它还有多方面的功能。如小学毕业证书,在已经普及九年制义务教育的地区,即可作为就近升入当地初中的证明,不必再经过入学考试。初中毕业证书是完成九年制义务教育的证明,也可作为报考高中或中等职业学校证明。高中毕业证书可作为报考大学或高等职业学校的证明。我国正实行"先培训,后就业"的制度。因此,各级职业学校的毕业证书,可起到职业资格证书的作用,按照国家规定,可以被优先录用就业。中等专业学校以及大学专科、本科的毕业证书持有者,就业到国家机关、国有企事业单位工作的,学历文凭层次一般都与工资挂钩。其他在晋升职称、职务、安排工种、岗位等方面,学历证书也起到一定的参考作用。正由于学业证书受到人们的重视,必须保持学业证书制度的严肃性和权威性,为此《教育法》第八十条规定:"违反本法规定,颁发学位证书、学历证书或者其他学业证书的,由教育行政部门宣布证书无效,责令收回或者予以没收;有违法所得的,没收违法所得;情节严重的,取消其颁发证书的资格。"

### (三)学位制度

《教育法》第二十二条规定:"国家实行学位制度。学位授予单位依法对达到一定学术水平或者专业技术水平的人员授予相应的学位,颁发学位证书。"

实行学位制度有利于促进科学和教育事业的发展,有利于促进科学技术专门人才的成长,有利于促进高等教育质量的提高,并为选拔和使用人才提供客观依据,便于从数量和质量上更好地了解科学人才队伍的状况。还有利于形成尊重知识、尊重人才的社会风气,激励人们攀登科学高峰。同时,也有利于促进国际间学术交流。

1980年2月第五届全国人民代表大会常务委员会第十三次会议通过了《中华人民共和国学位条例》(简称《学位条例》),自1981年1月1日施行。《学位条例》对我国实行的学位制度作了详尽、明确的规定。《学位条例》第二条规定,凡是拥护中国共产党的领导、拥护社会主义制度,具有一定学术水平的公民,都可以按照本条例的规定申请相应的学位。第三条规定,学位分学士、硕士、博士三级。

## 三、教育管理制度

《教育法》第二十四条规定:"国家实行教育督导制度和学校及其他教育机构教育评估制度。"教育法作出这一规定的目的是通过教育督导制度和教育评估制度实现对教育的管理。

（一）教育督导制度

教育督导是政府行政监督和管理的重要职能,是国家对教育实行监督和指导的有效机制和有力手段,也是现代教育的科学管理体系必不可少的重要组成部分。它的特定涵义是指县以上各级人民政府授权给所属的教育督导机构和人员代表本级政府及教育行政部门对下级人民政府的教育工作、下级教育行政部门和学校的工作,依据国家的有关方针、政策、法规,按照督导的原则和要求,运用科学的方法,进行监督、检查、评估、指导,并向本级和上级人民政府及其教育行政部门报告教育工作的情况,提出建议,为政府的教育决策提供依据。教育督导不同于一般"视导",其意义重在强化监督执法和行政监控职能,强调行政监督的权威性,完善法制,依法治教。

1991 年 4 月 26 日,当时的国家教育委员会发布了《教育督导暂行规定》,明确了教育督导的任务、教育督导机构、教育督导人员和教育督导的各类方式。教育督导的任务是:对下级人民政府的教育工作、下级教育行政部门和学校的工作进行监督、检查、评估、指导,保证国家有关教育的方针、政策、法规的贯彻执行和教育目标的实现。教育部行使教育督导职权,并负责管理全国教育督导工作;教育部设置教育督导机构,负责教育督导的具体工作。地方县以上政府均要设教育督导机构。教育督导机构内设相应的专职督学,并根据工作需要聘请兼职督学。教育督导分综合督导、专项督导和经常性检查,由教育督导机构根据本级人民政府、教育行政部门或上级督导机构的决定组织实施。

（二）教育评估制度

《教育法》规定对各级各类学校及其他教育机构实行教育评估,教育评估制度是现代教育的重要制度。

什么是教育评估? 目前尚无确切统一的定义,多数人认为,教育评估是根据一定目标,通过系统地收集和解释信息,对教育客体作出价值判断的过程,其目的在于推动人们采取行动完成预定目标。专家学者一般认为,教育评估有广义和狭义之分,广义的教育评估以教育全部领域为对象,涉及教育的一切方面;狭义的教育评估以学生为对象,对学生的发展成长给予价值上的判断。目前我们通常所说的教育评估,主要是指对学校办学水平的评估,是学校管理工作质量评估和教育质量评估的总和;而二者又集中体现在教育质量评估上。

教育评估的步骤:首先是系统地收集信息;然后对收到信息进行解释分析;最

后对教育成就的文化、政治、经济价值做出判断；同时提出促进教育的改革和进步，提高教育水平的建议。

教育评估与教育督导有密切联系。评估是督导的一项重要任务，也是借以提高督导的科学性、权威性的重要手段。但是，二者有区别。教育评估是一个较为宽广的领域，教育督导只涉及其中的有关部分，不能把二者等同起来。

## 第三节　学校及其他教育机构

依法办学，首先是依法设立学校。学校的设立有很多法律规定，不按法律规定设立学校属于非法办学。非法办学是违法行为，非法设立的学校应予以取缔，对非法办学者造成的损害应追究法律责任，给予法律制裁。因此，设立学校应了解学校设立的法律规定。

### 一、依法办学

设立学校的目的是什么？是为了公益事业还是为了营利赚钱？《教育法》对此作了明确规定。

#### （一）不得以营利为目的办学

《教育法》第二十五条规定："任何组织和个人不得以营利为目的举办学校及其他教育机构。"不得以营利为目的办学，主要基于以下理由：

不得以营利为目的办学，这是由学校的性质决定的。设立学校的根本目的是培养德、智、体等方面全面发展的社会主义事业的建设者和接班人，是为了提高全民族的素质。学校是对社会成员进行教育、培养的社会机构，其基本职能是利用一定的教育教学设施和特定的环境实施教育教学活动，培养社会所需要的合格人才。办学的目的、学校的职能决定了学校的性质不是营利性的社会组织，而是公益性的社会组织，它追求的不是经济效益，而是社会效益。

学校的经费运作决定了不得以营利为目的办学。学校的运作要有资金，学校的经费来源是多渠道的，其中最主要的来源是国家拨款。国家出于公益性的要求，从财政收入中拿出一部分用行政的方式分配给学校，这些资金是不需要偿还的。由于学校是公益性的社会组织，也不可能偿还所用资金，包括从国家之外的其他渠道得到的办学资金。民办学校的经费来源虽然更为复杂，但既然是向教育投资，就应该按照教育法的要求，不得以营利为目的办学。国家和其他社会力量将资金投向教育,并不是不讲效益的。学校也要讲投入与产出的问题,也会涉及资金问题,也要讲效益。但是学校的投入与产出,资金的使用,教育的效益都有其特殊性。学校投入的是人财物资源,产出的是人才;学校的资金是用在改善办学条件上,以便更好地对学生进行素质教育。学校的教育效益如何是看能否在现有的条件下多出人才,出好人才。

学校的管理体制决定了不得以营利为目的办学。教育体制改革,使得学校有了办学自主权,包括办学决策权、用人自主权、招生分配权、经费使用权等。教育体制的改革,也使得学校能面向市场,依靠市场在一定范围内和一定程度上对教育资源及人才资源的分配起某种调节作用。但是学校毕竟是培养人的社会机构,教育有其自身的运行规律。学校不能用市场经济中的价值规律来调节。国家需要对教育作宏观上的调控。因此,《教育法》第十五条规定:"国务院教育行政部门主管全国教育工作,统筹规划、协调管理全国的教育事业。"教育部要求依法治教,《教育法》规定不得以营利为目的办学,在中华人民共和国境内的各级各类教育机构,都不得以营利为目的办学。

划分是否为以营利为目的办学,不在于学校及其他教育机构是否有收入,也不在于是否高收费,而在于是否将办学和其他经营活动获得的收入依法用于学校或其他教育机构自身的建设和发展。凡是把盈利作为提高学校及其他教育机构教育质量的教育投资,就不属于"以营利为目的办学",如改善学校的基础建设、提高教师工资待遇、提高教学设备水平、增加科研经费等。

(二)学校设立的条件与程序

学校作为法人,必须具备权利主体能力,能够独立承担民事责任,而权利主体能力要受物质条件的限制,这就要求学校要依照法定条件和程序设立。我国的《教育法》和《职业教育法》对学校设立的条件和程序作了明确规定。

1. 设立学校的基本条件

依据《教育法》第二十六条规定,设立学校及其他教育机构,必须具备四个基本条件:

(1)有组织机构和章程。

组织机构和章程是学校存在的前提条件。所谓组织机构,是指为了达到共同的目的,根据其活动本身的性质和要求而在内部各个部门、各个岗位和各个成员之间形成的权责分工和相互联系结构。所谓章程,是指为了保证组织机构的正常运行而建立的,能够体现组织机构活动性质和内部分工合作关系,并能成为全体成员自律和机构内部协调的规则。举办者在申请设立学校时,应有权责分工明确的管理机构、管理人员和机构章程,以保证机构的正常运行。学校的章程中应载明学校的名称、办学宗旨、开展教育教学的主要任务、机构内部的管理体制、师生员工参与民主管理与监督的制度、财务管理制度、人事管理制度、举办者的权责、章程的修改程序等内容。

(2) 有合格的教师。

学校一般由管理人员、教师、教学辅助人员构成,其中教师是履行教育教学职责的专业人员。这里的"合格"是指符合《教师法》、《教师资格条例》及国家其他相关规定对合格教师提出的具体要求。一所学校的教师不仅要数量合格,更要质量合格。举办者在申请设立学校时,要聘任学历达标的教师,特别要保证聘任的教师具有相应的资格证书,不具有相应的教师资格的人员不得从事教育教学工作。在聘任教师时要注意教师和学生的比例符合法定标准,还要注意专职教师和兼职教师的比例,高、中、初级职称的教师比例应适当,从而建设一支数量和质量都合格的教师队伍。

(3) 有符合规定标准的教学场所及设施、设备等。

从事教育教学活动必须有一定的物质条件,包括教学场所及设施、设备等。这里的"规定标准",主要是指包括校舍规划面积定额、教室和课桌椅的具体要求、学生的活动场地、住宿生的食宿条件、教学仪器设备、体育设施、图书资料等都必须符合国家规定的标准。不同类型、不同层次学校的教学场所及设施、设备等的标准要求是不同的,不同地区、不同时期教学场所及设施、设备等的标准要求也是不同的。国家统一规定的有《中等师范学校及城市中、小学校舍规划面积定额》、《示范性普通高级中学评估验收标准》、《一般高等学校校舍规划面积定额》、《民办高等学校设立暂行规定》。省、自治区、直辖市也根据本地区的情况作了具体规定。如《江苏省合格初中的基本标准》、《江苏省模范学校标准》等。举办者在申请设立学校时,需根据其学校的性质、办学的层次和规格,依据现行的有关规定,备齐符合规定标准的校舍、场地、教学仪器设备、图书资料等。学校的教学场所及设施、设备等物质条件可以是自有的,也可以通过租赁、借用等方式取得使用权,但必须符合教学要求,并有合法的合同文件。

(4) 有必备的办学资金和稳定的经费来源。

学校及其教育机构,除了要有必要的物质条件外,还需要不断地投入流动资金以保证教育教学活动的正常运转。如设施、设备消耗后的更新,教职工的工资、福利等。这里"有必备的办学资金",是指设立学校时,办学资金要到位。不能学校办起来了,经费还没有到位,或者学校刚办起来,到账的资金就被抽走了。这里的"稳定的经费来源",是指举办者在申请设立学校时,要有明确、稳定的资金来源说明,要提交收、支预算,保证通过合法渠道筹集到设立学校所必需的启动资金和运转资金。有些举办者通过贷款、借款筹集资金开办学校,然后靠收取学生的学费来偿还贷款、借款,这是违反教育法有关规定的。

所有的学校,包括民办学校、职业学校,都必须具备这些条件,相关规定详见《中华人民共和国民办教育促进法》和《中华人民共和国职业教育法》。

2. 设立学校的程序

学校设立不仅要具备必需的基本条件,还要经过一定的程序,即学校的设立、变更和终止应当按国家有关规定办理审核、批准、注册或者备案手续,这样才能取得合法地位。《教育法》第二十七条规定:"学校及其他教育机构的设立、变更和终止,应当按照国家有关规定办理审核、批准、注册或者备案手续。"

(1) 登记注册制度。

登记注册,是主管部门对申请设立的学校的报告进行审核,如未发现有违反法律法规的,拟办的学校符合设立标准和应具备的条件,就可予以登记注册,使其取得合法地位。登记注册制度适用于幼儿园等教育机构。

(2) 审批制度。

审批,是主管部门对申请设立的学校,不仅要审核是否符合法律规定的基本条件和有关设立的标准,而且要审核其是否符合本地区的设置规划等。审批制度一般适用于各级各类正规学校、独立设立的职业教育机构等。审批程序一般包括审核、批准和备案等环节。主管部门根据设立标准和审批办法,有权决定是否准予办学。只有经过批准,发给批准书或办学许可证,拟办的学校或其他教育机构才能取得合法地位。同样,也只有经过批准,才能变更或终止学校及其他教育机构。

学校更改校名、培养层次、教学场所、举办人或者校长,学校合并、分立或设分校,应按设立程序办理变更手续。学校终止,除教育行政部门责令解散的以外,应当履行规定的审核批准手续。

《教育法》第七十五条规定:"违反国家有关规定,举办学校或者其他教育机构的,由教育行政部门予以撤销;有违法所得的,没收违法所得;对直接负责的主管人员和其他直接责任人员,依法给予行政处分。"

## 二、学校的权利义务

学校是从事教育教学工作的专门机构,国家的教育方针要靠学校贯彻执行,为此《教育法》规定了学校能够行使的权利和应履行的义务。

### (一)学校的权利

依据《教育法》第二十八条规定,学校享有下列权利。

#### 1. 按照章程自主管理

按照章程自主管理的权利是学校法人地位的重要体现,也是落实学校法律地位的重要保障。按照章程自主管理具体包括:自主制定章程权、自主管理学校权。

#### 2. 组织实施教育教学活动

组织实施教育教学活动是学校的基本权利。教育教学活动是学校最基本、最主要的活动,也是最主要的任务和中心工作。由于教育教学活动是由众多环节构成的复杂过程,有其自身的规律,又由于教育教学活动对社会对个人都会产生一定的甚至重要的影响,因此,学校要认真地行使自己的教育教学权。学校的教育教学权又分两个方面:教育权、教学权。

#### 3. 招收学生和其他受教育者

招生权是学校的一项基本权利,赋予学校这一权利,有助于深化招生体制改革,也有利于学校自主办学。招生权包括三个方面:制定招生办法权、决定招生人数权、决定录取与否权。

为了防止学校滥用招生权,《教育法》第七十六条规定:"违反国家有关规定招收学员的,由教育行政部门责令退回招收的学员,退还所收费用;对直接负责的主管人员和其他直接责任人员,依法给予行政处分。"第七十七条规定:"在招收学生工作中徇私舞弊的,由教育行政部门责令退回招收的人员;对直接负责的主管人员和其他直接责任人员,依法给予行政处分;构成犯罪的,依法追究刑事责任。"用两个法条来规定制裁内容,力度是很大的,学校要正确行使职权,不能将手中的职权用到"极致"。

#### 4. 对受教育者进行学籍管理,实施奖励或者处分

学校对学生进行学籍管理和实施奖励或处分,是学校的一项基本权利,学校行使这项权利有助于实现对学生的教育管理职能、维护教学秩序、促进办学质量的提高。学校的学籍管理权分三个方面:学籍管理权、学生奖励权、学生处分权。

5. 对受教育者颁发相应的学业证书

学校颁发的证书主要包括二类:一是毕业证书;二是结业证书、肄业证书、学业证明。学校的证书颁发权分两个方面:颁发证书权、拒发证书权。

6. 聘任教师及其他职工,实行奖励或者处分

这是学校的人事管理权。学校行使这项权利,有利于选用优秀人才从教,建立奖勤罚懒、奖优罚劣的激励机制,从而保障教育教学质量的提高。学校的人事权分三个方面:聘任权、奖励权、处分权。

7. 管理使用本单位的设施和经费

教育教学经费和设施是中小学校办学的基本物质保障,学校有权自主管理和使用。学校的设施和经费,除民办学校外,基本上都是国家拨的,因而是国有的,学校是接受国家委托行使管理权。学校的财物管理权分两个方面:财务管理权、设施管理权。

8. 拒绝任何组织和个人对教育教学活动的非法干涉

学校的这一权利对维护和保障中小学校教育教学秩序是不可缺少的。学校的拒绝干涉权分两个方面:拒绝非法干涉权、提起申诉诉讼权。

为了加大这一法律规定的力度,《教育法》增加了对法律责任的规定,即第七十二条的规定:"结伙斗殴,寻衅滋事,扰乱学校及其他教育机构教育教学秩序或者破坏校舍、场地及其他财产的,由公安机关给予治安管理处罚;构成犯罪的,依法追究刑事责任。侵占学校及其他教育机构的校舍、场地及其他财产的,依法承担民事责任。"

9. 法律、法规规定的其他权利

这是法律赋予学校的其他权利。根据本条规定,学校除了享有上述八项基本权利外,还可享有现行的其他法律、法规中规定的有关学校的权利,以及还可享有以后颁布的法律、法规中的有关学校的权利。中小学校作为培养未成年学生的教育机构,还要行使《未成年人保护法》和《预防未成年人犯罪法》规定的权利;学校作为法人,还可以享有法人应该享有的民事权利。这些法律规定会在本书后面相关的章节中进行阐述。

（二）学校的义务

学校的义务是指学校依照《教育法》及其他法律、法规,在组织教育活动中必须履行的义务。依据《教育法》第二十九条规定,学校必须履行下列义务。

1. 遵守法律、法规

守法才能保证社会的稳定与发展，因此，守法是公民、法人的最基本义务，也是学校及其教职员工的最基本义务。学校遵守的法律法规主要分两个方面：一是遵守一般法律法规的义务；二是遵守教育法律法规的义务。

2. 贯彻国家教育方针，贯彻国家教育标准，保证教育教学质量

如果说守法是具有普遍意义的义务的话，那么贯彻教育方针对于学校及其教职员工来说，则是具有特殊意义的义务。这一义务主要包括三个方面：贯彻教育方针的义务；贯彻国家教育标准的义务；保证教学质量的义务。

3. 维护受教育者、教师及其他职工的合法权益

学校要自觉维护学生、教师及其他职工的合法权益，这是学校应尽的一项基本义务。这一义务包括两方面的含义：一是维护合法权益的义务；二是与违法犯罪行为作斗争的义务。

学生、教师及其他职工的合法权益中最重要的是生命健康权，因此，学校要保证校舍或者教育教学设施的安全，如果"明知校舍或者教育教学设施有危险，而不采取措施，造成人员伤亡或者重大财产损失的，对直接负责的主管人员和其他直接责任人员，依法追究刑事责任"。这是《教育法》第七十三条的规定。

4. 以适当方式为受教育者及其监护人了解受教育者的学业成绩及其他有关情况提供便利

这是学校以适当方式告知的义务。学校的这一义务主要有两方面的含义：一是保护受教育者及其监护人的知情权的义务；二是保护受教育者隐私权的义务。

5. 遵照国家有关规定收取费用并公开收费项目

乱收费是影响学校形象、败坏学校声誉的行为。社会要尊师重教，学校要自尊自爱。因此，依照规定收费是学校应尽的义务。学校的这一义务包括两个方面：一是按规定收费的义务；二是接受检查监督的义务。

为了制止乱收费，《教育法》第七十八条作了法律责任方面的规定："学校及其他教育机构违反国家有关规定向受教育者收取费用的，由教育行政部门责令退还所收费用；对直接负责的主管人员和其他直接责任人员，依法给予行政处分。"

6. 依法接受监督

接受监督义务，有利于确保学校的社会主义办学方向，有利于贯彻执行好国家的教育方针、教育教学标准等。学校的这一义务主要包括两个方面：一是主动接受监督的义务；二是主动进行整改的义务。

7. 其他法律法规规定的义务

除了《教育法》规定的上述义务外,其他法律法规对学校的教育教学工作也规定了义务,如《义务教育法》、《未成年人保护法》、《预防未成年人犯罪法》等。学校必须履行相关法律法规规定的义务。

## 三、学校的管理体制

《教育法》第三十条规定:"学校及其他教育机构的举办者按照国家有关规定,确定其所举办的学校或其他教育机构的管理体制"。学校及其他教育机构以教学为其主要活动,以培养各级各类人才为其主要职能,因此,其内部管理必须有利于提高办学效益和办学质量。

(一)校长负责体制

1. 中小学实行校长负责制

1993年2月,中共中央、国务院印发的《中国教育改革和发展纲要》指出:"中等及中等以下各类学校实行校长负责制。校长要全面贯彻国家的教育方针和政策,依靠教职员工办好学校。"《义务教育法》规定学校实行校长负责制。校长应当符合国家规定的任职条件。校长由县级人民政府教育行政部门依法聘任。"校长负责制"包括以下几个方面的内容:

(1)校长全面负责。

国家教委1991年6月25日发布了《全国中小学校长的任职条件和岗位要求》,该规定明确中小学校长的岗位职责有四个方面:全面贯彻执行党和国家的教育方针;加强教职工队伍建设;全面主持学校的教育教学工作;促进学校教育、家庭教育、社会教育的协调一致、相互配合,形成良好的育人环境。

(2)党组织保证监督。

实行校长负责制,党组织的职能由过去的直接领导转变为对学校工作的保证监督,即保证监督党的路线、方针、政策在学校的贯彻落实,保证办学的社会主义方向,保证学校的各项任务能够顺利完成。

2. 高校实行党委领导下的校长负责制

《中华人民共和国高等教育法》明确规定,国家举办的高等学校实行中国共产党高等学校基层委员会领导下的校长负责制,即党委领导下的校长负责制。对"党委领导下的校长负责制"的理解应注意以下几点:第一,党委是学校的领导核心,总揽全局,协调各方,统一领导学校工作。其领导职责主要是把好方向,抓好大事,出好思路,管好干部。第二,校长为学校的法定代表人,在校党委的领导下,积极主动、独立负责、依法行使职权,全面负责本学校的教学、研究和其他行政管理工作。第三,党委必须支持校长行使职权,不可包揽具体事务。校长必须尊重党委对学校行政重大问题和重要事项的决策权。第四、党委对学校工作负领导责任、决策责任,党员校长按规定程序进入党委会(常委会),参加党委的集体领导和决策。四个方面相辅相成,构成一个完整的、有机的整体。

### (二) 教职工的民主管理和监督

《教育法》第三十条规定:"学校及其他教育机构应按照国家有关规定,通过以教师为主体的教职工代表大会等组织形式,保障教职工参与民主管理和监督。"

教职工代表大会的基本任务是:坚持党的基本路线,贯彻党的方针、政策,遵守国家法律、法规;协调学校内部矛盾,支持和监督学校的行政工作;正确处理国家、集体和教职工个人三者利益关系,维护教职工合法权益,保障教职工参与学校民主管理和民主监督的权利,调动广大教职工的积极性;团结和动员教职工投身教育改革,完成教育教学、科研、服务等各项任务,不断提高教育质量和办学水平。

教职工代表大会的主要职权有:审议建议权、审议通过权、审议决定权、评议监督权。

教职工代表大会每两年为一届,定期召开,一般每学期召开一次,如不能定期召开,应向教职工代表说明,取得多数代表同意。每次会议必须有三分之二以上代表出席。

## 四、学校的法人资格

《教育法》第三十一条规定:"学校及其他教育机构具备法人条件的,自批准设立或者登记注册之日起取得法人资格。"

《民法通则》第三十六条规定:"法人是具有民事权利能力和民事行为能力,依法独立享有民事权利和承担民事义务的组织。法人的民事权利能力和民事行为能力,从法人成立时产生,到法人终止时消灭。"

学校在民事活动中依法享有民事权利,承担民事责任。学校的法人代表为校长。

—○ 第四节　教师和其他教育工作者 ○—

　　由于《中华人民共和国教师法》(简称《教师法》)在《教育法》之前制定,因此,《教育法》对教师的规定比较原则化。本书的第四章专门介绍《教师法》,这里只作简单介绍。

## 一、教师的权利义务

　　《教育法》第三十二条规定:教师享有法律规定的权利,履行法律规定的义务,忠诚于人民的教育事业。

　　教师的权利是针对教师的职业权利而言的,是指教师在教育教学活动中依法享有的权益,是国家对教师能够作出或不作出一定行为,以及要求他人相应作出或不作出一定行为的许可或保障。《教师法》规定了教师享有六项权利,即教育教学权、科研权、指导评价权、获得报酬权、参与学校管理权、接受培训进修权。

　　教师的义务是针对教师的职业义务而言的,是指依照法律规定教师从事教育教学工作必须履行的责任。《教师法》规定了教师必须履行的六项义务,即遵守宪法、法律和职业道德,为人师表的义务;完成教育、教学任务的义务;进行思想品德教育的义务;热爱学生、尊重学生人格的义务;保护学生合法权益和身心健康的义务;不断提高政治业务水平的义务。

　　教师忠诚于人民的教育事业,具体就表现在正确地行使法律赋予的权利,严格地履行法律规定的义务。

## 二、教师队伍建设

　　为全面贯彻教育方针,执行好《教育法》,提高教育教学质量,学校及其他教育机构必须加强教师队伍建设。

　　(一) 提高教师的社会地位

　　《教育法》第三十三条规定:"国家保护教师的合法权益,改善教师的工作条件和生活条件,提高教师的社会地位。教师的工资报酬、福利待遇,依照法律、法规的规定办理。"

　　教师的社会地位是由经济地位、政治地位、文化地位等多因素构成的总体性范畴。其中经济地位决定了教师的职业声望、职业吸引力以及教师从事该项职业的积极性和责任感;政治地位体现了社会对教师的评价以及教师在政治上应享有的各种待遇;文化地位体现了教师在社会文化、观念、道德等构成的综合形态中的地位。

（二）实行教师资格、职务、聘任制度

《教育法》第三十四条规定:"国家实行教师资格、职务、聘任制度,通过考核、奖励、培养和培训,提高教师素质,加强教师队伍建设。"

教师资格和任用制度是教师管理制度的重要内容。《教师法》第三章对教师的资格条件、认定办法、过渡办法、职务制度、聘任制度等几个方面作了规定,构成了符合教育规律、符合教师劳动特点、适应社会主义市场经济发展需要的教师资格制度和任用制度。

（三）加强教师培养与培训

教师的培养和培训,对于提高教师素质具有重要意义,《教师法》第四章对教师的培养和培训作出了明确规定。

（四）教育职员制度和专业技术职务聘任制度

《教育法》第三十五条规定:"学校及其他教育机构中的管理人员,实行教育职员制度。学校及其他教育机构中的教学辅助人员和其他专业技术人员,实行专业技术职务聘任制度。"

1. 教育职员制度

教育职员是指学校专职或主要从事行政、党务工作的管理人员和在工会、共青团工作的管理人员。教育职员一般指学校的校级和中层管理干部和管理人员。学校管理人员,实行教育职员制度。

2. 专业技术职务聘任制度

教学辅助人员,包括图书馆的工作人员、实验室的工作人员等与教育教学有关的工作人员。专业技术人员,包括会计、校医等可以评定专业技术职称的人员。随着人事制度改革的深化,工人系列的人员也开始推行技术职务认定评审制度,包括高级技师、技师、高级工、中级工、初级工等职次。学校教学辅助、专业技术人员实行专业技术职务聘任制度。

## 第五节　受教育者

在教育过程中以学为职责的人被称为受教育者。受教育者有广义、狭义之分。

广义的受教育者,是指所有为提高自身素质而处于学习状态的人;狭义的受教育者,是指教师"教育"的对象——学生。随着世界范围内终身教育和全民教育的实行,教育对象的范围已经扩展到一个人从生命形成(胎教)到死亡的整个一生和全社会不分种族、性别、宗教、民族和阶级的所有人。其中学校里的学生是受教育者的主体和代表。

## 一、受教育权的保护

教育既是公民个人人格形成和发展的一个必不可少的手段,也是培育作为民主政治具体承担者的健全公民的重要途径;受教育权是公民生存权和发展权的重要组成部分,接受教育是人得以全面自由发展的重要前提。国家保护受教育者的受教育权。受教育权的保护分为立法保护、行政保护、司法保护。

### (一)受教育权的立法保护

立法机关负有制定切实完善的受教育权的法律体系的义务,没有立法机关制定具体法律,受教育权就无从变为现实。从 1980 年中国第一部教育法规《学位条例》诞生以来,20 多年间全国人大及其常务委员会通过并颁布了《教育法》、《教师法》、《义务教育法》、《高等教育法》、《职业教育法》、《民办教育促进法》和《未成年人保护法》等相关法律,国务院制定了一系列教育行政法规,国家教育行政部门制定了近 200 项部门规章,省级地方人大、政府制定了 100 多项地方性教育法规和规章,对我国教育事业的发展起到了积极的促进作用,推动了公民受教育权的实现和保障。

### (二)受教育权的行政保护

教育行政是国家行政的一个重要组成部分,是国家行政机关对国家教育事务和社会公共教育事务进行的决策、组织、管理和调控。受教育权的行政保护,首先,意味着政府应当建立和组织起符合现代教育特征的各种形式与层次的教育,提供足够的教育设施和师资力量,投入充足的教育经费。其次,政府应主动采取措施消除在获得和享有教育方面所存在的各种歧视与不平等,公平分配各种教育资源,教育条件和机会应该在法律和事实上毫无歧视地提供给所有的人,特别是社会的弱势群体;教育费用投入应使所有的人都能负担得起学校教育,对于经济困难的学生,政府有义务给予资助。

我国保障公民受教育权的行政主体包括国务院及其教育行政部门、地方各级人民政府和各级政府教育行政部门、公立学校等。国务院、地方各级人民政府和各级政府教育行政部门保障公民受教育权的手段和方式,是在各自职责范围内制定相关的行政法规和规章、发布行政措施决定,举办各类学校或对各类学校予以资助,保护社会其他组织的办学权,裁判教育领域相关纠纷等。从行政机关在保障公民受教育权实现的责任来看,一方面,行政机关有责任自己创造条件来为公民实现受教育权提供条件和法律保障;另一方面,当行政机关自身能力有限时,也可以利用社会力量来保障公民实现受教育权。

（三）受教育权的司法保护

基本权利的实现不仅需要立法的具体化、行政机关的尊重和保护,也需要司法救济的最终保障。根据侵犯受教育权产生的责任不同,可以把受教育权的司法救济分为民事诉讼救济、行政诉讼救济和刑事诉讼救济三种。民事诉讼救济,是指当公民的受教育权遭到行政机关和公立学校以外的其他平等主体的侵犯时,通过民事诉讼予以救济保障。《教育法》第四十二条、《未成年人保护法》第四十六条的规定适用于对受教育权的民事诉讼救济。行政诉讼救济,是指根据《教育法》的法律依据,对侵犯受教育权的行为,提起行政诉讼。刑事诉讼救济,是指对严重侵害受教育权的犯罪行为,给予刑事制裁。

## 二、学生的权利义务

《教育法》第四十二条规定了学生的权利义务。

（一）学生的权利

《教育法》第四十二条规定,学生有以下权利。

1. 参加教育教学计划安排的各种活动,使用教育教学设施、设备、图书资料

"参加教学计划安排的各种活动的权利"是学生享有受教育权利的根本前提和基础。学生有权要求学校按照教学大纲的规定组织教学活动,从而保证学生完成学习任务。"使用教育教学设施、设备、图书资料的权利"是学生受教育权得以保障的物质基础。学生有权要求学校的教育教学设施、设备、图书资料等向学生开放,方便学生学习使用。

2. 按照国家有关规定获得奖学金、助学金

奖学金是国家对在品德、文化、艺术、体育等方面全面发展的优秀生或在思想品德、文化、艺术、体育、科技等某一方面有突出成就的学生给予物质、经济上的奖

励,以鼓励受教育者努力学习。助学金是帮助贫困学生就学而设立的。实行助学金制度,表现了政府对受教育权的重视,对家庭经济困难的学生完成学业起到了扶持、帮助的作用。

3. 在学业成绩和品行上获得公正评价,完成规定的学业后获得相应的学业证书

学生在学业成绩和品行上获得公正评价,既是学生的权利,也是教师的义务。获得公正评价是指学生在完成规定的学业后,学校和教师应给予学生在学习成绩、思想品德、行为方式等方面以实事求是的评价。这一评价应客观、公正、不偏不倚。学生按照有关规定完成学业后,学校应在学生的学习成绩、业务水平、思想品德方面给予学生客观的评价,在成绩合格或修完教育教学计划全部课程后,学校应颁给相应的证书。

4. 对学校给予的处分不服向有关部门提出申诉,对学校、教师侵犯其人身权、财产权等合法权益,提出申诉或者依法提起诉讼

学生违反法律、校规、校纪,学校有权依照有关规定给予处分。处分的形式主要有:警告、严重警告、记过、记大过、留校察看、开除等。但是学生认为处分不当的,学生有权申诉和保留不同的意见。这些处分不属于行政诉讼的范围,只能向教育主管部门申诉,也可向学校申诉。对于学生的申诉,学校有责任进行复查。学生也可直接向教育主管部门申诉。教育主管部门在接到学生申诉后,应在规定时间内,进行调查并做出裁决,对不当的处分应予以纠正,以维护学生的权利。由于一些教师法制意识淡薄,侵犯学生人身权、财产权的现象时有发生。侵犯学生人身权主要表现在对学生体罚和变相体罚、侮辱学生人格、私拆学生信件、侵犯名誉权等。侵犯学生的财产权主要表现在扣押、没收学生用品、学习用具,强迫学生购买与教育无关的商品,学校以各种名目乱收费等。对于这些侵权行为,学生有申诉的权利或向法院起诉的权利。

5. 法律、法规规定的其他权利

学生享有《教育法》规定的特定的学生权利外,学生还依法享有其他法律、法规及《教育法》以外的其他教育法律、法规给予的权利。比如,学生作为公民享有宪法、民法等规定的平等权利、宗教信仰自由的权利、继承权利等,享有《未成年人保护法》等规定的学生其他权利。

(二)学生的义务

《教育法》第四十三条规定,学生应履行以下义务。

1. 遵守法律、法规

现行的法律法规是国家、社会组织和公民一切活动的基本行为规范,任何组织和公民都必须遵守现行的法律和法规。学生从小就要养成守法的好习惯,长大作为一个成年人才能遵守法律、法规。学校对学生进行法制教育,应根据其年龄不同而有不同的要求。对于小学生应该让他们了解与日常行为密切相关的法律常识,如《交通管理规则》、《治安管理处罚条例》等,做到遵守公共秩序、遵守交通法规、爱护公共财产等。对于中学生则应让其了解《宪法》、《刑法》、《预防未成年人犯罪法》等,使其自觉做到守法、不违法。

2. 遵守学生行为规范,尊敬师长,养成良好的思想品德和行为习惯

国家根据学生的身心特点,制定了不同的行为规范,这些行为规范体现了国家对学生在政治思想、行为道德等方面的基本要求,成为学生必须履行的法定义务。中小学生要自觉遵守《中小学生守则》、《小学生日常行为规范》、《中学生日常行为规范》。尊敬师长,包括了尊敬教师和长辈。学校要指导学生学会妥善处理自己和教师、家长的关系,发生矛盾时,要冷静,学会控制自己的情绪,学会采用适当的方式宣泄自己的情绪。要教育学生遵守学生行为规范、尊敬师长的最终目的是为了使学生养成良好的思想品德和行为习惯。

3. 努力学习,完成规定的学习任务

学习是学生的本职任务,学生应当把主要精力用于学习。学习是一项艰苦的脑力劳动,轻轻松松、不花时间、精力是学不下去的,因此,要努力学习、刻苦学习。努力学习,并不等于就能完成规定的学习任务。不少学生反映自己已经努力学习了,但是成绩仍不及格。因此,仅仅履行努力学习的义务还是不够的,还要履行完成规定的学习任务的义务。为了完成规定的学习任务的义务,学生要研究如何努力学习,研究什么样的学习方法适合自己,研究怎样才能学会学习。

4. 遵守所在学校的管理制度

学校的管理制度,是学校依据国家的有关法律、法规并结合本校学生的具体特点制定的,其目的是保证学校教学活动正常开展,维护正常的教学秩序。学生服从学校的管理具体表现为自觉地遵守学校的管理制度,自觉地服从管理人员的管理,为自己创造一个有序的、良好的学习环境。

5. 其他法律法规对学生义务的规定

除《教育法》外,其他法律法规也以分散的形式对学生的义务作了规定。《义务教育法》规定接受义务教育既是适龄儿童、少年享有的权利,同时也是适龄儿童、少

年应尽的义务。《预防未成年人犯罪法》规定了学生要从纠正自己的不良行为入手预防犯罪,等等。这些内容我们将在相关章节中介绍。

## 三、学生身心健康的保护

《教育法》第四十四条规定:"教育、体育、卫生行政部门和学校及其他教育机构应当完善体育、卫生保健设施,保护学生的身心健康。"健康的体魄和心理对于一个人来说,是生存的基础,对中小学生来说,意义更大,因为他们正处在长身体的关键时期。对学生进行体育管理,从某种意义上说,可以看成是对学生进行生存教育。

### (一)开展学校体育工作

1990 年 3 月 12 日国务院批准发布了《学校体育工作条例》(以下简称《条例》),该条例是为了保证学校体育工作的正常开展,促进学生身心的健康成长而制定的。

1. 学校体育工作的基本任务

《条例》第三条明确学校体育工作的基本任务是:"增进学生身心健康、增强学生体质;使学生掌握体育基本知识,培养学生体育运动能力和习惯;提高学生运动技术水平,为国家培养体育后备人才;对学生进行品德教育,增强组织纪律性,培养学生的勇敢、顽强、进取精神。"

2. 学校体育工作的原则和要求

《条例》第四条规定了学校体育工作的原则和要求:"学校体育工作应当坚持普及与提高相结合、体育锻炼与安全卫生相结合的原则。"学校体育工作应当"积极开展多种形式的强身健体活动,重视继承和发扬民族传统体育,注意吸取国外学校体育的有益经验,积极开展体育科学研究工作"。

3. 体育课教学要求

《条例》规定了学校体育课的教学要求。包括"应当根据教育行政部门的规定,组织实施体育课教学活动""体育课教学应当遵循学生身心发展的规律,教学内容应当符合教学大纲的要求,符合学生年龄、性别特点和所在地区地理、气候条件""体育课的教学形式应当灵活多样,不断改进教学方法,改善教学条件,提高教学质量"等。

4. 课外体育活动要求

《条例》规定了学校课外体育活动的要求。包括"开展课外体育活动应当从实际情况出发,因地制宜,生动活泼""每天应当安排课间操,每周安排三次以上课外体育活动,保证学生每天有一小时体育活动的时间(含体育课)"等。

（二）开展学校卫生工作

1990 年 6 月 4 日国务院批准发布了《学校卫生工作条例》（以下简称《条例》），该条例是为了加强学校卫生工作，提高学生的健康水平而制定的。

1. 学校卫生工作的主要任务

《条例》规定学校卫生工作的主要任务是："监测学生健康状况；对学生进行健康教育，培养学生良好的卫生习惯；改善学校卫生环境和教学卫生条件；加强对传染病、学生常见病的预防和治疗。"

2. 学校卫生工作要求

《条例》对学校卫生工作要求很多，如"学校应当合理安排学生的学习时间。学生每日学习时间（包括自习），小学不超过六小时，中学不超过八小时，大学不超过十小时。学校或者教师不得以任何理由和方式，增加授课时间和作业量，加重学生学习负担""学校应当建立卫生制度，加强对学生个人卫生、环境卫生以及教室、宿舍卫生的管理"，等等。

（三）对学生开展心理健康教育工作

2002 年 9 月 2 日教育部下发了《中小学心理健康教育指导纲要》（以下简称《纲要》）。《纲要》对中小学心理健康教育的指导思想、原则、任务与目标，不同年龄阶段的教育内容，开展心理健康教育的途径和方法，以及组织实施和实施过程中应注意的问题等，都作了明确的规定。

1. 心理健康教育的基本原则

《纲要》明确提出了开展心理健康教育必须坚持的基本原则是："根据学生心理发展特点和身心发展规律，有针对性地实施教育；面向全体学生，通过普遍开展教育活动，使学生对心理健康教育有积极的认识，使心理素质逐步得到提高；关注个别差异，根据不同学生的不同需要开展多种形式的教育和辅导，提高他们的心理健康水平；尊重学生，以学生为主体，充分启发和调动学生的积极性。积极做到心理健康教育的科学性与针对性相结合；面向全体学生与关注个别差异相结合；尊重、理解与真诚同感相结合；预防、矫治与发展相结合；教师的科学辅导与学生的主动参与相结合；助人与自助相结合。"

2. 心理健康教育的目标

《纲要》规定了心理健康教育的总目标是：提高全体学生的心理素质，充分开发他们的潜能，培养学生乐观、向上的心理品质，促进学生人格的健全发展。心理健康教育的具体目标是:使学生不断正确认识自我,增强调控自我、承受挫折、适应环境的能力;培养学生健全的人格和良好的个性心理品质;对少数有心理困扰或心理障碍的学生,给予科学有效的心理咨询和辅导,使他们尽快摆脱障碍,调节自我,提高心理健康水平,增强自我教育能力。

3. 心理健康教育的内容

《纲要》还根据小学低年级、中高年级、初中阶段和高中阶段等不同的阶段,确定了各自侧重的心理健康教育的内容,并就开展心理健康教育的主要途径和方法作了解释和规定。尤其强调要避免心理健康教育学科化、医学化倾向。

(四)对学生开展青春期教育工作

2001年12月29日,全国人大常委会通过了《中华人民共和国人口与计划生育法》,该法明确:"学校应当在学生中,以符合受教育者特征的适当方式,有计划地开展生理卫生教育、青春期教育或者性健康教育。"

青春期是指一个人由童年向成年人过渡的生理、心理急剧变化的时期。年龄在10~20岁之间,女孩一般较男孩早两年进入青春期。小学的中高年级学生以及中学生都处于青春期,对学生进行青春期教育非常重要。

1. 对学生进行青春期性生理教育

青春发育期突出的特点是他们正处于性发育及性成熟的时期。有些学生由于缺乏必要的卫生知识,对性发育的表现困惑、担心、多疑而形成心理压力。学校老师要帮助学生正确认识青春期男生、女生的生理变化,注意青春期的生理卫生。

2. 对学生进行青春期性心理教育

在性心理上,青春早期学生会表现出困惑、不安、害羞,对异性疏远和反感,而青春中期学生则会对异性转为好感,喜欢与异性朋友交往。但这个时期的学生思想单纯,社会经验不足,易受周围环境的影响,特别需要有针对性地对他们的性心理进行正确的指导和教育。

3. 对学生进行青春期性道德教育

青春期的男女学生喜欢交往,此时学校老师要帮助他们充分了解两性关系中所要遵循的行为规范,正确区别友谊与恋爱的关系,不要把男女同学间的友谊当成爱情。作为老师不要轻易就给学生戴上"早恋"的帽子,即便学生早恋了,老师也要教育学生:"喜欢她(他),就要对她(他)负责,要讲道德。"

4. 对学生进行青春期性罪错教育

青春期的男女学生向往异性,对性发生兴趣,并有性的要求,一时冲动就有可能酿成罪错,因此,要告诉学生,在男女交往中哪些行为是过错,哪些行为是犯罪。教育学生不能因为一时的冲动给对方造成不可挽回的过错,更不能因为冲动而一失足成千古恨。我国刑法规定已满十四周岁不满十六周岁的人,犯强奸罪的,应当负刑事责任。

## 第六节 教育法的其他规定

《教育法》第六章是关于教育与社会的法律规定,第七章是关于教育投入与条件保障的法律规定,第八章是关于教育对外交流与合作的法律规定,限于篇幅,这里一并作些简单介绍。

## 一、教育与社会

教育是一种社会现象,牵动着社会方方面面,要求全社会负起发展教育的责任。《教育法》在第六章对社会各方面参与、支持教育的责任和形式,作了法律规定。

（一）教育与社会

1. 社会要关注教育

现代教育同社会发展息息相关,全社会要同学校一道担当起发展教育的责任。

（1）社会要为学生身心健康成长创造良好的社会环境。

《教育法》第四十五条规定:"国家机关、军队、企事业组织、社会团体及其他社会组织和个人,应当依法为儿童、少年、青年学生的身心健康成长创造良好的社会环境。"

（2）社会要为学生实习、社会实践活动提供帮助和便利。

《教育法》第四十七条规定:"国家机关、军队、企业事业组织及其他社会组织应当为学校组织的学生实习、社会实践活动提供帮助和便利。"

（3）有关部门要为学生接受教育提供便利。

《教育法》第五十条规定:"图书馆、博物馆、科技馆、文化馆、美术馆、体育馆（场）等社会公共文化体育设施,以及历史文化古迹和革命纪念馆（地）,应当对教师、学生实行优待,为受教育者接受教育提供便利。广播、电视台（站）应当开设教育节目,促进受教育者思想品德、文化和科学技术素质的提高。"

（4）社会要建立和发展对未成年人进行校外教育的设施。

《教育法》第五十一条规定："国家、社会建立和发展对未成年人进行校外教育的设施。学校及其他教育机构应当同基层群众性自治组织、企事业组织、社会团体相互配合,加强对未成年人的校外教育工作。"

2. 学校要走上社会

社会关注教育,学校也应该走上社会。《教育法》第四十八条规定:"学校及其他教育机构在不影响正常教育教学活动的前提下,应当积极参加当地的社会公益活动。"学校参与社会公益活动,更多地应在提供知识、推广文化、宣传公德、构建和谐社会上动脑筋、下工夫。如开展文化活动,丰富公众的生活内容;进行学术研究活动,有些研究可以直接服务于社会等。

（二）教育与家庭

《教育法》第四十九条规定:"未成年人的父母或其他监护人应当为其未成年子女或其他被监护人受教育提供必要条件。未成年人的父母或其他监护人应当配合学校及其他教育机构,对其未成年子女或者其他监护人进行教育。学校、教师可以对学生家长提供家庭教育指导。"

1. 家长要配合学校进行教育

家庭教育是人生最初、最早接受的一种教育。父母是人生的第一任老师,家庭是人生的第一所"学校"。家庭教育奠定个体发展的基础,同时也规范着个体的发展方向。所以,家庭教育是教育系统大厦的基石。这一基础工程的成就,直接决定着"现代人"的养成和整个教育系统的质量。

1997 年 11 月,教育部和全国妇联联合颁发了《家长教育行为规范》,要求家长"（一）树立为国教子思想,自觉履行教育子女的职责。（二）重在教子做人,提高子女思想道德水平、培养子女遵守社会公德习惯、增强子女法律意识和社会责任感。（三）关心子女的智力开发和科学文化学习,培养良好的学习习惯,要求要适当,方法要正确。（四）培养和训练子女的良好生活习惯,鼓励子女参加文娱体育和社会交往活动,促进子女身心的健康发展。（五）引导子女参加力所能及的家务劳动,支持子女参加社会公益劳动,培养子女的自理能力及劳动习惯。（六）爱护、关心、严格要求子女。不溺爱、不打骂、不歧视,保障子女的合法权益。（七）要举止文明、情趣健康、言行一致、敬业进取,各方面为子女做榜样。（八）保持家庭和睦,创建民主、平等、和谐的关系,形成良好的家庭教育环境。（九）学习和掌握教育子女的科学知识及方法,针对子女的年龄特征、个性特点实施教育。（十）要和学校、社会密切联系,互相配合,保持教育的一致性。"

2. 学校要对家长提供指导

学校教育如果没有家长的配合,只能是事倍功半,为了帮助家长更好地配合学校开展教育工作,学校应该开设家长学校,利用家长会等形式对家长提供家庭教育指导。

## 二、教育投入与条件保障

教育是公益事业,是科技兴国的基础,加大教育经费投入是教育事业顺利发展的有力保障。实现"办人民满意的教育"宗旨,就要在制度建设、师资建设的同时,加大教育投入,不断提高、改善办学条件。

### (一)"一主多辅"的投入机制

《教育法》第五十三条规定:"国家建立以财政拨款为主,其他多种渠道筹措教育经费为辅的体制,逐步增加对教育的投入,保证国家举办的学校经费的稳定来源。企事业组织、社会团体及其他社会组织和个人依法举办的学校及其他教育机构,办学经费由举办者负责筹措,各级人民政府可以给予适当支持。"长期以来,"一主多辅"的教育投入机制,保障了教育经费的来源,为教育事业的发展提供了物质条件。

### (二)"两提高三增长"准则

《教育法》第五十条规定:"国家财政性教育经费支出占国民生产总值的比例应当随着国民经济的发展和财政收入的增长逐步提高。具体比例和实施步骤由国务院规定。全国各级财政支出总额中教育经费所占比例应当随着国民经济的发展逐步提高。"这就是教育财政拨款的"两个比例提高"准则。

《教育法》第五十五条规定:"各级人民政府的教育经费支出,按照事权和财权相统一的原则,在财政预算中单独列出。各级人民政府教育财政拨款的增长应当高于财政经费收入性增长,并使按在校学生人数平均的教育费用逐步增长,保证教师工资和学生人均公用经费逐步增长。"这就是通常所讲的教育财政拨款的"三个增长"准则

### (三)多渠道筹措经费

《教育法》第五十八条规定:"国家采取优惠措施,鼓励和扶持学校在不影响正常教育教学的前提下开展勤工俭学和社会服务,兴办校办产业。"

《教育法》第六十条规定:"国家鼓励境内外社会组织和个人捐资助学。"

《教育法》第六十一条规定:"国家鼓励运用金融、信贷手段,支持教育事业的发展。"

除上述规定的多渠道筹措经费外,还规定了税务机关、政府部门采取"附加费"的形式,筹措经费,解决农村义务教育经费不足问题。

(四)经费管理机制

完善教育经费管理机制,确保经费到位、用好,是一项重要的工作。

《教育法》第六十三条规定:"各级人民政府及其教育行政部门应当加强对学校及其他教育机构教育经费的监督管理,提高教育投资效益。"

《教育法》第六十一条规定:"国家财政性教育经费、社会组织和个人对教育的捐赠,必须用于教育,不得挪用。"

对违反经费管理的,要追究其法律责任。《教育法》第七十一条规定:"违反国家有关规定,不按照预算核拨教育经费的,由同级人民政府限期核拨;情节严重的,对直接负责的主管人员和其他直接责任人员,依法给予行政处分。违反国家财政制度、财务制度,挪用、克扣教育经费的,由上级机关责令限期归还被挪用、克扣的经费,并对直接负责的主管人员和其他直接责任人员,依法给予行政处分;构成犯罪的,依法追究刑事责任。"

学校的经费除了会被挪用、克扣外,还会被各种名目的乱收费、乱摊派收走。因此,《教育法》第七十四条规定:"违反国家有关规定,向学校或者其他教育机构收取费用的,由政府责令退还所收费用;对直接负责的主管人员和其他直接责任人员,依法给予行政处分。"

社会各界对教育经费的使用情况进行系统跟踪监督,教育行政主管部门、政府机构、司法机关对教育经费的使用情况进行有效检查,发现问题及时解决、整改,对违反党纪、政纪的给予及时处理,对违法犯罪行为,给予刑事制裁。

## 三、教育对外交流与合作

教育对外交流与合作,是指我国境内与港澳台以及我国境外的世界其他国家或地区之间进行的有关教育的交流和项目合作。

《教育法》第七十一条规定:"国家鼓励开展教育对外交流与合作。"这是我国教育对外交流与合作的方针。

(一)教育对外交流与合作的基本原则

教育对外交流与合作,遵循独立自主、平等互利、相互尊重的原则。《教育法》

第六十七条规定:"教育对外交流与合作坚持独立自主、平等互利、相互尊重的原则,不得违反中国法律,不得损害国家主权、安全和社会公共利益。"

(二)出国留学、交流的有关规定

《教育法》第六十八、六十九条分别规定了:中国境内公民出国留学、研究、进行学术交流或者任教,必须按照国家制定的一系列方针、政策、法规办理;中国境外个人符合国家规定的条件并办理有关手续后,可以进入中国境内学校及其他教育机构学习、研究、进行学术交流或者任教,其合法权益受国家保护。境外个人或组织可以同我国合法教育机构合作办学;境内外合法教育机构间可以交流与合作。这些都是关于教育对外交流与合作的主要规定。

(三)接收外国留学生的有关规定

随着改革开放的进一步深入,大量外国公民来中国留学,教育部对外国留学生来华留学作了详细规定。在学习中可查询相关规定,在此不再叙述。

【本章小结】

本章介绍了我国教育的基本法律《教育法》。《教育法》作为教育母法,是制定子法的依据,因此,《教育法》对涉及教育的根本性问题作了明确的规定:我国教育定性为社会主义教育;教育是社会主义现代化建设的基础,国家保障教育事业优先发展;国家的教育方针是教育必须为社会主义现代化建设服务,必须与生产劳动相结合,培养德、智、体等方面全面发展的社会主义的建设者和接班人;《教育法》有八个基本原则。《教育法》对教育的基本制度作了原则性的规定,这些制度包括学校教育制度、义务教育制度、职业教育制度、成人教育制度以及与之相关的考试制度、证书制度、学位制度、教育督导制度、教育评估制度。《教育法》对学校、教师、学生作了具体的规定,包括学校的设立、学校的权利义务、教师队伍建设、学生受教育权的保护、学生的权利义务、学生身心健康的保护等。《教育法》还对教育与社会、教育与家庭、教育投入与条件保障、教育对外交流与合作作了规定。

【基础性练习】

(一)填空题

1.《教育法》明确指出:教育是社会主义现代化建设基础,国家保障教育事业的( )。

2.《教育法》规定:教育应当继承和弘扬中华民族优秀的( ),吸收人类文明发展的（　　　）。

3.《教育法》规定设立学校必须有组织机构和章程、有（　　　）的教师、有（　　　）的教学场所及设施、设备、有（　　　）的办学资金和（　　　）的经费来源。

4.《教育法》规定学生的权利中有一项是在学业成绩和品行上获得（　　　）。

5. 学校及其他教育机构在民事活动中依法享有（　　　），承担（　　　）。

（二）概念解释题

1. 教育法

2. 学制

3. 教育方针

4. 教育督导

5. 教育评估

（三）单项选择题

1. 国家、社会对符合入学条件、_____的儿童、少年、青年,提供各种形式的资助。　　　　　　　　　　　　　　　　　　　　　　　　（　　）

A. 山区　　　　　　　　　　　B. 革命老区

C. 边远地区　　　　　　　　　D. 家庭经济困难

2. 我国实行的学校教育制度不包括　　　　　　　　　　　　　（　　）

A. 职业教育　　B. 初等教育　　C. 中等教育　　D. 高等教育

3.《教育法》明确了学校的权利,不包括　　　　　　　　　　　（　　）

A. 按照行政主管部门的规定管理学校

B. 招收学生或者其他受教育者

C. 聘任教师及其他职工,实施奖励或者处分

D. 管理、使用本单位的设施和经费

4.《教育法》规定学校应当履行的义务,不包括　　　　　　　　（　　）

A. 贯彻国家的教育方针,执行国家教育教学标准,保证教育教学质量

B. 维护受教育者、教师及其他职工的合法权益

C. 以适当方式为受教育者及其监护人了解受教育者的学业成绩及其他有关情况提供便利

D. 按照上级行政部门的规定收取费用并公开收费项目

5. 对在校园内结伙斗殴,寻衅滋事,扰乱学校及其他教育机构教育教学秩序

或者破坏校舍、场地及其他财产的,由_____来处罚。 （　　）

    A. 学校                       B. 教育主管部门

    C. 家长                       D. 由公安机关给予治安管理处罚

（四）多项选择题

1. 中小学学校管理实行 （　　）

    A. 校长负责制               B. 党组织的监督保证作用

    C. 教代会的民主管理制度      D. 工会主持教代会的日常事务

2. 受教育者在_____等方面依法享有平等权利。 （　　）

    A. 入学         B. 毕业         C. 升学         D. 就业

3. 受教育者按照国家有关规定获得 （　　）

    A. 奖学金       B. 贷学金       C. 助学金       D. 困难补助金

4. 依据《教育法》,受教育者应当履行下列哪些义务? （　　）

    A. 遵守法律、法规

    B. 努力学习,完成规定的学习任务

    C. 遵守学生行为规范,尊敬师长

    D. 遵守所在学校或者其他教育机构的管理制度

5. 受教育者对学校给予的处分不服有权向有关部门提出申诉,对学校、教师侵犯其_____合法权益,有权提出申诉或者依法提起诉讼。 （　　）

    A. 人身权                     B. 财产权

    C. 受教育权                  D. 人格尊严

（五）判断题

1. "国家在受教育者中进行爱国主义、集体主义、社会主义的教育,进行理想、道德、纪律、法制、国防和民族团结的教育。"这一条是关于德育工作的规定,体现了国家对德育的重视。 （　　）

2. 国家适应社会主义市场经济发展和社会进步的需要,推进教育改革,促进各级各类教育协调发展,建立和完善继续教育体系。 （　　）

3. 国家建立科学的学制系统。学制系统内的学校和其他教育机构的设置、教育形式、修业年限、招生对象、培养目标等,由教育部规定。 （　　）

4. 在国家教育考试中作弊的,由教育行政部门宣布考试无效,对直接负责的主管人员和其他直接责任人员,依法给予刑事处分。 （　　）

5. 违反《教育法》的规定,颁发学位证书、学历证书或者其他学业证书的,由教育行政部门宣布证书无效,责令收回或者予以没收;有违法所得的,没收违法所得;情节严重的,依法追究刑事责任。　　　　　　　　　　　　　　　　　(　　)

(六) 简答题

1. 教育法的立法宗旨是什么?

2. 教育法的特征是什么?

3. 教育的公共性原则是什么?

4. 教育考试制度的主要内容有哪些?

5. 简要说明受教育权保护的主要措施。

(七) 案例分析

2000 年 5 月,江苏某职业学校到戴某所在的初中散发招生简章,简章载明:计算机网络技术专业学制 3 年,主要课程有计算机应用基础等 6 门。学习期满、成绩合格,发放毕业证书,国家承认其学历。戴某阅读简章后,到这所职业学校报名,并被录取为 2000 级计算机网络技术专业学生。2000 年 5 月至 2002 年 5 月,学校收取戴某 4 个学期学费共计 3600 元,学校授文化课和选修课共 10 门,其中按简章教授专业课 4 门,尚有 2 门专业课未教。2002 年 5 月之后,学校以企业实习代替学生技能培训,但必须通过企业面试,而戴某几次面试均未通过,只好自己找单位进行技能培训。后戴某要求学校发放毕业证书,学校则要戴某缴纳实习期间的学费 900 元,戴某不缴,双方因此产生纠纷。戴某向法院提起诉讼,请求法院判令学校赔偿损失。

法院审理认为,双方订立的教育合同不违反法律、行政法规的强制性规定,应为有效。职业学校未按照招生简章的承诺进行教学,构成违约,判令学校返还学生学费 1000 元。

请问:上述案例保障了受教育者的哪些权利? 受教育者合法权益受到侵害后如何寻求法律保护?

【拓展性活动】

(一) 理论探讨

1. 为依法治校作一界定。

江泽民在党的十五大报告中对"依法治国"作了界定:依法治国,就是广大人民群众在党的领导下,依照宪法和法律规定,通过各种途径和形式管理国家事务,管理经济文化事业,管理社会事务,保证国家各项工作都依法进行,逐步实现社会主义民主的制度化、法律化,使这种制度和法律不因领导人的改变而改变,不因领导人看法和注意力的改变而改变。

国家教委政策法规司副司长李连宁在 1997 第 3 期《人民教育》杂志上发表文章"谈谈'依法治教'",对依法治教下的定义是:依法治教是指国家机关以及有关机构依照有关教育的法律规定,在其职权范围内从事有关教育的治理活动,以及各级各类学校及其他教育机构、社会组织和公民依照有关教育的法律规定,从事办学活动、教育教学活动及其他有关教育的活动。依法治教,简言之,就是指在社会主义民主的基础上,使教育工作逐步走上法制化、规范化。

请你借鉴江泽民对"依法治国"作的界定和李连宁对"依法治教"作的界定,对"依法治校"作一个界定。

2. 就受教育权利三种观点展开讨论,谈谈自己的观点。

生存权说,这一观点认为接受教育的权利是人民的一种生存权,应属于经济上的权利。亦即认为受教育权具有社会权特性,人民通过接受教育,可以过上健康而具有文化的生活。

公民权说,这种观点认为接受教育的权利,不仅是在义务教育阶段从经济上保障国民都有接受学校教育的均等机会,更进一步认为为了培养国民的民主政治能力,国民应当有受教育的权利,即将教育权看作一种政治权利。

学习权说,这种观点把受教育权看做是儿童与生俱来的一项基本人权,认为人权的基础在于生存权利。为了生存,儿童必须获得与未来社会相适应的发展,而这种发展,又必须是通过学习来实现的。

（二）社会调查

以本社区为单位,就《教育法》实施以来,本社区在保障公民受教育权利方面所取得的成就展开调查。具体要求:

（1）以两三人为一组开展调查,要有调查记录。

（2）教育普及率和学龄儿童入学率要有详细的数据统计。

（3）写一篇不少于 1000 字的调查报告。

## 【学生阅读的文件与书目】

[1]《中华人民共和国教育法》

[2] 卢云.法学基础理论[M].法律出版社,1994.

**【本章主要参考书目】**

[1] 劳凯声. 教育法学[M]. 辽宁大学出版社, 2000.

[2] 巩献田. 法律基础与思想道德修养[M]. 高等教育出版社, 2000.

[3] 许崇德. 法学基础理论[M]. 法律出版社, 2000.

# 第三章 义务教育法律制度

**【学习提示】**

　　义务教育是国家予以保障的公益性事业。《中华人民共和国义务教育法》(以下简称《义务教育法》)是保障和实施义务教育的重要法律,是我国教育法律体系的重要组成部分。《义务教育法》共有八章,除了总则、罚则(即法律责任)、附则外,第二章至第四章分别对义务教育的主体:学生、学校、教师的行为作了规范,第五章对义务教育的教育教学活动作了规范,第六章对义务教育的经费保障作了规范。本章将依据《义务教育法》的第一章至第六章的顺序,分为六节阐述该法。通过本章的学习使同学们掌握《义务教育法》的主要内容,掌握法律对义务教育的性质、义务教育的特征、学生接受义务教育、学校和教师实施素质教育的规定。本章在阐述义务教育主要内容时将结合《江苏省实施〈中华人民共和国义务教育法〉办法》(以下简称《江苏省义务教育法实施办法》),帮助学生了解江苏省实施义务教育的有关规定。通过本章的学习,同学们可以加深对《义务教育法》的了解,增强法律意识,自觉地遵守和维护《义务教育法》,为将来的职业生活打下良好的法律基础。

**【案例导航】**

　　《湖北日报》2006 年 3 月 8 日刊登了一封初中生的来信:我们是武汉某大学附中的一群初中生,才十三四岁、十五六岁的我们,本应无忧无虑、快乐成长,但学校教育却使我们负担沉重、忧虑重重、心情郁闷! 现在,学校的教育完全是为着升学考试进行的。说搞素质教育,其实只不过是块金字招牌而已,甚至成了加重学生负担的借口。请看我们的作息时间:早上 7 时 15 分至 20 分到校(这就意味着我们必须在 6 时左右起床);每天 8 节课,偶尔有一节自习课,也总是被占用来上语文、数学、英语、科学等课(对应中考的主课);每天晚上都有不少家庭作业,一般要做到晚上 11 时左右;每个周末是休息不成的,因为周日经常上课(但要另外交钱),而周六又有大量家庭作业要做。在这样的重压之下,我们的睡眠严重不足;我们没有正常的休息和娱乐时间;我们都没有机会锻炼身体;我们没有机会做我们很想做的课外科学观察等实践活动。我们知道,学校、老师和家长这样待我们,肯定是一番好心,肯定是希望我们能成长。但是,他们知不知道,在这种重压之下、在这样的状况中生活和学习,我们真的能够顺利长大成才吗?

思考:

(1) 这封信反映了义务教育阶段教育教学中的哪些问题?

(2) 针对这些问题,新修订的《义务教育法》作了哪些规定?

(3) 要落实《义务教育法》,政府、学校、教师应该做哪些工作?

## 第一节 概 述

《义务教育法》于 1986 年 4 月 12 日第六届全国人民代表大会第四次会议通过,2006 年 6 月 29 日第十届全国人民代表大会常务委员会第二十二次会议修订,修订后的《义务教育法》自 2006 年 9 月 1 日起施行。本节阐述的是《义务教育法》总则的主要内容,该法在总则中明确了《义务教育法》的立法宗旨、义务教育的性质和特征,强调国家的教育方针,实施素质教育,规定了政府、学校、家长、社会在实施义务教育中的责任。

## 一、立法宗旨

《义务教育法》第一条规定:"为了保障适龄儿童、少年接受义务教育的权利,保证义务教育的实施,提高全民族素质,根据宪法和教育法,制定本法。"这清楚地阐明了我国义务教育法制定的立法依据和立法宗旨。

### (一) 立法依据

1. 义务教育法是对宪法规定的落实

《中华人民共和国宪法》第四十六条第一款规定:"中华人民共和国公民有受教育的权利和义务。"《中华人民共和国宪法》第十九条第二款规定:"国家举办各种学校,普及初等义务教育,发展中等教育、职业教育和高等教育,并且发展学前教育。"

宪法是国家的根本大法。宪法中有关公民受教育的基本权利和义务的规定是义务教育法制定的法律依据。

2. 义务教育法是对教育法规定的落实

《中华人民共和国教育法》是发展教育事业的基本法律。我国的各级各类教育均适用该法。《中华人民共和国教育法》第九条规定:"中华人民共和国公民有受教育的权利和义务。公民不分民族、种族、性别、职业、财产状况、宗教信仰等，依法享有平等的受教育机会。"这个规定是制定义务教育法的具体法律依据。

（二）立法宗旨

1. 保障适龄儿童、少年接受义务教育的权利

改革开放以来，我国的综合国力迅速上升，教育事业迅猛发展。但是，从总体上看，我国的基础教育仍然比较薄弱，保障适龄儿童、少年接受义务教育的目标并没有彻底实现。个别地区普及九年制义务教育尚有困难；一些儿童特别是女童没有接受完九年制义务教育；从事义务教育的教师缺乏应有的培训，不能适应新形势下教育工作的要求；一些地区适龄儿童、少年中途辍学；个别企业招用童工。存在的这些问题，与我国建设社会主义现代化强国的宏伟目标形成了尖锐的矛盾。《义务教育法》的制定、修改和实施，就是要通过法律手段明确各义务主体的责任，保障适龄儿童、少年的受教育权利，促进教育事业发展，提高全民素质。

2. 保障义务教育的实施

九年制义务教育制度，是国家必须予以保障的公益性事业。义务教育是免费教育，因此，国家必须建立义务教育经费保障机制，保证义务教育的实施。

当前，发展义务教育的重要性已成为各级政府和各族人民的共识，但就义务教育实施而言，已经暴露出一些问题：一些地方财力困难，义务教育经费无法到位；农村学校办学困难；城乡教师之间、名校与一般校教师之间收入差距拉大；优质教育资源向城市和名校过度集中，薄弱学校办学困难；进城务工农民工子女接受义务教育困难重重；教育布局调整，部分地区儿童就近上学困难；社会弱势群体子女上学困难。因此，为保障义务教育的顺利实施，《义务教育法》重点明确义务教育经费保障是各级政府的共同责任，国务院和地方人民政府都是义务教育经费的保障主体，具体由省级政府负责统筹。只要国家、政府、学校、家庭、社会共同努力，一定会推动义务教育事业又好又快地发展。

3. 提高全民族素质

和平与发展是当今这个时代的主题，国家之间的竞争实质上是以科学技术为先导的综合国力的竞争，归根到底是民族素质的竞争，是教育的竞争。科学技术是第一生产力，而科学技术无论是研发探索还是熟练运用都是通过高素质的人去实现的。21 世纪是教育世纪已成为全球共识，谁把握了面向 21 世纪的教育，谁就能在国际竞争中处于战略主动地位。义务教育在我国人才培养中起基础性作用，是提高全社会现代化、社会文明的基础和标志，是提高民族素质和培养优秀人才的基

础工程。我国制定《义务教育法》,用法律形式保障义务教育的发展,这是提高全民族素质、培养人才、推动社会主义现代化建设的伟大战略举措,意义重大,影响深远。

## 二、义务教育的概念和特征

新修订的《义务教育法》首次对义务教育作了界定,并强调义务教育与其他教育不同的特征。

### (一)义务教育的概念

对于义务教育的概念,《义务教育法》首次从法律的角度予以界定,即该法第二条的规定:"义务教育是国家统一实施的所有适龄儿童、少年必须接受的教育,是国家必须予以保障的公益性事业。"对于义务教育概念的理解是:

第一,义务教育是公益性事业。

第二,义务教育是所有适龄儿童、少年必须接受的教育。

第三,义务教育由国家统一实施并且必须予以保障。

义务教育的概念强调的是,义务教育是政府为全国全社会提供服务的公共产品,是一种政府行为。

《义务教育法》第二条规定:"国家实行九年义务教育。"义务教育的年限确定为九年符合我国目前的国情。随着经济的发展和社会的进步,义务教育的年限也会跟着延长。

### (二)义务教育的特征

#### 1. 义务性

义务教育是一种以国家的公权力为强制武器的强制教育,义务教育是免费教育,任何适龄儿童、少年都必须接受义务教育。因为义务教育的义务性,所以政府、家庭、学校、社会都要履行职责。《义务教育法》第九条规定:"各级人民政府及其有关部门应当履行本法规定的各项职责,保障适龄儿童、少年接受义务教育的权利。""适龄儿童、少年的父母或者其他法定监护人应当依法保证其按时入学接受并完成义务教育。""依法实施义务教育的学校应当按照规定标准完成教育教学任务,保证教育教学质量。""社会组织和个人应当为适龄儿童、少年接受义务教育创造良好的环境。"

#### 2. 权利性

我国宪法将受教育列为公民的基本权利和义务。《义务教育法》的立法宗旨首先体现在保障适龄儿童、少年接受义务教育的权利。凡具有我国国籍的适龄儿童、少年依法享受接受义务教育的权利,并履行接受义务教育的义务。任何侵犯公民受教育权利和妨碍公民履行接受义务教育的行为,都要承担相应的法律责任。国家、社会、学校、家庭、应当积极履行义务,保护适龄儿童、少年的受教育权。

### 3. 均衡性

《义务教育法》第四条规定:"凡具有中华人民共和国国籍的适龄儿童、少年,不分性别、民族、种族、家庭、财产状况、宗教信仰等,依法享有平等接受义务教育的权利。"政府要促进义务教育均衡发展,改善薄弱学校的办学条件,保障农村和少数民族地区实施义务教育,保障家庭经济困难的残疾儿童、少年接受义务教育,国家组织和鼓励经济发达地区支援经济欠发达地区实施义务教育,促进义务教育均衡发展,确保这种平等性落到实处。从维护义务教育的平等性谈均衡性,这是《义务教育法》修订后的一大亮点,也是很有针对性的规定。

### 4. 公共性

义务教育的公共性,在国外强调的是世俗性,强调宗教不能控制义务教育。我们国家所强调的公共性,主要强调的是公益性。义务教育是国家强制推行的公共服务,造福于全体人民。实施义务教育的主体是政府,实施义务教育是政府的法定义务。义务教育是公益事业,任何组织和个人都不能利用义务教育营利。

### 5. 免费性

《义务教育法》第二条第二款规定:"实施义务教育,不收学费、杂费。"该规定使我国的义务教育终于同国际通行做法接轨了。回归了义务教育免费的本质,为了使义务教育真正得到贯彻实施,在发展不平衡的我国,该规定也具有特殊的意义。

## 三、实施素质教育

义务教育必须贯彻国家的教育方针,如何贯彻国家的教育方针,《义务教育法》强调要实施素质教育。

### (一) 实施素质教育的表述

教育方针是国家对于发展教育事业的总的指导思想和根本要求。

《中华人民共和国宪法》第四十六条第二款规定"国家培养青年、少年、儿童在品德、智力、体质等方面全面发展。"

《中华人民共和国教育法》第五条规定:"教育必须为社会主义现代化建设服务,必须与生产劳动相结合,培养德、智、体等方面全面发展的社会主义事业的建设者和接班人。"

依据《中华人民共和国宪法》、《中华人民共和国教育法》,《义务教育法》根据义务教育的实际需求,规定了如何贯彻国家的教育方针,即该法第三条的规定:"义务教育必须贯彻国家的教育方针,实施素质教育,提高教育质量,使适龄儿童、少年在品德、智力、体质等方面全面发展,为培养有理想、有道德、有文化、有纪律的社会主义建设者和接班人奠定基础。"

关于"实施素质教育"的概念与基本要求,《中共中央国务院关于深化教育改革全面推进素质教育的决定》规定:"实施素质教育,就是全面贯彻党的教育方针,以提高国民素质为根本宗旨,以培养学生的创新精神和实践能力为重点,造就'有理想、有道德、有文化、有纪律'的、德、智、体、美等方面全面发展的社会主义事业建设者和接班人"。

（二）实施素质教育的意义

《义务教育法》强调实施素质教育,为义务教育发展指明了方向,对新时期义务教育的实施具有重大意义。

《义务教育法》把"实施素质教育"写进法律,这是素质教育第一次由政策上升到法律的层面。长期以来,在义务教育领域,应试教育大行其道,过分重视智育,轻视德育等其他教育;重视学生知识积累,忽视学习能力和创新精神的培养;重视书本知识,忽视实践能力的提高。"填鸭式"教学和死记硬背的学习方式,泯灭了学生的学习兴趣,耗费了学生大量时间,师生深受其害,身心疲惫,社会忧心忡忡。因此,把"实施素质教育"写进《义务教育法》,切中时弊,高瞻远瞩。实施素质教育,以受教育者全面发展为方向,以提高国民素质为根本宗旨,以培养学生的创新精神和实践能力为重点,以造就有理想、有文化、有纪律的社会主义建设者和接班人为培养目标,充分体现了义务教育在我国人才培养中奠基性的重要地位和作用。

## 四、义务教育法的实施

义务教育法的实施需要明确政府、家长、学校和社会的职责,需要对义务教育的资源均衡配置,需要明确经费筹措和管理体制,需要教育督导和社会监督等。

（一）明确责任

义务教育是一项公益性事业,既是一项政府工程,也需要社会各界的支持和配合,承担各自的责任和义务。

1. 政府责任

《义务教育法》第五条第一款规定："各级人民政府及其有关部门应当履行本法规定的各项职责，保障适龄儿童、少年接受义务教育的权利。"政府及其有关部门的职责主要是在实施义务教育的保障方面，包括教育教学场所保障、师资保障、教育教学保障和经费保障。国家是实施义务教育的主要承担者，在义务教育的步骤制定、制度规划、学校设置、入学管理、经费筹措、师资培养以及监督执法等方面，国家负有重要的职责。

2. 父母责任

《义务教育法》第五条第二款规定："适龄儿童、少年的父母或者其他法定监护人应当依法保证其按时入学接受并完成义务教育。"该条款规定了适龄儿童、少年的父母或者其他监护人的责任和义务。

3. 学校责任

《义务教育法》第五条第三款规定："依法实施义务教育的学校应当按照规定标准完成教育教学任务，保证教育教学质量。"该条款是对学校实施义务教育的职责和义务的规定。学校是开展教育教学工作、具体实施义务教育的主体。义务教育水平和教育质量，与学校的教育教学工作直接相关。

4. 社会责任

《义务教育法》第五条第四款规定"社会组织和个人应当为适龄儿童、少年接受义务教育创造良好的环境。"该条款明确了社会组织和个人在实施义务教育中的职责和义务。这里的社会组织主要包括企业、事业单位、社会团体等。

（二）资源配置

当前义务教育领域的一个突出问题是义务教育发展的不平衡。促进义务教育均衡发展是国务院和县级以上地方人民政府的职责，因此，《义务教育法》第六条规定："国务院和县级以上人民政府应当合理配置教育资源，促进义务教育均衡发展，改善薄弱学校的办学条件，并采取措施，保障农村地区实施义务教育，保障家庭经济困难的和残疾的适龄儿童、少年接受义务教育。国家组织和鼓励经济发达地区支援经济欠发达地区实施义务教育。"

促进义务教育均衡发展，首先，是要大力改善薄弱学校的办学条件，县级教育行政部门应当均衡配置本行政区域内的师资力量，组织校长、教师的培训和流动，加强对薄弱学校的建设。其次，是要大力保障农村地区、少数民族地区实施义务教育；再次，是大力保障家庭经济困难的和残疾的儿童、少年接受义务教育。同时，国家出台各项政策,组织和鼓励经济发达地区支援经济欠发达地区实施义务教育。通过努力,使处于弱势地位的地区、学校和适龄儿童、少年接受到良好的义务教育。

(三)管理体制

《义务教育法》第七条第一款规定:"义务教育实行国务院领导,省、自治区、直辖市人民政府统筹规划实施,县级人民政府为主管的体制。"这是关于义务教育管理体制的新规定,新《义务教育法》进一步明确了地方人民政府的管理职责,省级人民政府统筹经费、县级人民政府为主的管理体制能有效地克服县级政府负责义务教育的财政困难局面,从而促进义务教育的发展。

《义务教育法》第七条第二款规定:"县级以上人民政府教育行政部门具体负责义务教育实施工作;县级以上人民政府其他有关部门在各自的职责范围内负责义务教育实施工作。"这个规定,明确了县级以上人民政府教育行政部门和其他有关部门负责义务教育实施工作的职责。县级以上教育行政部门包括国务院、省、市、县教育行政部门。其他部门包括计划、财政、人事、劳动等行政部门。

(四)教育督导

《义务教育法》第八条规定"人民政府教育督导机构对义务教育工作执行法律法规情况、教育教学质量以及义务教育均衡发展状况等进行督导,督导报告向社会公布。"该条款是关于义务教育阶段的督导机构、督导内容和督导报告的规定,有利于进一步建立我国督导制度、促进义务教育发展。

"人民政府教育督导机构",明确了教育督导机构隶属于政府。关于义务教育阶段的督导内容,该条规定了三个方面:第一,义务教育阶段执行法律法规情况;第二,教育教学质量;第三,义务教育均衡发展状况。

依据本条规定,人民政府教育督导机构实施督导,应当提出督导报告。督导报告向社会公布,要求督导机构应当以公告、文告等适当方式,并且在网络、报刊等方便公众查阅的媒体上发布,加强社会对义务教育工作的监督和对教育督导工作的监督。

(五)社会监督

义务教育关系到国家和民族的未来,关系到家庭和学生的希望,意义重大,影响深远。为了维护和促进义务教育的发展,《义务教育法》第九条规定:"任何社会组织和个人有权对违反本法的行为向国家机关提出检举或者控告。"并且进一步规定了责任人引咎辞职制度:"发生违反本法的重大事件,妨碍义务教育实施,造成重大社会影响的,负有领导责任的人民政府或者人民政府教育行政部门负责人应当引咎辞职。"

（六）表彰奖励

《义务教育法》第十条规定:"对在义务教育实施工作中做出突出贡献的社会组织和个人,各级人民政府及其有关部门按照有关规定给予表彰、奖励。"这是《中华人民共和国教育法》关于"国家对发展教育事业作出突出贡献的组织和个人,给予奖励"的原则规定在教育领域的具体体现,也是保障义务教育实施的重要法定措施。该条款的实施,能调动社会各界和义务教育工作者的积极性,推进义务教育事业的发展。

## 第二节 学 生

义务教育的服务对象是适龄儿童、少年,因此,《义务教育法》在分则中把学生放在首位,对学生的入学年龄、入学方式、入学保障作了规定。

### 一、入学年龄

适龄儿童、少年入学年龄应符合《义务教育法》和当地政府主管部门颁布的规定。延缓入学或休学需经批准。

（一）六岁入学

《义务教育法》第十一条第一款规定:"凡年满六周岁的儿童,其父母或者其他法定监护人应当送其入学接受并完成义务教育;条件不具备地区的儿童,可以推迟到七周岁。"凡具有中华人民共和国国籍的所有适龄儿童、少年都应及时入学。所谓"条件不具备的地区",主要是指由于地理环境、经济发展水平和历史条件的制约,较为落后的农村地区、少数民族地区,特别是一些地处高原地区、戈壁荒漠地区、深山区、边界区等。

《江苏省义务教育法实施办法》规定,在新学年开始前,也即在每年9月1日前年满6周岁的儿童、少年,必须由父母或者其他监护人送其到小学接受义务教育,并保证该儿童、少年完成义务教育阶段的学业。使自己适龄的子女按时入学接受义务教育,不仅是父母或者其他法定监护人对子女或者被监护人应尽的责任,也是对国家和社会应尽的法律义务。

（二）延缓入学或者休学

实际生活中确有少数适龄儿童、少年因各种原因不能按时入学接受义务教育的情况。这些原因包括：入学前身体确实患有影响正常上学的各种疾病，需要治愈后再入学的；身体残疾需要延缓入学的；由于身体瘦小、体质较弱而又离家较远或需要寄宿而无自理能力等。《义务教育法》第十一条第二款规定："适龄儿童、少年确因身体情况等原因需要延缓入学或者休学的，其父母或者其他监护人应当提出申请，提供二级以上医疗机构出具的身体状况说明，由当地乡镇人民政府或者县级教育行政部门根据省教育行政部门的相关规定作出批准。"

《江苏省义务教育法实施办法》第八条规定："延缓入学、休学的期限不得超过一年，期限届满仍需要延缓入学或者休学的，应当在期限届满十日前按照规定重新提供申请。"

## 二、入学方式

义务教育阶段的学生入学的方式是免试就近入学。在非户籍所在地的入学由县级教育行政部门统筹解决。

（一）免试就近入学

《义务教育法》第十二条第一款规定："适龄儿童、少年免试入学。地方各级人民政府应当保障适龄儿童、少年在户籍所在地学校就近入学。"这一款规定有两个方面的内容：免试入学和就近入学。

1. 免试入学

免试入学，是所有适龄儿童、少年在入学时一律免于任何形式的考试进入公立的义务教育学校就读。小学入学不得考试，小学升初中也不得考试。江苏省在制定实施《义务教育法》办法时针对"小升初"中的实际情况，特别规定："学校不得举行或者变相举行与入学相关的笔试、面试，不得将竞赛成绩、获奖情况或者考级证书作为入学的条件和编班的依据。"

2. 就近入学

就近入学，是政府要提供条件保障，保证所有在其户籍所在地的适龄儿童、少年在公立义务教育的学校就读。作为政府保障就近入学，首先是规定划分学区。《江苏省义务教育实施办法》规定："县级教育行政部门应当根据本行政区域内学校布局以及适龄儿童、少年的数量和分布状况，合理确定或者调整本行政区域内学校的施教区范围、招生规模，并向社会公布。确定或者调整施教区范围应当广泛听取意见。"其次是规定学校不得跨学区招生。《江苏省义务教育实施办法》规定："学校应当接收施教区内的适龄儿童、少年入学，不得跨施教区组织招生。学校应当将接收学生的结果向社会公布。"第三是规定家长只能在学区内送孩子入学。《江苏省义务教育实施办法》规定："本地适龄儿童、少年入学，由其父母或者其他监护人持本人及儿童、少年的户籍证明和县级以上地方人民政府教育行政部门规定的其他证明材料，到户籍所在地的施教学校办理入学手续。"

（二）在非户籍所在地的入学问题

《义务教育法》第十二条第二款规定："父母或者其他法定监护人在非户籍所在地工作或者居住的适龄儿童、少年，在其父母或者其他法定监护人工作或者居住地接受义务教育的，当地人民政府应当为其提供平等接受义务教育的条件。具体办法由省、自治区、直辖市规定。县级人民政府教育行政部门对本行政区域内的军人子女接受义务教育予以保障。"由于以前义务教育的入学问题是由户籍所在地的政府解决，进城的外来务工人员子女入学就成了大问题，因这个原因而失学的情况比较严重。《义务教育法》的这一新规定解决了这一大难题。

《江苏省义务教育法实施办法》首先对"流动人口"作了限定："前款所称流动人口，是指离开户籍所在地的县（市、区），以工作、生活为目的的人员，不包括在设区的市的行政区域内区与区之间异地居住的人员。"其次对入学的程序作了规定："流动人口的适龄子女在居住地接受义务教育的，由其父母或者其他监护人持本人及适龄儿童、少年相应的身份证明、就业或者居住证明，向居住地县级教育行政部门申请就读，县级教育行政部门应当统筹解决"，并根据实际情况明确了就业证明的种类，"前款所称就业证明，是指工作单位出具的劳动关系或者人事关系证明材料，或者个体工商户营业执照、街道办事处出具的自谋职业证明材料"。

## 三、入学保障

《义务教育法》第十三条规定："县级人民政府教育行政部门和乡镇人民政府组织和督促适龄儿童、少年入学，帮助解决适龄儿童、少年接受义务教育的困难，采取措施防止适龄儿童、少年辍学。居民委员会和村民委员会协助政府做好工作，督促适龄儿童、少年入学。"义务教育各主体应采取措施保障适龄儿童、少年入学。

（一）解决困难帮助入学

县级人民政府教育行政部门和乡镇人民政府组织和督促适龄儿童、少年入学，通过优化教育资源、均衡配置、科学合理划分施教区、举办寄宿制学校、开通接送学生专车、拨付政策性补贴等途径，帮助解决适龄儿童、少年接受义务教育的困难。

（二）采取措施防止辍学

基层政府及其教育行政部门有责任采取积极措施防止义务教育阶段的学生中途辍学。乡镇人民政府、街道办事处应当与县级教育行政部门、学校采取措施，通过政策支持，发动企事业单位和个人捐款，接受"希望工程"、"春蕾工程"帮助，组织"爱心妈妈"。结对帮扶困难的适龄儿童、少年等方式，共同做好适龄儿童、少年的入学或复学工作。

作为基层群众性自治组织的居委会、村委会有责任协助政府做好适龄儿童、少年入学工作。村民委员会、居民委员会发现适龄儿童、少年未依法接受义务教育的，应当及时向乡镇人民政府、街道办事处报告。

# 四、特殊规定

针对一些企业招聘童工，一些文艺、体育组织招收适龄儿童、少年训练的情况，《义务教育法》作了一些特殊规定。

（一）禁止使用童工

《义务教育法》第十四条第一款规定："禁止用人单位招用应当接受义务教育的适龄儿童、少年。"

义务教育是国家统一实施的所有适龄儿童、少年必须接受的教育。国务院2002年发布了《禁止使用童工规定》，该规定的制定宗旨是为保护未成年人的身心健康，促进义务教育的实施，维护未成年人的合法权益。该法规第二条明确规定："国家机关、社会团体、企事业单位、民办非企业单位或者个体工商户均不得招用未满16周岁的未成年人。禁止任何单位或个人为不满16周岁的未成年人介绍就业。禁止不满16周岁的未成年人开业从事个体经营活动。"第三条明确规定："不满16周岁的未成年人的父母或者其他监护人应当保护其身心健康，保障其接受义务教育的权利，不得允许其被用人单位非法招用。"为了有效制止使用童工的行为，该法规还制定了惩罚措施。

该法规还明确规定："学校、其他教育机构以及职业培训机构按照国家有关规定组织不满16周岁的未成年人进行不影响其人身安全和身心健康的教育实践劳动、职业技能培训劳动，不属于使用童工。"适龄儿童、少年根据国家有关规定参加勤工俭学和社会实践活动并取得一定报酬,不属于禁止情形。

（二）进行文艺、体育等专业训练的问题

某些文艺、体育等项目的专业训练,应该从小抓起,这是艺术成长规律的要求,对于这部分适龄儿童、少年接受义务教育的问题,《义务教育法》第十四条第二款作了如下规定:"根据国家有关规定经批准招收适龄儿童、少年进行文艺、体育等专业训练的社会组织,应当保证所招收的适龄儿童、少年接受义务教育,自行实施义务教育,应当经县级人民政府教育行政部门的批准。"

国务院《禁止使用童工规定》第十三条也规定:"文艺、体育单位经未成年人的父母或者其他监护人同意,可以招用不满16周岁的专业文艺工作者、运动员。用人单位应当保障被招用的不满16周岁的未成年人的身心健康,保障其接受义务教育的权利。"

## 第三节 学 校

县级以上人民政府应根据规定设置学校,学校建设应符合有关标准和规定的要求。根据要求设置寄宿制学校、少数民族学校(班)、特殊教育、专门学校。学校应均衡发展,重视学校的安全管理与教育,规范学校的管理体制和学生管理。

## 一、学校的设置

由于义务教育是就近入学,因此,义务教育阶段的学校首先是设置问题。

（一）学校的设置原则

《义务教育法》第十五条规定:"县级以上地方人民政府根据本行政区域内居住的适龄儿童、少年的数量和分布状况等因素,按照国家有关规定,制定、调整学校设置规划。新建居民区需要设置学校的,应当与居民区的建设同步进行。"

为满足本行政区域内适龄儿童、少年入学时义务教育的需求,设置实施义务教育的公办学校,是地方人民政府提供公共服务的重要内容之一。需要注意强调的是"居住"的概念,即不仅包括户籍人口,而且也包括长期居住此地的人口。

"新建居民区需要设置学校的,应当与居民区的建设同步进行",是针对我国当前城市化加速、公共教育设置不配套的问题而做出的专门规定。

《江苏省义务教育法实施办法》还明确了学校拆迁的规定:"因城市建设需要拆

迁学校的,拆迁人应当按照学校设置、调整方案予以重建,或者给予补偿,补偿款应当用于学校建设。需要异地重建学校的,应当先建后拆;需要原地重建学校,或者根据学校设置、调整方案撤销学校的,县级人民政府及其教育行政部门应当做好师生员工的安置工作。"

（二）学校的建设标准及要求

《义务教育法》第十六条规定:"学校建设,应当符合国家规定的办学标准,适应教育教学需要;应当符合国家规定的选址要求和建设标准,确保学生和教职工安全。"

规定学校建设应当符合国家规定的办学标准是《义务教育法》的一个突出规定。

办学标准,是指学校开展教育教学活动相关的各种教育设施、教学条件的配置基准,主要包括以下三个方面:一是学校的基本设置标准,包括学校的规模、班级数额、学校占地面积、校舍建筑的附属设施的建设标准;二是教学、办公及生活设备的配套标准,包括常规通用教学设备的配备标准、分科学习领域专用教学设备的配备标准、现代教育技术及图书馆的设备标准以及办公及生活设备的配备标准等;三是教师和工作人员的配备标准,包括教师与学生的师生比、工作人员配备的标准、教职工的资质等。

学校建设的选址首先要考虑安全因素。根据国家的有关规定,学校的选址不应设在靠近污染源、地震断裂带、山丘滑坡段、悬崖旁、泥石流地区及水坝泄洪区、低洼地等不安全地带。学校的选址应当避开娱乐场所、集贸市场、医院传染病房、太平间、气源调压站、高压变配电所、垃圾楼及公安看守所等场所。此外,还要注意高压线缆、易燃易爆市政管线和市政道路等不应穿过校园;学生上学路线不应跨越无立交设施的铁路干线、高速公路及车流量大的城市主干道等因素。

（三）学校设置的几种特殊情形

1. 寄宿制学校

近年来,为了整合教育资源,推进均衡教育,不少乡村学校或撤或并,不少家长在外打工,留守儿童、少年日益增多。另外不少边远地区和少数民族地区人口居住非常分散,为了解决这些地区儿童、少年就学问题,《义务教育法》第十七条规定:"县级人民政府应当根据需要设置寄宿制学校,保障居住分散的适龄儿童、少年入学接受义务教育"。《江苏省义务教育法实施办法》规定:"县级人民政府应当根据义务教育实际情况,加强对农村留守儿童、少年寄宿制学校的建设和管理,配备必要的管理人员,改善寄宿学生的学习和生活条件。寄宿制学校应当建立健全岗位责任制和学校安全管理、生活管理、卫生管理等制度,保障寄宿学生的人身安全和身心健康。"设置寄宿制学校的本意是帮助偏远、分散的适龄儿童、少年接受义务教育。而个别地方为了提高升学率,延长学习时间,变相强迫适龄儿童、少年寄宿的做法是错误的。

2. 少数民族学校(班)

为了促进民族团结和民族繁荣,培养少数民族人才,推进民族地区的进步和发展,国务院教育行政部门和省级人民政府根据需要,在经济发达地区设置接收少数民族适龄儿童、少年的学校(班)。

3. 特殊教育

为了维护和保障残疾儿童、少年入学接受义务教育的权益,《义务教育法》第十九条规定:"县级以上地方人民政府根据需要设置相应的实施特殊教育的学校(班),对视力残疾、听力语言残疾和智力残疾的适龄儿童、少年实施义务教育。"特殊教育学校(班)应当具备适应残疾儿童、少年学习、康复、生活特点的场所和设施。《江苏省义务教育法实施办法》第二十五条规定:"县级以上地方人民政府应当根据各类残疾适龄儿童、少年的数量和分布状况,按照国家和省有关规定设置特殊教育学校(班),改善办学条件,提高办学水平,保障残疾适龄儿童、少年接受并完成义务教育。""特殊教育学校(班)应当具备适应残疾儿童、少年学习、生活康复特点的场所和设施。具体设置标准由省教育行政部门会同有关部门制定。""普通学校应当接收具有接受普通教育能力的残疾适龄儿童、少年随班就读,并为其学习、康复提供帮助。"

4. 专门学校

《义务教育法》第二十条规定:"县级以上地方人民政府根据需要,为具有预防未成年人犯罪法规定的严重不良行为的适龄少年设置专门的学校实施义务教育。"这是关于政府为有严重不良行为的适龄少年设置专门学校,保障其接受义务教育权利的规定。这里的专门学校就是过去所称的"工读学校"。此类学校是为教育、挽救有违法和轻微犯罪行为的中学生而设置的专门学校。按照法律的规定,送专门学校应当由适龄少年的监护人或者其原所在学校提出申请,由主管的教育行政部门批准。在专门学校就读的学生在升学、就业等方面与普通学校的学生享有平等的权利,如果经过矫治,改正了不良行为,仍可以返回普通学校就读,教育行政部门应当提供便利。

另外,对未成年犯和被采取强制性教育措施的未成年人应当进行的义务教育,所需经费由人民政府予以保障。

## 二、学校的均衡发展

义务教育应该是公平性教育、均衡性教育,只有学校的均衡发展,才会有义务教育的均衡发展。

### (一)促进学校均衡发展

《义务教育法》第二十二条第一款规定:"县级以上人民政府及其教育行政部门应当促进学校均衡发展,缩小学校之间办学条件的差距,不得将学校分为重点学校和非重点学校。学校不得分设重点班和非重点班。"

学校的均衡发展主要取决于两个因素:一是经费投入和办学条件的均衡;二是师资队伍素质的均衡。作为政府,"不得将学校分为重点学校和非重点学校"。政府对所有的学校都要一视同仁,保证所有的学校在经费、师资、生源方面的均衡。作为学校,"不得分设重点班和非重点班"。学校对所有的班级也都要一视同仁,保证所有的班级在师资、生源方面的均衡,保障学生在学校内受教育权利的平等。

如果政府违反了法律规定,将学校分为重点学校和非重点学校,《义务教育法》第五十三条强调:"由上级人民政府或者其教育行政部门责令限期改正、通报批评;情节严重的,对直接负责的主管人员和其他直接责任人员依法给予行政处分"。如果学校违反了法律规定,将班级分为重点班和非重点班,《义务教育法》第五十七条强调:"由县级人民政府教育行政部门责令限期改正;情节严重的,对直接负责的主管人员和其他直接责任人员依法给予处分。"

### (二)维护公办学校公益性质

《义务教育法》第二十二条第二款明确:"县级以上人民政府及其教育行政部门不得以任何名义改变或者变相改变公办学校的性质。"这一规定禁止了地方政府将公办学校转制或者以其他方式将公办学校出售、转让等行为。此规定强化了地方人民政府推进学校均衡发展、发展义务教育的义务和责任。由于历史上形成的重点学校制度,经费、师资、生源过度向城镇和重点学校集中,广大农村地区和薄弱学校教育教学质量难以保证,一些地方将公办名校假办成民办学校,大幅提高收费标准,使优秀的贫困学生徘徊门外,加剧了教育不公。因此,《义务教育法》明确了政府促进义务教育均衡发展的职责和法律责任。

《江苏省义务教育法实施办法》进一步强调:"地方各级人民政府及有关部门、学校应当建立健全学校产权登记制度,明确产权关系,加强资产管理,防止学校国有资产流失。禁止利用校园校舍、教育教学设施设备和教师等公办教育资源举办民办学校;本办法施行之前已经举办的,应当在省教育行政等部门规定的期限内完成整改。任何单位和个人不得侵占、破坏学校的校舍、场地和教育教学设施设备。未经依法批准,任何单位和个人不得将学校的校舍、场地和教育教学设施设备转让、出租或者改变用途;经依法批准转让、出租或者采取其他方式处置学校的校舍、场地和教育教学设施设备所得收入,应当按照政府非税收入管理的规定进行管理,统筹用于义务教育。"

如果政府违反了法律规定,改变或者变相改变公办学校性质的,《义务教育法》第五十三条明确:"由上级人民政府或者其教育行政部门责令限期改正、通报批评;情节严重的,对直接负责的主管人员和其他直接责任人员依法给予行政处分。"

## 三、学校的安全管理与教育

义务教育阶段的学生认知水平较低、自救能力较差,且校园人口密集,若发生安全事故则危害更大、影响更广。因此,学校安全工作非常重要。义务教育学校安全的责任主体主要有两个:一是政府及其部门;二是学校及其教师。

### (一)政府及其部门的职责

《义务教育法》第二十三条规定:"各级人民政府及其有关部门依法维护学校周边秩序,保护学生、教师、学校的合法权益,为学校提供安全保障。"第二十四条第二款还规定:"县级以上地方人民政府定期对学校校舍安全进行检查;对需要维修、改造的,及时予以维修、改造。"法律明确政府对学校安全管理的重点是维护学校周边秩序和保证校舍安全。

学校安全是各级人民政府的职责,因此,《义务教育法》通过的第二天,即2006年6月30日,教育部、公安部、司法部、建设部、交通部、文化部、卫生部、国家工商行政管理总局、国家质量监督检验检疫总局、新闻出版总署等十部委共同签署了《中小学幼儿园安全管理办法》(简称《安全管理办法》)。该办法强调:"地方各级人民政府及其教育、公安、司法行政、建设、交通、文化、卫生、工商、质检、新闻出版等部门应当按照职责分工,依法负责学校安全工作,履行学校安全管理职责。"并对各个职能部门提出了具体要求。

《江苏省义务教育法实施办法》的规定更为具体:"地方各级人民政府及其公安等部门应当制定学校安全保卫制度和突发事件应急预案,加强学校周边治安巡防,及时排查和消除安全隐患,妥善化解矛盾纠纷,维护学校及其周边秩序,保障学校校园、学生、教师的安全。""学校的校舍应当达到重点设防类抗震设防标准,并符合对洪水、台风、火灾等灾害的防灾避险安全要求。县级以上地方人民政府应当建立校舍维修改造长效机制,定期对学校校舍安全进行检查;对需要维修、改造的,及时予以维修、改造。"

### (二)学校及其教师的职责

《义务教育法》第二十四条第一款和第三款规定了学校的安全管理职责:"学校应当建立、健全安全制度和应急机制,对学生进行安全教育,加强管理,及时消除隐患,预防发生事故。""学校不得聘用曾经因故意犯罪被依法剥夺政治权利或者其他不适合从事义务教育工作的人担任工作人员。"这些法律规定明确了学校有三个方面的职责,因此,《中小学幼儿园安全管理办法》分别用三章来规定学校的职责,即第三章校内安全管理制度、第四章日常安全管理、第五章安全教育。

《江苏省义务教育法实施办法》的规定也更为具体:"学校应当建立健全安全制度,配备必要的安全保卫人员,落实技术防范等措施,开展安全教育,加强安全管理,定期组织师生进行自救、互救、紧急疏散等应急演练。"

学校安全管理工作主要包括:

第一,构建学校安全工作保障体系,全面落实安全工作责任制和事故责任追究制,保障学校安全工作规范、有序地进行;

第二,健全学校安全预警机制,制定突发事件应急预案,完善事故预防措施,及时排除安全隐患,不断提高学校安全工作管理水平;

第三,建立校园周边整治协调工作机制,维护校园及周边环境安全;

第四,加强安全宣传教育培训,提高师生安全意识和防护能力;

第五,事故发生后启动应急预案、对伤亡人员实施救治和责任追究等。

社会团体、企事业单位、其他社会组织和个人应当积极参与和支持学校安全工作,依法维护学校安全。

## 四、其他规定

《义务教育法》在学校一章中还对学校的收费、学校的管理体制、学生管理有针对性地作了规定。

（一）学校不得乱收费

《义务教育法》第二十五条规定："学校不得违反国家规定收取费用,不得以向学生推销或者变相推销商品、服务等方式谋取利益。"这一法律规定直指学校的乱收费。

义务教育是公益性事业,不得进行营利性的活动。义务教育是政府行为,所有的费用都由国家承担。作为具体实施义务教育的机构,学校不能乱收费,学校不能谋取经济利益。

如果学校违反法律规定,就要承担相应的法律责任。《义务教育法》第五十六条规定："学校违反国家规定收取费用的,由县级人民政府教育行政部门责令退还所收费用;对直接负责的主管人员和其他直接责任人员依法给予处分。学校以向学生推销或者变相推销商品、服务等方式谋取利益的,由县级人民政府教育行政部门给予通报批评;有违法所得的,没收违法所得;对直接负责的主管人员和其他直接责任人员依法给予处分。"

（二）学校实行校长责任制

《义务教育法》第二十六条规定："学校实行校长负责制。校长应当符合国家规定的任职条件。校长由县级人民政府教育行政部门依法聘任。"

1991年6月25日国家教委颁发了《全国中小学校长任职条件和岗位要求》,规定了校长任职的基本条件和岗位要求,包括政治素养、岗位知识、岗位能力等。

《江苏省义务教育法实施办法》还进一步规定："校长由县级教育行政部门通过公开招聘、竞争上岗等方式依法聘任,聘任的校长应当符合国家规定的任职条件和资格。县级以上地方人民政府教育行政部门应当加强对校长的培训,定期对校长进行考核,提高校长办学、管理能力。"

（三）学校不得开除学生

《义务教育法》第二十七条规定："对违反学校管理制度的学生,学校应当予以批评教育,不得开除。"

"不得开除学生"是对学校的强制性规定,即明确实施义务教育的学校在任何情况下都不能以开除、取消学籍的方式来惩罚违反学校管理制度的学生。义务教育阶段的学生,世界观、人生观、价值观尚未形成,身心远未成熟,将他们推向社会,极易使其走向歧路。有些学校用"劝退"来代替开除。"劝退"违背了义务教育阶段学生不能辍学的规定。因此,《义务教育法》的该项规定不同于其他所有的学校管理制度,它是对适龄儿童、少年接受义务教育权利的保障和救济。

## ○ 第四节 教 师 ○

义务教育需要建设一支高素质的师资队伍,《义务教育法》在教师一章中对教师的职业要求、教师的管理制度作了具体的规定。有关这方面内容本书第四章将作专门介绍。

### 一、教师的职业要求

《义务教育法》对教师的职业要求,有针对性地强调了教师应该为人师表,应该尊重学生的人格。

(一)为人师表

《义务教育法》第二十八条规定:"教师享有法律规定的权利,履行法律规定的义务,应当为人师表,忠诚于人民的教育事业。全社会应当尊重教师。"

"教师享有法律规定的权利,履行法律规定的义务。"这方面的规定将在本书第四章介绍《中华人民共和国教师法》时阐述。

教师"应当为人师表,忠诚于人民的教育事业。"这是对教师的职业道德要求。2008 年教育部颁布了新修订的《中小学教师职业道德规范》,主要包括爱国守法、爱岗敬业、关爱学生、教书育人、为人师表、终身学习等六个方面的规定。

"全社会应当尊重教师",长期以来,广大教师辛勤耕耘在教育战线上,承担了更多的社会道德责任,展现了良好的教师职业道德,从而赢得了全社会的尊重与赞誉。尊师重教是中华民族的传统美德,是社会主义精神文明的体现,也是建设社会主义现代化国家和实现中华民族伟大复兴的必然要求。

(二)尊重学生人格

《义务教育法》第二十九条第一款规定:"教师在教育教学中应当平等对待学生,关注学生的个体差异,因材施教,促进学生的充分发展。"该条第二款规定:"教师应当尊重学生的人格,不得歧视学生,不得对学生实施体罚、变相体罚或者其他侮辱人格尊严的行为,不得侵犯学生合法权益。"这一规定分别从教育法和民法两个角度,从正反两个方面明确了教师应如何处理自己与学生的关系。

教师与学生的关系从教育法上看是教育、管理与被教育、被管理的关系,因此,教师要认真履行教育、管理的职责。义务教育阶段的学生个体差异很大、可塑性很强,教师的教育教学态度、教育教学方法对学生的成长影响很大,因此,《义务教育法》有针对性地提出:教师的教育教学态度是"平等对待学生",教育教学方法是"因材施教"。

教师与学生的关系从民法上看是平等的关系,双方地位平等、权利相同。教师有人格尊严,学生也有人格尊严;教师要求学生尊重教师的人格,教师也应该尊重学生的人格。针对义务教育阶段存在教师在教育教学中利用职权侵犯学生人格尊严和人身自由的实际情况,该条款一连用了三个"不得"作出了禁止性的规定。法律规范的力度是相当大的。当然,教师对学生有批评权,它与民法角度的尊重保护学生人格并不矛盾,教师对学生错误言行的正确批评是不可缺少的教育手段。

## 二、教师的资格、职务制度

教师资格制度和教师职务制度是教师管理的两个重要制度。这两个制度在《教师法》中有具体的规定,新修订的《义务教育法》强调国家要建立统一的义务教育职务制度。

### (一)教师资格制度

《义务教育法》第三十条第一款规定:"教师应当取得国家规定的教师资格。"义务教育阶段学校教师的资格条件依据《教师法》第十条规定:中国公民凡遵守宪法和法律,热爱教育事业,具有良好的思想品德,具备本法规定的学历或者经国家教师资格考试合格,有教育教学能力,经认定合格的可以取得教师资格。《教师法》第十一条规定:"取得小学教师资格,应当具备中等师范学校毕业及其以上学历";"取得初级中学教师、初级职业学校文化、专业课教师资格,应当具备师范专科学校或者其他大学专科毕业及其以上学历。"

因为《教师法》对教师的资格有详细的规定,这里不再叙述。

### (二)教师职务制度

《义务教育法》第三十条第二款规定:"国家建立统一的义务教育教师职务制度。教师职务分为初级职务、中级职务和高级职务。"这一规定使得教师职务制度有了新突破。

按照原有的规定,小学的三级、二级、一级、高级教师和中学三级、二级、一级、高级教师是两个序列,小学的高级教师只相当于中学的一级教师。为了解决这一矛盾,有些地方的教育行政部门在小学的职称中增加了一个"小中高",即小学的中学高级职称,在小学任教的教师评中学高级教师的职称是不规范的,在实际操作中也只有极少数教师有此机会。

新《义务教育法》将义务教育阶段的教师职称、职务序列打通,小学和中学的职称、职务差别不复存在。中小学教师统一分为"初级职务、中级职务和高级职务",中小学实行统一的教师职务制度,小学教师有了真正的高级职务。国务院公布的《国家中长期教育改革和发展规划纲要(2010—2020年)》明确:"建立统一的中小学教师职务(职称)系列,在中小学设置正高级教师职务(职称)。探索在职业学校设置正高级教师职务(职称)。"届时,义务教育阶段的教师也可以和大学的教师一样,申报正教授级的职务(职称)。今后还会将职称的评审改为职务的评聘,根据教育的实际需要和所在学校的教师比例评聘符合规定条件的教师担任相应职务。中小学教师职务的改革有利于在教师队伍中引进竞争机制,调动广大中小学教师的积极性,吸引高学历人才,促进教师的合理流动,提高中小学教师队伍的整体素质。

### 三、教师的工资福利和社会保险待遇

教师的工资福利和社会保险待遇即是教师劳动的报酬所得,也是教师工作的价值体现。

#### (一)教师的工资福利与社会保险待遇

《义务教育法》第三十一条第一款规定:"各级人民政府保障教师工资福利和社会保险待遇,改善教师工作和生活条件;完善农村教师工资经费保障机制。"该规定明确了保障教师工资福利和社会保险待遇是政府的法定义务。关于义务教育教师工资水平,《义务教育法》第三十一条第二款规定:"教师的平均工资水平应当不低于当地公务员的平均工资水平。"

2008年12月,国务院颁布了《关于义务教育学校实施绩效工资的指导意见》,规定从2009年1月1日起,义务教育阶段的学校实施绩效工资制度。绩效工资总量暂按学校工作人员上年度12月份基本工资额度和规范后的津贴补贴水平核定。其中,义务教育教师规范后的津贴补贴平均水平,由县级以上人民政府人事、财政部门按照教师平均工资水平不低于当地公务员平均工资水平的原则确定。绩效工资总量随基本工资和学校所在县级行政区域公务员规范后津贴补贴的调整相应调整。

义务教育学校教师已经率先在事业单位实行绩效工资制度,收入大幅提高。

教师的政治地位、社会地位和经济地位提高了,吸引了很多优秀人才投身教师队伍,提高了教师队伍的素质和水平,促进了广大教师爱岗敬业,教书育人。这也体现了国家优先发展教育事业,尊师重教,尊重知识和尊重人才的方针。

（二）特教津贴、地区津贴

《义务教育法》第三十条第三款规定:"特殊教育老师享有特殊岗位补助津贴。在民族地区和边远贫困地区工作的教师享有艰苦贫困地区补助津贴。"该项规定有利于稳定特殊教育师资队伍,有利于促进民族团结和民族繁荣,有利于边远贫困地区的发展进步。

## 四、教师的培养和培训

《义务教育法》在教师的培养制度中强调了要发展教师教育,在教师培训制度中增加了教师流动的规定。

（一）加强教师培养,发展教师教育

《义务教育法》第三十二条规定:"县级以上人民政府应当加强教师培养工作,采取措施发展教师教育。"为了发展教育事业,各级人民政府和有关部门应加强教师培养工作,采取措施发展教师教育,办好师范教育,积极鼓励优秀青年进入各级师范学校学习。师范教育是培养师资的专业教育,它能提供专门的教育训练,传授教育科学知识,使未来教师的教育教学活动符合教学的客观规律,保证取得更好的教育效果。因此,办好师范教育是教师培养制度的一项基本任务,是实施教师法有关教师培养制度的关键。

（二）组织校长、教师培训和流动

《义务教育法》第三十二条规定:"县级人民政府教育行政部门应当均衡配置本行政区域内学校师资力量,组织校长、教师的培训和流动,加强对薄弱学校的建设。"《江苏省义务教育法实施办法》要求:"实行校长、教师交流制度。县级教育行政部门应当组织本行政区域内学校校长、教师合理流动。"

学校实行校长负责制。校长由县级教育行政部门依法聘任,聘任校长应当符合国家规定的任职条件和资格。校长任期三年,在同一级学校进行连任不得超过两届。这个规定明确了校长的产生和交流制度,有利于具有先进教育理念和优秀管理能力的校长改造农村学校和薄弱学校。

县级教育行政部门应当均衡配置城乡教师资源,组织本行政区域公办学校教师合理流动。教师在同一级学校连续任教满一定年限的,应当流动。这个规定的实施,将满足农村学校和薄弱学校学生对优秀师资的需求,也有利于教师本人了解社会,改进工作作风,促进专业成长。

(三)支教工作

为了推进义务教育,《义务教育法》第三十三条规定:"国务院和地方各级人民政府鼓励和支持城市学校教师和高等学校毕业生到农村地区、民族地区从事义务教育工作。国家鼓励高等学校毕业生以志愿者方式到农村地区、民族地区缺乏教师的学校任教。县级人民政府教育行政部门依法认定其教师资格,其任教时间计入工龄。"

2006年2月26日教育部下发了《关于大力推进城镇教师支援农村教育工作的意见》,要求以推进城镇教师支援农村教育为重点,不断优化和提高农村教师队伍的结构和素质。具体措施有:

(1)积极做好大中城市中小学教师到农村支教工作。

(2)认真组织县域内城镇中小学教师定期到农村任教。

(3)探索实施农村教师特设岗位计划。

(4)积极鼓励并组织落实高校毕业生支援农村教育工作。

(5)组织师范生实习支教。

(6)积极开展多种形式的智力支教活动。

## 第五节　教育教学

开展教育教学是学校的根本任务。学校在实施义务教育的过程中,必须贯彻国家的教育方针,遵循教育教学的工作原则。《义务教育法》对学校的教育教学工作既提出了总体要求,又有针对性地作出了具体规定。

### 一、教育教学工作的总体要求

《义务教育法》第三十四条规定:"教育教学工作应当符合教育规律和学生身心发展特点,面向全体学生,教书育人,将德育、智育、体育、美育等有机统一在教育教学活动中,注重培养学生独立思考能力、创新能力和实践能力,促进学生全面发展。"这一规定明确了学校开展教育教学活动的基本原则和总体要求。这一规定也是按照实施素质教育的原则和要求,对学校教育教学做出了原则规定。学校教育教学活动的基本原则和总体要求是：

第一，学校教育教学活动应当符合教育规律和学生身心发展特点。摒弃应试教育，保障学生的身心健康。

第二，学校教育教学要面向全体学生。

第三，学校必须做到教书育人，将德育、智育、体育、美育有机地统一在教育教学活动中。

第四，学校要培养学生的独立思考能力、创新能力和实践能力，促进学生的全面发展。新《义务教育法》第一次将"独立思考能力、创新能力和实践能力"上升到法律层面，对义务教育提出了更高的要求。

第五，义务教育教学要以学生发展为中心，着眼于学生身心的潜能开发，使学生的人格、智力、能力、个性等都能全面和谐发展。

## 二、教育教学工作的具体规定

《义务教育法》在对教育教学工作进行具体规定时，针对教育教学工作中的问题，突出了重点。

### （一）提高教育教学质量

《义务教育法》第三十五条规定："国务院教育行政部门根据适龄儿童、少年身心发展的状况和实际情况，确定教学制度、教育教学内容和课程设置，改革考试制度，并改进高级中等学校招生办法，推进实施素质教育。学校和教师按照确定的教育教学内容和课程设置开展教育教学活动，保证达到国家规定的基本质量要求。国家鼓励学校和教师采用启发式教育的教育教学方法，提高教育教学质量。"

义务教育阶段的教学制度、教育教学内容和课程设置很重要，对义务教育实施素质教育影响最大的是"中考"和"高考"，因此，法律规定上述内容由国务院教育行政部门确定，这是实施素质教育的重要措施。

作为义务教育的学校和教师如何组织教育教学？法律作出了两方面的规定：

1. 依法开展教育教学活动

学校和教师按照确定的教育教学内容和课程设置开展教育教学活动，保证达到国家规定的基本质量要求。具体要求：一是在国家确定的教育教学内容和课程设置之外，学校和教师不应增加新的教学内容、设置新的课程，以免增加学生更重的负担、影响学生身心健康。二是学校要切实落实国家确定的教育教学内容和课程设置要求。三是学校和教师要保证教育教学达到国家规定的基本质量要求。因此,学校应当严格执行教学计划、课程标准、按照确定的教育教学内容和课程设置开展教育教学活动。学校不得增加考试科目的课时或者减少非考试课目的课时,不得随意停课,不得占用寒暑假、公休日、课余时间组织学生上课,不得组织学生参加任何形式的学科竞赛,不得按照考试成绩公布学生的排名,不得组织或变相组织学生参加校外培训机构举办的课外补习班。

2. 采用启发式教育教学方法

实施义务教育,推进素质教育,方式方法很重要。学校和教师要改变传统的教育手段和方式,转变教育观念,创新人才培养模式,通过实行启发式和讨论式教学,培养学生的独立思考能力、创新能力和实践能力。既要让学生感受、记忆和理解知识的生成和发展过程,更要注重提高他们的运用、创造能力。要培养学生观察、分析和解决问题的能力,语言文字的综合运用能力和团结协作能力。

(二)把德育放在首位

《义务教育法》第三十六条规定:"义务教育阶段学校应把德育放在首位,寓德育于教育教学之中,开展与学生年龄相适应的社会实践活动,形成学校、家庭、社会相互配合的思想道德教育,促进学生养成良好的思想品德和行为习惯。"

德育关系到学生正确的世界观、人生观的形成,对提高学生的思想政治素质和道德修养,培养社会主义事业的建设者有着极为重要的作用。教育部下发的《中小学德育工作规程》对德育的界定是:"德育即对学生进行政治、思想、道德和心理品质教育。"明确德育"是中小学素质教育的重要组成部分,对青少年学生健康成长和学校工作起着导向、动力、保证的作用"。德育的作用决定了德育必须放在首位,《义务教育法》用法律规范的形式肯定了这一点。

德育的方式方法很重要,《义务教育法》强调了三种方式方法,即寓德育于教育教学之中,开展与学生年龄相适应的社会实践活动,学校、家庭、社会相互配合。这三种方式方法是学校教师的经验总结,被用法律的形式固定下来了,我们需要研究的是如何具体操作。

德育的目标是"促进学生养成良好的思想品德和行为习惯",为此要用《中小学生守则》、《中学生日常行为规范》、《小学生日常行为规范》要求学生。

(三)保证课外活动时间

《义务教育法》第三十七条规定:"学校应当保证学生的课外活动时间,组织开展文化娱乐等课外活动。社会公共文化体育设施应当为学校开展课外活动提供便利。"

义务教育学校开展课外活动,是教育教学活动的内容之一。开展形式多样的课外活动,能够活跃学生身心,培养他们的集体意识和合作能力;能够深化和运用学生所学的知识,提高他们的创造意识和实践能力;能够促使他们了解社会,提高他们的政治意识和辨别是非能力;能够增强学生的艺术体验,提高他们审美的能力。

## 第六节 经费保障

完善的经费保障制度,是确保义务教育顺利贯彻实施的必要条件。修订后的《义务教育法》在第六章对义务教育经费保障问题作了专项规定,进一步明确了义务教育的经费来源,并对义务教育经费的使用和管理等进行了规范。

### 一、经费保障的总体要求

《义务教育法》在对义务教育经费保障的总体要求进行规定时,明确了义务教育经费的保障主体、保障要求、财政投入增长要求。

（一）经费保障的主体

《义务教育法》第四十二条第一款规定:"国家将义务教育全面纳入财政保障范围,义务教育经费由国务院和地方各级人民政府依照本法规定予以保障。"

因此,义务教育经费保障是各级人民政府的共同责任,国务院和地方人民政府都是义务教育经费的保障主体。

（二）经费保障的要求

《义务教育法》第四十二条第二款规定:"国务院和地方各级人民政府将义务教育经费纳入财政预算,按照教职工编制标准、工资标准和学校建设标准、学生人均公用经费标准等,及时足额拨付义务教育经费,确保学校的正常运转和校舍安全,确保教职工工资按照规定发放。"

这一款具体规定了义务教育经费有三个方面的保障要求:一是国务院和地方各级人民政府应当将义务教育经费纳入财政预算;二是国务院和地方各级人民政府应当按照教职工编制标准、工资标准和学校建设标准、学生人均公用经费标准等,及时足额拨付义务教育经费;三是国务院和地方各级人民政府应当确保学校的正常运转和校舍安全,确保教职工工资按照规定发放。

### (三) 经费投入的增长

《义务教育法》第四十二条第三款规定:"国务院和地方各级人民政府用于实施义务教育财政拨款的增长比例应当高于财政经常性收入的增长比例,保证按照在校学生人数平均的义务教育费用逐步增长,保证教职工工资和学生人均公用经费逐步增长。"

这一条款明确了义务教育经费投入有"三个增长":第一个增长是各级人民政府用于实施义务教育财政拨款的增长比例应当高于财政经常性收入的增长比例。第二个增长是为各级人民政府用于义务教育的财政拨款的增长应当保证按照在校学生人数平均的义务教育费用逐步增长。第三个增长是各级人民政府用于实施义务教育的财政拨款的增长应当保证义务教育阶段教职工和学生人均公用经费逐步增长。

## 二、经费保障的相关制度

《义务教育法》在明确经费保障制度时,首先强调要制定经费标准,其次是明确经费来源,第三是加强经费管理,并首次规定政府在财政预算中将义务教育经费单列。

### (一) 经费标准的规定

《义务教育法》第四十三条分别用三款对义务教育阶段学生人均公用经费标准作了规定:

第一款规定:"学校的学生人均公用经费基本标准由国务院财政部门会同教育行政部门制定,并根据经济和社会发展状况适时调整。制定、调整学生人均公用经费基本标准,应当满足教育教学基本需要。"这是关于学生人均公用经费基本标准的制定和调整的规定。

第二款规定:"省、自治区、直辖市人民政府可以根据本行政区域的实际情况,制定不低于国家标准的学校学生人均公用经费标准。"这是关于省级政府制定学生人均公用标准的规定。

第三款规定:"特殊教育学校(班)学生人均公用经费标准应高于普通学校学生人均公用经费标准。"这是关于特殊教育学校(班)的学生人均公用经费标准的规定。

（二）经费的投入体制

《义务教育法》第四十四条规定："义务教育经费投入实行国务院和地方各级人民政府根据职责共同负担，省、自治区、直辖市人民政府负责统筹落实的体制。农村义务教育所需经费，由各级人民政府根据国务院的规定分项目、按比例分担。各级人民政府对家庭经济困难的适龄儿童、少年免费提供教科书并补助寄宿生生活费。义务教育经费保障的具体办法由国务院规定。"

这一法律规定明确了义务教育经费投入体制包括以下两个方面的核心内容。

1. 各级政府共同负担义务教育经费

中央政府和地方各级人民政府应当根据各自的职责和财政收入情况，本着财权与事权统一的原则，共同承担义务教育财政投入的职责。

2. 省级政府统筹落实义务教育经费

省级政府统筹落实义务教育的经费，包括安排中央政府义务教育转移支付资金和本行政区域的义务教育财政经费的使用。

这一法律规定，明确了各级政府共同承担义务教育经费投入的原则，具体办法由国务院规定。

关于农村义务教育所需经费，《义务教育法》规定由各级人民政府根据国务院的规定分项目、按比例分担。这个规定有利于调动各级地方人民政府的积极性，提高农村和经济落后地区的义务教育水平。

关于家庭经济困难的适龄儿童、少年的学习问题，《义务教育法》规定由各级人民政府免费提供教科书并补助寄宿生生活费。这个规定有助于保障贫困儿童、少年接受义务教育的合法权益。

（三）经费在预算中单列

《教育法》第五十五条规定："各级人民政府的教育经费支出，按照事权和财权相统一的原则，在财政预算中单独列项。"这一规定把教育经费在国家和地方财政预算中的级别升高一级。《义务教育法》第四十五条第一款规定："地方各级人民政府在财政预算中将义务教育经费单列。"这一规定把义务教育经费在地方政府财政预算中的地位明确为经费单列，增强了义务教育财政拨款的透明性、直观性，既有利于教育部门统一安排义务教育预算开支，又有利于各级权力机关依法监督义务教育费用预算安排。这两项规定使得困扰义务教育的经费问题从预算中得以解决，这也是两法的新意。

105

《义务教育法》第四十五条第二款规定:"县级人民政府编制预算,除向农村地区学校和薄弱学校倾斜外,应当均衡安排义务教育经费。"这一规定强调了县级人民政府在将义务教育经费单列的同时,要向农村地区学校和薄弱学校倾斜,除此以外应当均衡安排义务教育经费。

（四）转移支付制度

《义务教育法》第四十六条规定:"国务院和省、自治区、直辖市人民政府规范财政转移支付制度,加大一般性转移支付规模和规范义务教育专项转移支付,支持和引导地方各级人民政府增加对义务教育的投入。地方各级人民政府确保将上级人民政府的义务教育转移支付资金按照规定用于义务教育。"

这一规定明确了义务教育转移支付制度,义务教育转移支付制度能确保义务教育转移支付资金按照规定用于义务教育。

（五）专项资金

《义务教育法》第四十七条规定:"国务院和县级以上地方人民政府根据实际需要,设立专项资金,扶持农村地区、民族地区实施义务教育。"

专项资金,是指由各级财政拨付,专门用于解决农村地区、民族地区义务教育实施中特定问题的资金。县级以上地方人民政府可以设立专项资金,资助民办义务教育的发展。对接受人民政府委托实施义务教育并与政府签订协议的民办学校,县级人民政府应当根据接受义务教育学生的数量和当地实施义务教育的公办学校的学生人均教育经费标准,拨付相应的教育经费。对社会组织或者个人依法举办的流动人员学校,县级以上地方人民政府应当帮助其培训教师,改善办学条件,提高教育教学质量;有条件的,可以给予经费资助。这个规定,有利于实施义务教育民办学校的发展,体现了政府举办义务教育的全面意识和义务意识。

（六）捐赠资金

《义务教育法》虽然明确规定"国家将义务教育全面纳入财政保障范围,义务教育经费由国务院和地方各级人民政府依照本法规定予以保障。"但是对于社会组织和个人向义务教育捐赠的行为,国家还是予以鼓励,同时国家还鼓励设立义务教育基金,这就是《义务教育法》第四十八条的规定:"国家鼓励社会组织和个人向义务教育捐赠,鼓励按照国家有关基金会管理的规定设立义务教育基金。"

## 三、经费使用的相关制度

《义务教育法》还对义务教育经费的使用进行规范,规定义务教育经费严格按照预算规定用于义务教育,对义务教育经费的使用要进行审计监督和统计公告。

（一）经费使用的管理

《义务教育法》第四十九条规定:"义务教育经费严格按照预算规定用于义务教育;任何组织和个人不得侵占、挪用义务教育经费,不得向学校非法收取或者摊派费用。"

在经费使用的管理方面,这一规定有针对性地强调了专款专用,并且用义务性规范和禁止性规范进行强调。

1. 专款专用

义务性规范是专款专用,"义务教育经费严格按照预算规定用于义务教育"。义务教育经费纳入国务院和地方人民政府财政预算,并在地方人民政府财政预算中单列。因此,义务教育经费必须严格按照预算规定使用。作为义务性规范,政府应依法履行职责和义务。

2. 禁止侵占、挪用

禁止性规范是三个"不得":"任何组织和个人不得侵占、挪用义务教育经费,不得向学校非法收取或者摊派费用。"为了增强禁止性规范的力度,《义务教育法》在法律责任一章中还对侵占、挪用义务教育经费的行为、向学校非法收取或者摊派费用的行为作出了处罚规定:"由上级人民政府或者上级人民政府教育行政部门、财政部门、价格行政部门和审计机关根据职责分工责令限期改正;情节严重的,对直接负责的主管人员和其他直接责任人员依法给予处分。"

（二）经费使用的监督

对于教育经费的使用需要监督,《义务教育法》第五十条规定:"县级以上人民政府建立健全义务教育经费的审计监督和统计公告制度。"

审计监督和统计公告制度是确保严格依法投入和使用义务教育经费的两项重要制度。建立健全审计监督和统计公告制度,能进一步规范义务教育经费的投入和使用,便于社会公众对义务教育经费的投入和使用情况进行监督,有利于促使有关方面严格依法投入和使用义务教育经费,从而保障义务教育的实施和发展。

## 【本章小结】

本章阐述了《义务教育法》的主要内容:义务教育是国家统一实施的所有适龄儿童、少年必须接受的教育,是国家必须予以保障的公益性事业;义务教育必须贯彻国家的教育方针,实施素质教育;义务教育要促进少年、儿童品德、智力、体质等方面全面发展,培养学生的独立思考能力、创新能力和实践能力;义务教育具有义务性、权利性、均衡性、公共性和免费性的特征;要合理配置教育资源,促进义务教育均衡发展;适龄儿童、少年免试就近入学;要缩小学校之间办学条件的差距,不得将学校分为重点学校和非重点学校,学校不得分设重点班和非重点班;学校要加强安全管理和安全教育;教师应当为人师表,尊重学生人格;国家建立统一的义务教育职务制度;政府要保障义务教育经费,义务教育经费在预算中单列;义务教育的经费投入和使用要规范。

【基础性练习】

(一) 填空题

1. 义务教育是国家统一实施的所有适龄儿童、少年必须接受的教育,是国家必须予以保障的(    )事业。

2. 义务教育必须贯彻国家的教育方针,实施(    ),提高教育质量,使适龄儿童、少年在品德、智力、体质等方面全面发展,为培养有理想、(    )、(    )、(    )的社会主义建设者和接班人奠定基础。

3. 适龄儿童、少年(    )入学。地方各级人民政府应当保障适龄儿童、少年在户籍所在地学校(    )入学。

4. 对违反学校管理制度的学生,学校应当(    ),(    )。

5. 教育教学工作应当符合教育规律和学生身心发展特点,面向全体学生,教书育人,将德育、智育、体育、美育等有机统一在教育教学活动中,注重培养学生独立思考能力、(    )和(    ),促进学生全面发展。

(二) 概念解释题

1. 义务教育

2. 义务教育方针

3. 适龄儿童、少年

4. 素质教育

5. 义务教育均衡发展

(三) 单项选择题

1. _____应当接收具有接受普通教育能力的残疾适龄儿童、少年随班就读,并为其学习、康复提供帮助。                              (    )

A. 初中 B. 普通学校 C. 小学 D. 义务教育阶段学校

2. 县级以上地方人民政府根据需要,为具有预防未成年人犯罪法规定的_____的适龄少年设置专门的学校实施义务教育。 （ ）

A. 违纪 B. 违法 C. 不良行为 D. 严重不良行为

3. 各级人民政府及其有关部门依法维护学校周边秩序,保护学生、教师、学校的合法权益,为学校提供 （ ）

A. 制度保障 B. 社会保障 C. 安全保障 D. 经费保障

4. 教师在教育教学中应当平等对待学生,关注学生的_____,因材施教,促进学生的充分发展。 （ ）

A. 年龄差异 B. 性格差

C. 个体差异 D. 年龄差异和性格差异

5. 县级人民政府教育行政部门应当均衡配置本行政区域内学校师资力量,组织校长、教师的培训和流动,加强对_____的建设。 （ ）

A. 城市学校 B. 薄弱学校 C. 农村学校 D. 农村的薄弱学校

（四）多项选择题

1. 义务教育法对义务教育阶段学校收费的规定是 （ ）

A. 不收学费 B. 不收杂费 C. 不收书本费 D. 不收任何费用

2. 学校应当建立、健全_____,对学生进行安全教育,加强管理,及时消除隐患,预防发生事故。 （ ）

A. 安全制度 B. 安全教育制度 C. 应急机制 D. 应急处理机制

3. 对违反学校管理制度的学生,学校应当予以 （ ）

A. 处分 B. 开除 C. 批评教育 D. 不得开除

4. 教师应当尊重学生的人格,不得歧视学生,不得对学生实施_____的行为,不得侵犯学生合法权益。 （ ）

A. 体罚 B. 变相体罚 C. 侮辱人格尊严 D. 限制人身自由

5. 教育教学工作应当符合教育规律和学生身心发展特点,面向全体学生,教书育人,将德育、智育、体育、美育等有机统一在教育教学活动中,注重培养学生_____,促进学生全面发展。 （ ）

A. 独立思考能力 B. 创新精神 C. 创新能力 D. 实践能力

（五）判断题

1. 适龄儿童、少年的父母或者其他法定监护人无正当理由未依照《义务教育法》规定送适龄儿童、少年入学接受义务教育的,当地乡镇人民政府可以采取罚款等强制措施,督促其履行责任。　　　　　　　　　　　　　　　（　　）

2. 适龄儿童、少年因身体状况需要延缓入学或者休学的,其父母或者其他法定监护人应当提出申请,由当地乡镇人民政府批准。　　　　　　　　（　　）

3. 县级以上人民政府及其教育行政部门可以根据需要改变公办学校性质。

（　　）

4. 义务教育经费严格按照预算规定用于义务教育;任何组织和个人不得侵占、挪用义务教育经费,不得向学校非法收取或者摊派费用。　　　　（　　）

5. 义务教育经费投入实行国务院和地方各级人民政府根据职责共同承担,县级人民政府负责统筹落实的体制。　　　　　　　　　　　　　　（　　）

（六）简答题

1.《义务教育法》的立法宗旨是什么?

2.《义务教育法》的特征有哪些?

3. 义务教育学校如何做好校内安全工作?

4.《义务教育法》对教师的职业要求有哪些具体规定?

5. 义务教育实施素质教育的具体要求有哪些?

（七）案例分析题

1. 原本在某地一所乡镇中学读初一的小刚,调皮、顽劣。初二开学不久的某一天,小刚的母亲被学校领导叫去,说是小刚太淘气,刚上学一个月就多次打架,严重影响学校秩序,不能再留在学校,劝其退学。小刚的母亲苦苦哀求,但最后小刚还是被劝退回家了。请问:

（1）学校的做法违反了《义务教育法》哪一条规定?

（2）小刚及其父母应如何维护小刚的受教育权?

（3）学校该如何对待小刚这样的学生?

2. 小芳的家住在农村,在村里的小学上五年级。一天,爸爸突然对她说:"明天你不要去上学了,到小卖部给你妈帮忙吧,你妈一个人忙不过来。"小芳听了后,伤心地哭了。她想念书,她舍不得学校的老师和同学们。但是,她又不能不听爸爸的话,只好不去学校读书了。老师了解到小芳的情况后,找到了小芳的爸爸,劝他让小芳继续上学。小芳爸爸说:"女孩子比不得男孩子,读书多了也没什么用,还不如让她在家里干点活呢。再说了小芳是我的女儿,让不让她上学得由我说了算。"

请问：

(1) 小芳爸爸的说法对吗？

(2) 小芳的爸爸的做法违反了哪些法律规定？

3. 李某，初一女学生，13岁。某民营企业至李某所在地招收女工，李某报名时，企业招工人员明知其实际年龄，但要求其在招工登记表上填报为16岁，不能填报其实际年龄，并将其录用。李某家长四处寻找，报案后，才找回李某。请问：

(1) 该企业的做法违反了哪些法律规定？

(2) 应该如何处理该企业和李某？

4. 2006年，某地审计厅厅长向该地人大常委会作了上年度预算执行和其他财政收支的审计工作报告，审计部门发现部分县存在截留、挤占和挪用教育经费的现象，金额达到1820万元。请问：

(1) 这些地方的做法违反了《义务教育法》的哪些条款规定？

(2) 对该县截留、挤占和挪用教育经费的行为该如何制裁？

(3) 以上制裁的法律依据是什么？应如何防止此类违法事件？

## 【拓展性活动】

（一）分组讨论

1. 全国人大常委会委员、全国人大法律委员会委员、全国人大常委会副秘书长李连宁在接受中国教育报记者专访时，对新《义务教育法》的新亮点、新突破进行了详细解读。其中讲到了"《义务教育法》明确了义务教育承担实施素质教育的重大使命"这一新亮点。他说："我们过去推进义务教育时，主要是解决孩子有书可读、有学可上的问题，还谈不上素质教育。新《义务教育法》站在新的历史起点上，把义务教育纳入到实施素质教育的轨道上来，把实施素质教育作为义务教育的一项新的历史使命。新《义务教育法》同时把注重培养学生的独立思考能力、实践能力和创新能力作为促进学生全面发展的重点，并且提出了一系列实施素质教育的措施。"(原载《中国教育报》2006年08月30日)

请以小组为单位进行讨论，并在班上大组发言。

(1)《义务教育法》提出了哪些实施素质教育的措施？

(2) 作为一名未来的教师，你将如何实施素质教育？

2. 2009年11月7日全国推进义务教育均衡发展现场经验交流会在河北省邯郸市闭幕。教育部部长袁贵仁出席闭幕会议并讲话。他说：各地要把义务教育作为教育改革与发展的重中之重,把均衡发展作为义务教育的重中之重。袁贵仁提出五个重点环节:一是明确职责任务,把推进义务教育均衡发展纳入经济社会发展规划。二是加强队伍建设,均衡配置校长和教师资源。三是提高教育质量,促进广大学生德、智、体、美全面发展。四是完善政策措施,保障全体学生平等接受义务教育。五是强化督导评估,教育督导机构要定期开展义务教育均衡发展状况的监测评估,及时纠正区域内义务教育资源配置不当或学校差距过大的现象。

(原载《扬子晚报》,2009 年 11 月 9 日)

请以小组为单位对下列问题进行讨论,并在班上大组发言:

(1)《义务教育法》如何体现"把均衡发展作为义务教育的重中之重"?

(2) 如何具体落实教育部部长袁贵仁提出的五个重点环节?

(二) 案例分析

当前,通过教师轮岗交流促进义务教育均衡发展,已经成为社会各界的共识。然而,由于没有现成的操作模式可以借鉴,进行教师轮岗交流的地区只能边探索边积累经验。

2010 年 5 月底,江苏率先启动义务教育优质均衡改革发展示范区建设。在全省首批 13 个示范区中,每年流动 15%以上的专任教师和 15%以上的骨干教师成为一条"硬指标"。从暑假开始,江苏各地纷纷开始教师轮岗交流的探索和实践。《半月谈》记者近日深入一线采访,零距离观察这项悄悄开始的改革。

### 撬动师资均衡的第一根杠杆

10 月 27 日上午,江苏省淮安市北京路小学的校园里书声琅琅,39 岁的沙金如老师正在给孩子们上语文课。抑扬顿挫的领读,深入浅出的讲解,孩子们学得格外认真。

作为淮安市直属小学首批轮岗交流 40 名教师中的一员,沙老师到新学校任职已经快两个月了。从今年起,全市直属学校凡年龄在 45 周岁以下,且在同一学校工作满 6 年的在职在编教师都要进行交流。

"原来的师资交流多以研讨会、教学观摩为主,时间短、层次浅,现在的轮岗交流直接改变老师的人事关系,带来的影响是深层次的。"沙金如告诉《半月谈》记者,虽然到新学校的时间还不长,但他感觉轮岗已经对自身专业成长和新学校教学起到了积极作用。"我把原来学校的教学理念和思路带到新学校,通过集体备课和教学交流,老师们互相吸取有益养分,大家都觉得有所提高。"

从秋季新学期起,无锡市北塘区的骨干教师杜鹃作为首批轮岗老师,从市区热点学校积余中学调到偏远薄弱的刘谭中学。每天骑电动车上下班,花在路上的时间要比原来多1个小时。

"虽然轮岗交流给我的生活带来了一些不便,但对于新学校,我觉得自己还是发挥了一名骨干教师的作用。"记者了解到,一个多月来,通过集体备课,刘谭中学一批年轻教师正在杜老师的带动下迅速成长。

"相信通过几年努力,教师轮岗交流将有力促进学科教学优化和教师专业发展。"无锡市北塘区教育局局长周逸君表示,今年全区共轮岗流动196名教师,流动人数是往年的近10倍。

江苏省教育厅副厅长胡金波说:"义务教育优质均衡改革发展示范区将通过先行探索,在体制机制方面取得突破,力争成为优质均衡先导区、城乡一体融合区、素质教育样板区、体制机制创新区、人民满意认可区。"

### 轮岗老师的"酸甜苦辣"

虽然轮岗到新学校还不到两个月,但无锡的缪燕芳老师已经对新环境充满了期待,"树挪死,人挪活,新的学校环境一定会让我的专业发展跃上一个新台阶"。

已经有了15年教学经历的缪老师,原来在无锡市五河新村小学教语文,今年被轮岗到积余实验学校。

"我是主动报名要求轮岗的,初衷只是想给自己换个工作环境,没想到会被交流到一所热点学校。"缪燕芳老师说,不管是热点学校还是薄弱学校,老师都面临补差或者培优的教学难题。通过定期的轮岗交流,可以吸取不同的教育经验和理念,不断提升自身专业素养。

和缪老师的感受不同,常州的杨老师经历了一场"情感与理智的搏斗"。秋季新学期伊始,杨老师从市区一所热点中学轮岗到一所偏远薄弱中学。

"我是哭着去拿轮岗通知书的。"杨老师告诉记者,当年她通过层层选拔进入一所热点学校任教,通过10多年的努力,已成长为一名教学骨干,这与原学校的培养是分不开的。"刚得知自己被轮岗到农村学校时,心里很难受,感情上一时接受不了。如今,每天和孩子们在一起,自己的想法慢慢发生了变化。"

杨老师说,自己到新学校后,领导和同事们都很关照她,在全校的教学改革中,她觉得自己"正发挥越来越重要的作用"。此外,她教的语文课受到孩子们欢迎,她带的班级也得到学校和家长的肯定。"从实际效果看,我觉得教师轮岗对促进师资均衡的积极作用是很大的。"杨老师坦言。

"到新岗位两个多月来,我的思想受到很大冲击。"淮安市的席爱勇老师从市区学校交流到了一所乡镇中心小学。由于学校师资紧缺,他每周要上16个课时,比以前每周多上4节课。"到农村学校任教很辛苦,但我觉得自己的工作更有价值。"

席老师告诉记者,新学期开学以来,他把原来学校的一些好做法移植过来,受到老师和学生们欢迎。比如,为提升教师整体教学水平,他向学校提出建议,每周每个学科老师用半天时间进行"说学评一体化"集体备课教研活动。看到学校黑板报都由老师出,他建议由学生自己出黑板报,给学生展示的舞台;看到班级选干部都由老师指定,他建议由学生自主报名,竞争上岗。"看到自己的一个个建议变成现实,很有成就感。"席爱勇说。

## 轮岗交流不能打击教师积极性

对教师轮岗也有一些争议,这是有人担心轮岗会增加老师的生活、交通成本,影响骨干老师的工作积极性,抑制校长们培养优秀教师的意愿,达不到"促进教育均衡"的目的。针对这些担心,为了让教师轮岗稳定、有效推进,江苏各地深入调研,探索出一些办法。

通过广泛座谈和深入调研,示范区出台了《关于大力推动教师轮岗交流的意见(试行)》,明确了必须交流、可以交流、暂不交流的范围,通过骨干交流、自愿交流、市场交流、对口交流等多轮工作程序,最大范围兼顾老师和学校的多样诉求。对积极参加区内轮岗交流,并在轮岗交流期间工作突出、成绩显著的教师,在业务进修、评先评优、晋升提拔等方面,同等条件下优先考虑。

由于动员宣传到位、步骤操作到位、思想工作到位,全区轮岗交流进行得很顺利。

类似的办法江苏各地还摸索出很多。如金坛市建立12个义务教育阶段学校联盟,每个联盟体内,有1所城区中小学校和2~4所农村中小学校,联盟内各学校可根据需要相互选派教师;常州市戚墅堰区采取个人自主申请与组织统一调配相结合的形式,本着保稳定、促均衡原则,计划分3年逐步提升教师流动比例,稳步推进师资均衡配置步伐;淮安市级财政今年拿出专项资金,为赴农村学校挂职支教教师每月提供补助600~1000元。

"要做好教学工作,需要老师全心全意地付出。"长期从事基层教育研究的江苏省特级教师施飞认为,只有解决好教师的后顾之忧,教师轮岗才能激发所有教师的工作积极性,真正发挥均衡教育资源的作用。

"近年来,从鼓励教师校际'结对',到试点区域内教师校际'柔性流动',再到全面推广'教师轮岗',江苏的教师交流之路越走越宽。"江苏省教育厅厅长沈健表示,江苏去年全面实行义务教育阶段教师绩效工资制度,实现同一区域教师工资基本均衡化,为教师轮岗奠定了基础。

沈健认为,教师轮岗是好事,但教育行政部门要扎实调研、科学谋划,在广泛听取老师、学校和社会各界的意见基础上推进这一改革。"保护好老师和学校的积极性,是这场改革成败的关键。"

请对江苏省的这一改革进行分析,分析案例中流动教师的心理活动。设身处地考虑一下,如果你是一名市区重点中学的骨干教师,流动到一所边远的非重点中学任教,一去三年,三年后不能流回原来的学校,你会怎么想?

（三）社会调查

1. 近年来,各地虽然在减轻学生课业负担,推进素质教育方面狠下工夫,但素质教育仍未真正落实,"素质教育轰轰烈烈,应试教育扎扎实实",成了难解的结。以小组为单位,走访一所初级中学,了解学生的学习时间、在校时间,了解课时安排、课业负担等情况。针对了解到的情况进行原因剖析,并拿出解决问题的对策。要求形成书面调查报告。

2. 近年来,部分地区"新的读书无用论"兴起,一些无望升入重点高中的初中学生流失辍学。以小组为单位,走访一所初级中学,了解流失人数的变化,分析原因,提出解决问题的想法和思路,并形成书面调查报告。

（三）组织活动

参照以下安县桑枣中学的做法,组织一次校园安全活动。

央视网 2008 年 6 月 2 日消息,2008 年 5 月 29 日安县的桑枣中学获得了教育部首批授予的"抗震救灾先进集体"称号,这个荣誉背后,有一个奇迹般的真实故事。在 2008 年 5 月 12 日的大地震中,桑枣中学 2300 多名师生无一伤亡,可以说是一个奇迹。

2008 年 5 月 12 日下行,当汶川大地震发生时,桑枣中学绝大部分学生都在教学楼里上课。当他们感觉到大地的震动时,各个教室里的学生们都立刻按照老师的要求钻进课桌下,在第一阵地震波过后,大家又在老师的指挥下立刻进行了快速而有序的紧急疏散。在地震发生后短短 1 分钟 36 秒左右的时间里,桑枣中学的 2200 学生和上百名老师,就已经全部地转移到了学校开阔的操场上。

据了解,桑枣中学每个班的疏散路线都是固定的,学校早已规划好。两个班疏散时合用一个楼梯,每班必须排成单行。每个班级疏散到操场上的位置也是固定的,每次各班级都站在自己的地方。安全演习坚持了4年。

即使在震后的桑枣中学校园内,仍能看到学校的宣传栏上一排排整齐的宣传画和说明文字,那是关于消防、地震、停电等紧急情况发生时的应对方案。在桑枣中学,"安全"两个字始终"悬"在每个师生的头上。本次大地震安全撤离的奇迹,也源于该校坚持不懈的紧急疏散演习。

## 【学生阅读的文件与书目】

[1]《中华人民共和国义务教育法》.

[2]《江苏省实施〈中华人民共和国义务教育法〉办法》.

[3] 教育部政策研究与法制建设司. 现行教育法规与政策选编[M]. 教育科学出版社,2002.

## 【本章参考书目】

[1] 中华人民共和国义务教育法:注释本[M]. 法律出版社,2007.

[2]《中共中央国务院关于深化教育改革全面推进素质教育的决定》.

[3]《教育部关于大力推进城镇教师支援农村教育工作的意见》.

[4]《关于引导和鼓励高校毕业生面向基层就业的意见》.

[5] 张乐天. 教育法规导读[M]. 华东师范大学出版社,2000.

[6] 刘旺洪. 教育法教程[M]. 南京师范大学出版社,2007.

[7] 孙葆森. 教育法学基础[M]. 吉林教育出版社,2000.

[8] 周在人. 教育法论[M]. 苏州大学出版社,1995.

[9] 郑良信. 教育法学通论[M]. 广西教育出版社,2000.

# 第四章  教师管理法律制度

## 【学习提示】

　　振兴民族的希望在教育,振兴教育的希望在教师。《中华人民共和国教师法》(以下简称《教师法》)是我国教育史上第一部关于教师的法律。《教师法》的颁布实施对建设一支师德高尚、业务精湛、结构合理、充满活力的高素质专业化教师队伍,促进社会主义教育事业的发展,产生了积极、深远的影响。《教师法》共有九章,除了总则、罚则(即法律责任)、附则外,第二章明确了教师的权利和义务,第三章至第七章对教师管理制度作了规定,包括教师的资格和任用、教师的培养和培训、教师的考核、教师的待遇、教师的奖励。本章将依据《教师法》法律条文循序分为四节阐述该法。第一节概述,阐述《教师法》的总则,第二节阐述教师的权利和义务,第三节阐述教师的资格和任用,第四节阐述教师的培养和培训、考核、待遇、奖励。本章在阐述教师的资格制度时将同时介绍国务院发布实施的《中华人民共和国教师资格条例》(以下简称《教师资格条例》)。通过本章的学习,同学们可以理解教师职业的特殊性,明确教师的权利和义务,了解教师管理的一系列制度,从而在法律层面对未来的教师工作有一个新的认识,为进入教师行列作好思想和业务上的准备。

## 【案例导航】

　　2001 年 4 月初,浙江省中高级人才交流会在杭州举行,只有高中文化的下岗工人夏忠俊在会场发现浙江省一家高等专科学校正在招聘人才,一打听,这所学校是刚从职业技术学校过渡而来,现在正是筹备阶段,急需中高级人才。为了应聘,夏忠俊找人制作了某名牌大学的硕士研究生文凭和高级工程师的职称证书,并编造了一份担任甘肃兰州佛慈集团公司药业质量部部长、高级工程师的工作简历。

　　第二天,夏忠俊便手持沈阳药科大学"研究生毕业文凭"和"硕士学位证书"的复印件,来到了这家高校的招聘点。该校负责招聘的工作人员见夏忠俊戴着一副宽边眼镜,看上去文质彬彬的,对他产生了浓厚的兴趣。但按照规定,夏忠俊还必须要提供其他相关手续,才能被招聘录用。夏忠俊当即辩称说,自己只是前来试试,并未做认真准备,如果你们对我感兴趣,并且录用我,我可以随后补办相关手续。

4月12日,这所高校的领导出于爱才心切的缘故,作出了录用夏忠俊的决定,并随之为他提供了一份优厚的工资待遇,即年薪4万元和一套两室一厅的住房……就这样,夏忠俊顷刻之间便由一名打工仔变为了一名高级知识分子,一夜之间,就堂而皇之地在高校里做起了教学研究的教师工作。

此后这所高校在审查夏忠俊提交的证件时发现,夏忠俊获取的"学位证书"上盖的是沈阳医科大学的钢印,而"研究生毕业证书"上所盖的钢印则为沈阳药科大学。针对此疑点,校方立即与沈阳药科大学进行了联系,结果经过核查,沈阳药科大学根本没有夏忠俊这个学生。而学校再与甘肃省人事厅核查,对方也称,从未给夏忠俊发过什么文凭。至此,学校才发现,夏忠俊是一个彻头彻尾的骗子,一个十足的冒牌研究生!

2002年6月12日,这所高校作出决定:开除冒牌教师夏忠俊的公职。不久,夏忠俊就被宁波市公安局以涉嫌伪造买卖国家机关公文、证件、印章罪刑事拘留。

(原载《法制与社会》,2002年第11期)

思考:

(1) 夏忠俊伪造学历证书、资格证书违反《教师法》、《教师资格条例》中的哪些规定?

(2) 取得教师资格证必须具备哪些条件?

(3) 学校招聘教师应该注意哪些问题?

## 第一节 概 述

《教师法》是1993年10月31日由第八届全国人民代表大会常务委员会第四次会议通过,自1994年1月1日起施行。本节阐述的是《教师法》总则中的主要内容。《教师法》在总则中明确了立法宗旨,首次对教师的职业进行定性,强调了教师的历史使命,要求全社会都应当尊重教师。

### 一、立法宗旨

《教师法》以教师为立法对象。《教师法》开宗明义,对立法宗旨作了明确规定:"为了保障教师的合法权益,建设具有良好思想品德修养和业务素质的教师队伍,促进社会主义教育事业的发展,制定本法。"

### (一) 立法依据

一般法律都有上位法,其立法依据为上位法,如《义务教育法》,其上位法是《教育法》,《教育法》的上位法是宪法,由于义务教育写进了宪法,因此,《义务教育法》的立法依据是宪法和《教育法》。《教师法》的上位法是《教育法》,由于《教育法》是1995年3月18日颁布的,晚于《教师法》,因此,《教师法》没有写明立法依据。目前《教师法》已经列入修订计划,修订后的《教师法》将明确立法依据。

### (二) 立法宗旨

《教师法》作为《教育法》的子法,在《教育法》之前颁布实施,是因为保障教师的合法权益、加强教师队伍的建设对于促进教育事业发展有至关重要的作用,已经到了必须依靠法律方能更好解决的地步。这也是《教师法》立法的宗旨。

1. 保障教师的合法权益

《教师法》在法律上明确规定了教师的权利和义务,政府、学校、各个行业及公民的职责,以及侵害教师合法权益的法律责任。这对运用法律手段有效保护教师的合法权益具有重要的现实针对性。

2. 建设高素质的教师队伍

我国目前已建成了一支一千多万人的教师队伍,这支队伍为我国社会主义教育事业的发展作出了积极的贡献。但多年来对如何建设一支结构合理、人员稳定、素质过硬的教师队伍,一直缺乏明确的法律依据。《教师法》以法律条文的形式第一次明确规定了我国的教师是履行教育教学职责的专业人员,承担着培养社会主义事业建设者和接班人、提高民族素质的使命。这有助于我国教师队伍建设走上法制化、规范化轨道,是依法治教的新起点。

3. 促进教育事业健康发展

我国教育面临着两个重要问题,一是要全面适应现代化建设对各类人才培养的需要;二是要全面提高办学质量和效益。要解决这两个问题,关键在教师。制定《教师法》对于稳定教师队伍,提高教师队伍的整体素质,深化教育、教学改革,落实教育优先发展的战略地位,实现教育的"三个面向",建立具有中国特色的社会主义教育体系具有导向作用。

## 二、教师地位

教师的地位是由教师的职业性质和职业使命决定的,而教师的职业性质和职业使命决定了国家必须提高教师的地位,要求全社会都应当尊重教师。

（一）教师的职业性质和使命

《教师法》第三条规定:"教师是履行教育教学职责的专业人员,承担教书育人、培养社会主义事业建设者和接班人、提高民族素质的使命。教师应当忠诚于人民的教育事业。"

1. 教师的职业性质

教师的职业性质即指教师身份,它是教师在社会上或法律上所处的地位和所具备的资格。根据资料综合分析,世界各国教师的身份主要有公务员、雇员、公务雇员三类。而我国教师则不属于其中的任何一类。《教师法》将我国教师定性为履行教育教学职责的专业人员,因此,从事教师职业的人需要有专业方面的要求,要有专业资格。

2. 教师的职业使命

教师这一职业不同于一般的生产产品的职业,教师的劳动产品是培养出来的合格的人。正是由于教师职业的这种特殊性,才产生了她的神圣感,教师这一职业才被誉为"太阳底下最光辉的职业"。因此,《教师法》明确教师的职业使命:承担教书育人、培养社会主义事业建设者和接班人、提高民族素质的使命。

鉴于教师的职业性质和职业使命,《教师法》要求:教师应当忠诚于人民的教育事业。

（二）全社会都应当尊重教师

《教师法》第四条规定:"各级人民政府应当采取措施,加强教师的思想政治教育和业务培训,改善教师的工作条件和生活条件,保障教师的合法权益,提高教师的社会地位。全社会都应当尊重教师。"

1. 国家应当提高教师的地位

在提高教师地位方面,《教师法》有针对性地用列举的立法方式规定了国家必须采取的措施:

一是加强教师的思想政治教育和业务培训,《教师法》在教师培训方面作了具体规定。

二是改善教师的工作条件和生活条件,《教师法》在教师的工资待遇方面也作了具体规定。

三是保障教师的合法权益,《教师法》不仅在行为准则方面作了具体规定,在法律责任方面也作了制裁性的规定。

2. 全社会都应当尊重教师

《教师法》要求在全社会形成一种尊师重教的风尚,这也进一步表明了教师在教育事业发展中的关键作用,进而也表明了教师在社会主义现代化建设事业中的突出地位。

对于侮辱、殴打教师的情形,《教师法》在"法律责任"一章中首先作了处罚性的规定,即第三十五条:"侮辱、殴打教师的,根据不同情况,分别给予行政处分或者行政处罚;造成损害的,责令赔偿损失;情节严重,构成犯罪的,依法追究刑事责任。"

3. 教师节的确定

1985 年 1 月 21 日,第六届全国人大常委会第九次会议作出决议,将每年的 9 月 10 日定为我国的教师节。当年第一个教师节,国家主席李先念给全国教师写信祝贺教师节。同日,中共中央宣传部、国家教委、北京市人民政府、共青团中央、全国教育工会等单位在人民大会堂隆重集会,庆祝新中国第一个教师节。万里在会上发表讲话,代表中共中央和国务院向全国教师和教育工作者热烈祝贺节日。《教师法》立法时将教师节以法律的形式固定下来,即在第六条规定:"每年九月十日为教师节。"

## 三、教师管理体制

《教师法》第五条明确了教师的管理体制。

（一）教育部主管全国的教师工作

《教师法》第五条第一款明确了教育部的职能。教育部作为"国务院教育行政部门主管全国的教师工作"。

（二）国务院有关部门负责有关的教师工作

《教师法》第五条第二款明确了国务院有关部门的职能:"国务院有关部门在各自职权范围内负责有关的教师工作。"在国务院的各个部门中,与教育有关的部门很多,2006 年 6 月 30 日,教育部、公安部、司法部、建设部、交通部、文化部、卫生部、工商总局、质检总局、新闻出版总署等 10 部门共同制定了《中小学幼儿园安全管理办法》,就是一个很好的实例。

（三）学校自主进行教师管理工作

《教师法》第五条第三款明确了学校的职能:"学校和其他教育机构根据国家规

定,自主进行教师管理工作。"《教师法》在第三章中规定了学校对教师有聘任权,在第五章中规定了学校对教师的教育教学工作要进行考核。

## 第二节 教师的权利和义务

《教师法》赋予教师在教育教学中特定的权利和义务,是基于教师特殊职业的专业性而规定的。教育行政部门和学校要为教师行使权利、履行义务提供条件。

## 一、权利和义务

### (一)教师的权利

教师的权利是指教师依照《教育法》、《教师法》及其他法律、法规,在组织教育活动中可以行使的权利。教师作为教育者,行使《教师法》赋予的特定权利,是教师的职业决定的,《教师法》规定教师可以行使以下权利。

1. 进行教育教学活动,开展教育教学改革和实验

这是教师的教育教学权。教育教学权是教师履行教书育人职责最基本、最重要的权利,是教师其他权利的基础。这一权利具体又分三个方面:教育教学活动权,教育教学改革权和教学实验权。

2. 从事科学研究、学术交流,参加专业学术团体,在学术活动中充分发表意见

这是教师的科研权。科学研究权是教师作为专业技术人员所享有的基本权利之一,教师行使这项权利,有利于教师教学水平的提高和人才的培养。这一权利具体又分三个方面:从事科学研究、学术交流权,参加专业学术团体权,在学术活动中充分发表意见权

3. 指导学生的学习和发展,评定学生的品行和学业成绩

这是教师的管理学生权。管理学生权是与教师在教育教学过程中主导地位相适应的一项特定的教师基本权利,是学校工作中业务性很强的一项专门工作。这一权利具体又分三个方面:指导学生的学习和发展权,评定学生品行权,评定学生学业成绩权。

4. 按时获取工资报酬,享受国家规定的福利待遇以及寒暑假期的带薪休假

这是教师获取报酬权,也是教师的基本物质保障权利。获取报酬权是教师享受宪法规定的劳动权和休息权的具体表现。教师付出辛勤劳动,应当获取报酬。这一权利具体又分三个方面:按时获取工资报酬权;享受国家规定的福利待遇权;

寒暑假期带薪休假权。

5. 对学校教育教学、管理工作和教育行政部门的工作提出意见和建议,通过教职工代表大会或者其他形式,参与学校的民主管理

这是教师的民主管理权。民主管理权是教师作为国家的主人行使民主管理国家的具体表现。《宪法》规定:"公民对任何国家机关和国家工作人员,有提出批评和建议的权利"。这一权利又分两个方面:提出意见和建议权;参与学校民主管理权。

如果因为教师提意见而受到打击报复的,《教师法》在法律责任中作了处罚性的规定,即第三十六条:"对依法提出申诉、控告、检举的教师进行打击报复的,由其所在单位或者上级机关责令改正;情节严重的,可以根据具体情况给予行政处分。国家工作人员对教师打击报复构成犯罪的,依照刑法第一百四十六条的规定追究刑事责任。"

6. 参加进修或者其他方式的培训

这是教师的进修培训权。教师的进修培训权是教师享有的继续教育和终身教育的基本权利,是教师不断提高政治思想和业务水平的重要措施。教师的这一权利,同时也是政府和学校的义务,政府和学校应当采取各项措施落实教师这一权利。这一权利具体又分两个方面:参加进修的权利,参加其他方式培训的权利。

《教师法》规定的上述权利,是教师在教育教学活动中基于特定职责所享有的基本权利,目的是保证教师能更好地从事教育教学工作,因而《教师法》所规定的教师权利不能随意放弃,有的权利同时也是教师的义务和职责,如教育教学权、进修培训权既是教师的权利,也是教师必须履行的义务,这是由于教师这一特殊职业决定的。

教师的上述权利如果受到侵害,教师可以申诉,这是教师的申诉权,也是《教师法》确定的教师申诉制度。关于教师申诉制度,《教师法》第三十九条规定:"教师对学校或者其他教育机构侵犯其合法权益的,或者对学校或者其他教育机构作出的处理不服的,可以向教育行政部门提出申诉,教育行政部门应当在接到申诉的三十日内,作出处理。教师认为当地人民政府有关行政部门侵犯其根据本法规定享有的权利的,可以向同级人民政府或者上一级人民政府有关部门提出申诉,同级人民政府或者上一级人民政府有关部门应当作出处理。"

如果教师因为申诉等原因受到打击报复的,《教师法》第三十六条明确了制裁规定:"对依法提出申诉、控告、检举的教师进行打击报复的,由其所在单位或者上

级机关责令改正;情节严重的,可以根据具体情况给予行政处分。国家工作人员对教师打击报复构成犯罪的,依照刑法第一百四十六条的规定追究刑事责任。"

（二）教师的义务

教师的义务是指教师依照《教育法》、《教师法》及其他法律、法规,在组织教育活动中必须履行的义务。履行《教育法》、《教师法》规定的特定义务,是教师的工作性质决定的,在实践中表现为教师必须做出一定的行为或者不得做出的行为。《教师法》规定教师必须履行以下六个方面的义务。

1. 遵守宪法、法律和职业道德,为人师表的义务

遵守宪法和法律是国家、社会组织和公民活动的基本行为准则,教师作为公民,应当自觉地遵守宪法和法律,作为人类灵魂的工程师,更应该模范地遵守宪法和法律,为人师表。

教师在教育实践中应严格践行师德规范,2008 年 9 月 1 日教育部和中国教科文卫体工会全国委员会重新修订和印发了《中小学教师职业道德规范》,其主要内容为:

（1）爱国守法。热爱祖国,热爱人民,拥护中国共产党领导,拥护社会主义。全面贯彻国家教育方针,自觉遵守教育法律法规,依法履行教师职责权利。不得有违背党和国家方针政策的言行。

（2）爱岗敬业。忠诚于人民教育事业,志存高远,勤恳敬业,甘为人梯,乐于奉献。对工作高度负责,认真备课上课,认真批改作业,认真辅导学生。不得敷衍塞责。

（3）关爱学生。关心爱护全体学生,尊重学生人格,平等公正对待学生。对学生严慈相济,做学生良师益友。保护学生安全,关心学生健康,维护学生权益。不讽刺、挖苦、歧视学生,不体罚或变相体罚学生。

（4）教书育人。遵循教育规律,实施素质教育。循循善诱,诲人不倦,因材施教。培养学生良好品行,激发学生创新精神,促进学生全面发展。不以分数作为评价学生的唯一标准。

（5）为人师表。坚守高尚情操,知荣明耻,严于律己,以身作则。衣着得体,语言规范,举止文明。关心集体,团结协作,尊重同事,尊重家长。作风正派、廉洁奉公。自觉抵制有偿家教,不利用职务之便谋取私利。

（6）终身学习。崇尚科学精神,树立终身学习理念,拓宽知识视野,更新知识结构。潜心钻研业务,勇于探索创新,不断提高专业素养和教育教学水平。

2. 贯彻国家的教育方针,遵守规章制度,执行学校的教学计划,履行教师聘约,完成教育教学工作任务

这是教师完成教育教学任务的义务。教师必须依法履行自己的工作职责,教师的这一义务包括三个内容:贯彻国家教育方针的义务;遵守规章制度,执行学校的教学计划,履行教师聘约的义务;完成教育教学工作任务的义务。

如果教师不完成教育教学任务的,要受到行政处罚。《教师法》第三十七条规定:教师故意不完成教育教学任务给教育教学工作造成损失的,由所在学校、其他教育机构或者教育行政部门给予行政处分或者解聘。

3. 对学生进行宪法所确定的基本原则的教育和爱国主义、民族团结的教育、法制教育以及思想品德、文化、科学技术教育,组织、带领学生开展有益的社会活动

这是教师从事教育教学工作的义务,教师应当从德、智、体、美以及社会活动等各方面全面担负起培养人的任务。这一义务包括三个内容:对学生进行政治思想品德教育的义务;对学生进行文化、科学技术教育的义务;组织、带领学生开展有益的社会活动的义务。

4. 关心、爱护全体学生,尊重学生人格,促进学生在品德、智力、体质等方面全面发展

这是教师热爱学生、尊重学生人格的义务。热爱学生是教师的天职和美德,教师要平等地对待每一个学生,关心、爱护全体学生,促进学生全面发展。这一义务包括三个内容:关心、爱护全体学生的义务;尊重学生人格的义务;促进学生在品德、智力、体质等方面全面发展的义务。

如果教师体罚学生,经教育不改,或者品行不良、侮辱学生,影响恶劣的,《教师法》第三十七条作出了处罚规定。一般情节的由所在学校、其他教育机构或者教育行政部门给予行政处分或者解聘;情节严重、构成犯罪的,依法追究刑事责任。

5. 制止有害于学生的行为或者其他侵犯学生合法权益的行为,批评和抵制有害于学生健康成长的现象

这是教师保护学生合法权益和身心健康的义务。学生是教师的工作对象,也是教师的服务对象,作为教师,在教育教学中有义务保障他们的合法权益。这一义务包括三个方面的内容:制止有害于学生健康成长的行为的义务;制止侵犯学生合法权益的行为的义务;批评和抵制有害于学生健康成长的现象的义务。

6. 不断提高思想政治觉悟和教育教学业务水平

这是教师不断提高政治觉悟和业务水平的义务。时代在发展,社会在进步,教

师要跟上时代和社会的发展就要不断提高思想政治觉悟和教育教学业务水平。这一义务主要有两方面的内容：不断提高思想政治觉悟的义务；不断提高教育教学业务水平的义务。

教师不履行相应的义务，违反《教师法》的行为主要表现为：故意不完成教育教学任务，给教育教学工作造成损失的；体罚学生，并且经教育不改的；品行不良，侮辱学生，影响恶劣的。《教师法》在法律责任一章中对上述行为作出了处罚规定：有三种情形之一的，"由所在学校、其他教育机构或者教育行政部门给予行政处分或者解聘"；有后两种情形之一的，且情节严重，构成犯罪的，依法追究刑事责任。

## 二、权利和义务的保障

教师行使权利、履行义务都是为了更好地完成教育教学任务，政府和学校需要对教师完成教育教学任务提供服务，从而保障教师更好地行使权利，履行义务。为此，《教师法》第九条规定："为保障教师完成教育教学任务，各级人民政府、教育行政部门、有关部门、学校和其他教育机构应当履行下列职责：

（一）提供符合国家安全标准的教育教学设施和设备；

（二）提供必需的图书、资料及其他教育教学用品；

（三）对教师在教育教学、科学研究中的创造性工作给以鼓励和帮助；

（四）支持教师制止有害于学生的行为或者其他侵犯学生合法权益的行为。"

## ──○ 第三节　教师资格和任用 ○──

由于教师是履行教育教学职责的专业人员，《教育法》第三十四条规定："国家实行教师资格、职务、聘任制度"。目前对教师资格制度已经有法律层面上的规定，对教师职务制度和教师聘任制度的规定还处在政策层面上。国务院《国家中长期教育改革发展规划纲要（2010—2020）》（简称《教育规划纲要》）已经将教师的资格和任用纳入改革发展规划中。

## 一、教师资格制度

教师资格制度是关于教师资格鉴定和教师证书发放的制度，它通过资格鉴定对合格者发放证书，授权有教师资格证的人在教育系统内有从事教育教学专业活动的权利。《教育法》、《教师法》都对教师资格制度作了明确规定，为了落实《教育法》、《教师法》的相关规定,国务院于 1995 年 12 月 12 日发布了《教师资格条例》,教育部于 2000 年 9 月 23 日发布了《〈教师资格条例〉实施办法》(简称《实施办法》),下面分别介绍上述法律、法规和规章的主要内容。

(一)教师资格分类

《教师资格条例》第二章专门对教师资格的分类与适用作了规定。

1. 教师资格的分类

《教师资格条例》第四条将教师资格分为七类:即(一)幼儿园教师资格;(二)小学教师资格;(三)初级中学教师和初级职业学校文化课、专业课教师资格(以下统称初级中学教师资格);(四)高级中学教师资格;(五)中等专业学校、技工学校、职业高级中学文化课、专业课教师资格(以下统称中等职业学校教师资格);(六)中等专业学校、技工学校、职业高级中学实习指导教师资格(以下统称中等职业学校实习指导教师资格);(七)高等学校教师资格。

对于成人教育的教师资格,《教师资格条例》规定:"按照成人教育的层次,依照上款规定确定类别。"

2. 教师资格的适用

《教师资格条例》第五条规定:"取得教师资格的公民,可以在本级及其以下等级的各类学校和其他教育机构担任教师;但是,取得中等职业学校实习指导教师资格的公民只能在中等专业学校、技工学校、职业高级中学或者初级职业学校担任实习指导教师。高级中学教师资格与中等职业学校教师资格相互通用。"

(二)教师资格条件

教师资格条件是指取得教师资格应当具备的必要条件。《教师法》第 10 条规定:"中国公民凡遵守宪法和法律,热爱教育事业,具有良好的思想品德,具备本法规定的学历或者经国家教师资格考试合格,有教育教学能力,经认定合格的,可以取得教师资格。"《教师资格条例》专门用一章的篇幅对教师资格作了规定。据此,教师资格取得要具备以下条件。

1. 国籍条件

依据《教师法》的规定,取得教师资格的必须是中国公民,这是成为我国教师的首要条件。凡中国公民符合法律规定的条件,都可以取得教师资格,国家鼓励从事其他职业的人员以考试的方式取得教师资格。

2. 政治思想道德条件

良好的政治思想水平和道德素质是取得教师资格的重要条件。《实施办法》对政治思想道德条件明确规定:"应当遵守宪法和法律,热爱教育事业,履行《教师法》规定的义务,遵守教师职业道德。"教师作为人类文明的传播者,以自己的思想和行为将社会主义先进文化传播给学生、反馈于社会。因此,教师应当忠诚教育事业,具有良好的思想道德品质,具备正确的世界观、人生观和价值观,能够以正确的思想和言行教育影响学生,关心、爱护学生,尊重学生人格,为人师表,教书育人,把学生培养成有理想、有道德、有文化、有纪律的社会主义新人。

3. 教育教学能力条件

《实施办法》对教育教学能力条件有三方面的规定:

(1) 教育教学的基本素质和能力:"具备承担教育教学工作所必需的基本素质和能力。具体测试办法和标准由省级教育行政部门制定。"

(2) 普通话水平:"应当达到国家语言文字工作委员会颁布的《普通话水平测试等级标准》二级乙等以上标准。少数方言复杂地区的普通话水平应当达到三级甲等以上标准;使用汉语和当地民族语言教学的少数民族自治地区的普通话水平,由省级人民政府教育行政部门规定标准。"

(3) 从事教育教学工作的身体条件:"具有良好的身体素质和心理素质,无传染性疾病,无精神病史,适应教育教学工作的需要,在教师资格认定机构指定的县级以上医院体检合格。"

4. 学历条件

《教师法》对教师资格的学历条件有明确的规定,即第十一条的规定:"取得教师资格应当具备的相应学历是:(一) 取得幼儿园教师资格,应当具备幼儿师范学校毕业及其以上学历;(二) 取得小学教师资格,应当具备中等师范学校毕业及其以上学历;(三) 取得初级中学教师、初级职业学校文化、专业课教师资格,应当具备高等师范专科学校或者其他大学专科毕业及其以上学历;(四) 取得高级中学教师资格和中等专业学校、技工学校、职业高中文化课、专业课教师资格,应当具备高等师范院校本科或者其他大学本科毕业及其以上学历;取得中等专业学校、技工学校和职业高中学生实习指导教师资格应当具备的学历,由国务院教育行政部门规定;(五) 取得高等学校教师资格,应当具备研究生或者大学本科毕业学历;(六) 取得成人教育教师资格,应当按照成人教育的层次、类别,分别具备高等、中等学校毕业及其以上学历。"

《教育规划纲要》规定:"国家制定教师资格标准,提高教师任职学历标准和品行要求。"届时会有新的教师资格标准出台。

（三）教师资格考试

《教师法》规定："不具备本法规定的教师资格学历的公民，申请获取教师资格，必须通过国家教师资格考试。国家教师资格考试制度由国务院规定。"《教师资格条例》用一章的篇幅对教师资格考试作了具体规定。

1. 考试内容

《教师资格条例》第九条明确："教师资格考试科目、标准和考试大纲由国务院教育行政部门审定。"

2. 考务工作

《教师资格条例》第九条对考务工作作了分工："教师资格考试试卷的编制、考务工作和考试成绩证明的发放，属于幼儿园、小学、初级中学、高级中学、中等职业学校教师资格考试和中等职业学校实习指导教师资格考试的，由县级以上人民政府教育行政部门组织实施；属于高等学校教师资格考试的，由国务院教育行政部门或者省、自治区、直辖市人民政府教育行政部门委托的高等学校组织实施。"

3. 考试时间

《教师资格条例》第十条规定："幼儿园、小学、初级中学、高级中学、中等职业学校的教师资格考试和中等职业学校实习指导教师资格考试，每年进行一次。参加前款所列教师资格考试，考试科目全部及格的，发给教师资格考试合格证明；当年考试不及格的科目，可以在下一年度补考；经补考仍有一门或者一门以上科目不及格的，应当重新参加全部考试科目的考试。"

第十一条规定："高等学校教师资格考试根据需要举行。申请参加高等学校教师资格考试的，应当学有专长，并有两名相关专业的教授或者副教授推荐。"

《教育规划纲要》规定："建立教师资格证书定期登记制度。省级教育行政部门统一组织中小学教师资格考试和资格认定，县级教育行政部门按规定履行中小学教师的招聘录用、职务（职称）评聘、培养培训和考核等管理职能。"届时将不再由市、区（县）组织中小学教师资格考试和资格认定。

（四）教师资格认定

具备《教师法》规定的学历或者经教师资格考试合格的公民，可以依照《教师资格条例》的规定申请认定其教师资格。教师资格的认定，包括由谁认定、如何认定以及由谁来颁发证书，具体包括以下内容。

1. 认定机构

《教师资格条例》第十三条对认定机构作了层次性的规定：

"幼儿园、小学和初级中学教师资格,由申请人户籍所在地或者申请人任教学校所在地的县级人民政府教育行政部门认定。"

"高级中学教师资格,由申请人户籍所在地或者申请人任教学校所在地的县级人民政府教育行政部门审查后,报上一级教育行政部门认定。中等职业学校教师资格和中等职业学校实习指导教师资格,由申请人户籍所在地或者申请人任教学校所在地的县级人民政府教育行政部门审查后,报上一级教育行政部门认定或者组织有关部门认定。"

"受国务院教育行政部门或者省、自治区、直辖市人民政府教育行政部门委托的高等学校,负责认定在本校任职的人员和拟聘人员的高等学校教师资格。"

"在未受国务院教育行政部门或者省、自治区、直辖市人民政府教育行政部门委托的高等学校任职的人员和拟聘人员的高等学校教师资格,按照学校行政隶属关系,由国务院教育行政部门认定或者由学校所在地的省、自治区、直辖市人民政府教育行政部门认定。"

2. 认定程序

(1) 申请。《教师资格条例》第十五条规定:"申请认定教师资格,应当提交教师资格认定申请表和下列证明或者材料:(一) 身份证明;(二) 学历证书或者教师资格考试合格证明;(三) 教育行政部门或者受委托的高等学校指定的医院出具的体格检查证明;(四) 户籍所在地的街道办事处、乡人民政府或者工作单位、所毕业的学校对其思想品德、有无犯罪记录等方面情况的鉴定及证明材料。申请人提交的证明或者材料不全的,教育行政部门或者受委托的高等学校应当及时通知申请人于受理期限终止前补齐。教师资格认定申请表由国务院教育行政部门统一格式。"

(2) 受理。《教师资格条例》第十六条规定:"教育行政部门或者受委托的高等学校在接到公民的教师资格认定申请后,应当对申请人的条件进行审查;对符合认定条件的,应当在受理期限终止之日起 30 日内颁发相应的教师资格证书;对不符合认定条件的,应当在受理期限终止之日起 30 日内将认定结论通知本人。非师范院校毕业或者教师资格考试合格的公民申请认定幼儿园、小学或者其他教师资格的,应当进行面试和试讲,考察其教育教学能力;根据实际情况和需要,教育行政部门或者受委托的高等学校可以要求申请人补修教育学、心理学等课程。"

《教师资格条例》第十七条规定:"已取得教师资格的公民拟取得更高等级学校或者其他教育机构教师资格的,应当通过相应的教师资格考试或者取得教师法规定的相应学历,并依照本章规定,经认定合格后,由教育行政部门或者受委托的高等学校颁发相应的教师资格证书。"

3. 颁发证书

根据《教师法》和《教师资格条例》规定,经教师资格认定合格后,由教育行政部门或者受委托的高等师范学校颁发国务院教育行政部门统一制作的相应教师资格证书。教师资格证书全国通用,终生有效。

（五）教师资格的丧失与撤销

取得教师资格,并不意味着就可以永远具有教师资格,教师资格存在着丧失和被撤销的可能,为此法律有明确的规定。

1. 教师资格的丧失

《教师法》第十四条明确规定:"受到剥夺政治权利或者故意犯罪受到有期徒刑以上刑事处罚的,不能取得教师资格;已经取得教师资格的,丧失教师资格。"如果教师因为过失犯罪并受到有期徒刑以上刑事处罚的则不在丧失范围,因为过失犯罪是由于疏忽大意和过于自信引起的犯罪,主观上没有恶意。

《教师资格条例》第十八条规定:"依照教师法第十四条的规定丧失教师资格的,不能重新取得教师资格,其教师资格证书由县级以上人民政府教育行政部门收缴。"

2. 教师资格的撤销

《教师资格条例》在第十九条中规定:对"弄虚作假、骗取教师资格"和"品行不良、侮辱学生、影响恶劣"的教师,"由县级以上人民政府教育行政部门撤销其教师资格"。

3. 教师资格的限制

《教师资格条例》第十九条还规定:"被撤销教师资格的,自撤销之日起5年内不得重新申请认定教师资格,其教师资格证书由县级以上人民政府教育行政部门收缴。"

《教师资格条例》第二十条规定:"参加教师资格考试有作弊行为的,其考试成绩作废,3年内不得再次参加教师资格考试。"

# 二、教师职务制度

教师职务制度是指国家对教师岗位设置及各级岗位任职条件和取得该岗位职务的程序等方面的规定的总称。

现行的中小学教师职务制度,依据的是中央职称改革工作领导小组 1986 年 5 月 19 日转发的原国家教委制定的《小学教师职务试行条例》和《中学教师职务试行条例》。由于小学没有高级职务,小学教师成为高级教师后,其职务仍为中级职务,严重制约了小学教师工作积极性的发挥。针对这一情况,《义务教育法》第三十条规定:"国家建立统一的义务教育教师职务制度。教师职务分为初级职务、中级职务和高级职务。"《教育规划纲要》明确:"建立统一的中小学教师职务(职称)系列,在中小学设置正高级教师职务(职称)。探索在职业学校设置正高级教师职务(职称)。"下面对教师职务制度作一总体描述。

(一)教师职务系列

目前我国教师职务系列包括高等学校教师职务、中等专业技术学校教师职务、中学教师职务、小学教师职务(幼儿园教师靠用小学教师职务)和技工学校教师职务五个系列。

高等学校教师职务设教授、副教授、讲师、助教。教授、副教授为高级职务,教授是正高级职务,副教授是副高级职务,讲师为中级职务,助教为初级职务。

中等专业学校教师职务设高级讲师、讲师、助教、教员。其中高级讲师为高级职务,讲师为中级职务,助教、教员为初级职务

中学教师职务设高级教师、一级教师、二级教师、三级教师。其中高级教师为高级职务,一级教师为中级职务,二、三级教师为初级职务。

小学、幼儿园教师职务设高级教师、一级教师、二级教师、三级教师。其中高级教师为中级职务,一、二、三级教师为初级职务。

技工学校文化技术理论课教师职务设高级讲师、讲师、助理讲师、教员。生产实习课教师职务设高级实习指导教师、一级实习指导教师、二级实习指导教师、三级实习指导教师。

各级成人学校,结合成人教育的特点和层次,分别靠用高等学校教师职务、中等专业技术学校教师职务、中小学教师职务的有关规定。

《教育规划纲要》明确建立统一的中小学教师职务(职称)系列,在中小学设置正高级教师职务(职称)。义务教育教师职务制度或者统一的中小学教师职务系列建立后,尽管各级各类学校职务的名称不同,但是从级别上看所有的教师职务都统一了,都分为初级职务、中级职务和高级职务,且中小学的高级职务中也会分正高级职务和副高级职务,与高校的教授和副教授相对应。

（二）教师职务职责

教师职务职责是指教师职务应承担的教育教学工作的数量和质量、教育教学研究的层次水平等方面的要求。教师的职务不同，职责也不同，教师的职务越高，责任也就越大。

《小学教师职务试行条例》和《中学教师职务试行条例》分别对小学和中学的高级教师和一、二、三级教师的教师职务职责作了明确的规定。其他各级各类学校教师职务的试行条例也都对该类学校教师职务应履行的职责作了明确规定。这些职责包括教育教学的组织管理、教育教学的科学研究以及对学生进行思想品德教育等。

义务教育教师职务制度或者统一的中小学教师职务系列也会分别对初级职务、中级职务和高级职务的职责作出明确的规定。

（三）教师职务任职条件

教师任职条件是指受聘教师职务应达到国家有关法律规定的各级各类教师应达到的思想品德、学历、学术标准及身体状况。不同系列和不同级别的教师在任职条件上有所不同。

《小学教师职务试行条例》和《中学教师职务试行条例》分别对小学和中学担任高级教师和一、二、三级教师的教师职务任职条件作了明确规定。其他各级各类学校教师职务的试行条例也都对该类学校教师职务的任职条件作了明确的规定。教师职务的任职条件一般包括政治思想素质、教育教学的业务知识和学历层次等。

义务教育教师职务制度或者统一的中小学教师职务系列出台后也会分别对初级职务、中级职务和高级职务的任职条件作出明确的规定。

（四）教师职务评审

1. 教师职务评审机构

教师职务评审机构由省、市、县三级教育行政部门负责，分别设立省、市、县（区）三级教师职务评审委员会。学校设立评审小组。省级教师评审委员会负责高级教师职务任职条件的审定；市级教师职务评审委员会负责中级教师职务任职条件的审定；区、县级教师评审委员会负责初级教师职务任职条件的审定。学校评审小组负责本校教师职务任职条件的初步评议，并根据教师拟聘任职务向上级评审委员会报送评审材料。

2. 教师职务评审聘任程序

（1）申报。各级各类学校教师要取得某一职务任职资格，首先要个人申报，并填写《教师职务任职资格申报表》。

（2）评审。教师职务评审，经学校评议小组评议，向有相应职务审定权的各级评审组织推荐，由有审定权的评审组织评审通过后认定其任职资格。

（3）聘任。各级教师职务的聘任，由学校根据专业岗位设置，从符合相应职务任职条件的教师任职人选中限额进行聘任，不符合相应职务任职资格的人，不得聘任。

3. 教师职务制度的特征

（1）教师职务依附于岗位而存在，不能单独存在，一旦离开岗位，则不再拥有职务。

（2）职务不是终生享有的，教师职务与工资待遇挂钩，并有数额限制。教师完不成工作任务、达不到任职要求或不能履行职务职责，就要被解聘、低聘或缓聘职务。

（3）教师职务要经过全面考核，即不仅考查教师的学术水平、工作能力和工作实绩，还要考查教师的思想道德表现、发展潜力、身体状况等，看其是否能履行相应的职务职责。

（4）教师职务不适用离退休教师。教师退休，其职务同时解聘。

## 三、教师聘任制度

教师聘任制度，是指学校和教师在平等自愿的基础上，由学校或教育行政部门根据教学需要设置工作岗位，以签订聘任合同的方式聘请具有教师资格的公民担任相应教师职务的一项教师任用制度。实行教师聘任制度既是国际上一种通用的做法，也是教师队伍管理体制适应市场经济和教育改革、提高教育教学质量的客观需要。这一制度有利于平等竞争，择优用人，促进人才的合理流动，优化教师队伍结构，打破教师的终身任用制；有利于激励教师工作的积极性，优化教师队伍。为此《教师法》第十七条规定："学校和其他教育机构应当逐步实行教师聘任制。"

（一）教师聘任的原则

1. 教师聘任的原则

《教师法》第十七条规定了教师聘任的原则，即"教师的聘任应当遵循双方地位平等的原则，由学校和教师签订聘任合同，明确规定双方的权利、义务和责任"。

这一规定明确了教师聘任的原则是双方地位平等。双方地位平等表现在签订聘任合同时，双方地位平等。学校一方可以聘任，也可以不聘任；教师一方可以应聘，也可以拒聘。双方地位平等还表现在明确双方的权利、义务和责任时，学校可以向教师提出其可以行使的权利、应该承担的义务和责任；同样教师也可以向学校提出学校可以行使的权利、应该承担的义务和责任。

2. 教师聘任的特征

（1）聘任双方以平等自愿为原则，地位平等，双向选择，自由签订聘任合同。学校或教育行政部门可根据国家有关规定和学校教育教学需要，自主设立一定的教师岗位和调整一定的教师比例结构，有权择优录用教师；教师有权根据本人的专业知识、业务能力选择适合于自己的工作岗位。

（2）聘任双方在平等基础上签订的聘任合同具有法律效力。学校和教师双方的权利和义务及聘任职务期限、待遇等依法由聘任合同明确规定。

（3）聘任期限满后，聘任双方可根据各自意愿和需要决定是否续聘或重新签订聘任合同。

（二）教师聘任的程序

1. 学校聘任程序

从学校的角度看，一般按照以下程序进行：

（1）制定聘任方案。聘任方案一般包括学校编制、岗位设置、岗位定员、岗位职责和考核奖惩方法。

（2）公布聘任方案。聘任方案需经教代会讨论通过公布实施，并报教育行政部门备案。

（3）组织招聘工作。新教师招聘目前一般由教育行政部门统一组织，应聘的教师要接受资格审查和专业考试。续聘的教师根据学校的聘任方案填写应聘岗位意向书，由学校组织续聘工作。

（4）签订聘任合同。学校法人代表或其委托人同受聘人员签订聘任合同或协议，颁发聘书。聘任合同的内容包括：聘任合同期限，工作岗位，双方的权利和义务，劳动保护和工作条件，工资待遇，工作纪律，聘任合同终止的条件，违反聘任合同的责任，其他规定等。

2. 教师应聘程序

（1）了解聘任信息。尤其是准备从事教师工作的人员，要充分了解教育部门或者学校公布的招聘信息。

（2）填写应聘意向书。无论是第一次应聘人员，还是在职教师职工续聘的，都要根据聘任方案填写应聘岗位意向书，内容包括姓名、性别、年龄、学历、学科、职称、健康状况、曾任工作和应聘意向等。

（3）签订聘任合同。无论是第一次应聘人员，还是在职教师职工续聘的，都要认真对待聘任合同，这是确认双方权利、义务和责任的载体。

（三）教师聘任的形式

教师聘任形式可以分为招聘、续聘、解聘、辞聘等形式。

1. 招聘

招聘是指用人单位面向社会公开、择优选拔具有教师资格的人担任教师职务。招聘教师具有公开、公平、公正等优点，有利于发现和选拔优秀人才。招聘教师需要有领导、有组织地进行，用人单位经有关部门批准，然后以广告等形式提出所需教师的条件、工作性质、任务和待遇等，再经过对受聘人员进行审查、考核等步骤，最后用人单位与符合条件者签订聘任合同予以聘任。

2. 续聘

续聘是指聘任期满后，聘任单位与教师继续签订聘任合同。续聘合同的内容可与原聘任合同相同，也可以根据需要作相应变化。签订续聘合同应当像原签订聘任合同一样，遵循平等、自愿、协商一致的原则，并依规定程序办理，续聘合同一旦生效即具有法律效力。

3. 解聘

解聘是指由学校作为主动方提出的行为，学校根据聘任合同的规定解除与聘用教师之间的聘任合同。教师聘任合同具有法律效力，学校在解聘教师时必须具备正当合法的理由，主要是受聘教师在受聘期间被证明不符合聘用条件的；严重违反工作纪律或者学校规章制度的；故意不完成教育教学任务，给教育教学工作造成重大损失的；体罚学生经教育不改的；品行不良，侮辱学生，影响恶劣的；严重失职，营私舞弊，给学校利益造成重大损害的；有严重违法行为被依法追究刑事责任的，或者因其他特殊情况无法履行聘任合同的。学校无正当、合法理由随意解聘教师的，应承担相应的法律责任。

4. 辞聘

辞聘是指由教师主动提出与学校解除聘任合同的法律行为。辞聘是受聘教师享有的一项权利，但必须依法或依照合同规定行使。教师在聘任期间，用人单位不遵守聘任约定支付工资报酬或提供工作条件的，或者对受聘人员无理压制、打击报复,致使受聘人员无法履行岗位职责,或者受聘人员因生病或合同约定的其他情况出现不能继续履行岗位职责时,有权提出辞聘。根据学校教育教学特点,除特殊情况外,教师一般应当在学期结束前 30 天通知学校。受聘教师无正当理由,单方擅自离职给学校造成损失的,应依照聘任合同规定,承担相应的法律责任。

（四）教师聘任的管理及争议处理

实行教师聘任制,是学校管理体制改革的重要组成部分,关系到学校和教师的切身利益。改革和完善教师聘任制,建立适应社会主义市场经济的人力资源管理制度,符合构建和谐社会的要求。完善的教师聘任制对优化竞争机制,激发学校内部活力有着重要意义。实行教师聘任制应当在各级政府领导下,有组织、有计划地进行。政府教育行政部门必须加强领导,精心制订教师聘任制的实施方案,保障学校和教师的合法权益,逐步建立有效的人才竞争机制,从而提高教师素质和办学效益。教师聘任的组织管理和争议处理主要有以下几个方面:

第一,在聘任期间,受聘教师由聘用单位负责管理。下岗待聘的教师,由政府人事部门指定的机构按照有关规定进行管理。

第二,县(市、区)教育行政部门和人事部门有权检查、监督教师聘用合同的签订和履行。

第三,学校应当加强基础管理工作,逐步完善规章制度,在定编、定岗、聘任、签订合同、待聘人员管理和处理人事争议等各项工作上都按规范化的程序进行。

第四,学校应成立人事争议调解小组,按国家相关法律法规的规定行使人事争议的调解职能。凡经学校调解达成协议的,双方当事人均应按照协议履行。调解不成,当事人一方或双方可向上级有关部门申请裁决。

## 第四节　其他教师管理制度

《教师法》对教师的管理制度除规定教师资格制度和任用制度外,还规定了教师的培养制度和培训制度、教师的考核制度、教师的奖励制度等,另外还对教师的工资福利待遇作了规定。这些制度对提高教师的政治思想素质和教育教学能力起着重要的保障作用。下面简单介绍这些制度。

## 一、教师的培养培训制度

教师队伍的补充需要加强教师培养工作,在职教师要继续学习也需要加强教师培训工作,因此,《教师法》专门用一章的篇幅对教师的培养和培训进行规范。

(一)教师培养培训机构

《教师法》第十八条规定:"各级人民政府和有关部门应当办好师范教育,并采取措施,鼓励优秀青年进入各级师范学校学习。各级教师进修学校承担培训中小学教师的任务。非师范学校应当承担培养和培训中小学教师的任务。"

师范院校是培养教师的主阵地,它通过对未来教师的专门教育训练来培养从事教育工作的合格师资,办好师范教育是各级政府教育工作中的一项基本任务。办好师范教育关键是生源,因此,《教师法》作了上述规定。《教师法》颁布后,很多地方政府都采取措施,改善师范院校的办学条件,免除师范专业学生的学费等。义务教育实行绩效工资后,报考师范院校的学生越来越多。

为了加强在职教师的培训工作,各地从省、市到区、县都设立了教师进修院校。《教师法》强调了进修院校的培训职责。《教育规划纲要》具体规定:"完善教师培训制度,将教师培训经费列入政府预算,对教师实行每五年一周期的全员培训。"

师范院校承担教师培养任务,进修院校承担教师培训任务,这一格局在实践中已经被打破。非师范院校进入了教师培养和培训领域,对教师培养和培训有着非常积极的作用,《教师法》对这一做法予以肯定,并明确规定:"非师范学校应当承担培养和培训中小学教师的任务。"法律用语是"应当",这是一条义务性的规范,也就是说,非师范学校有义务承担培养和培训中小学教师的任务。《教育规划纲要》要求"加强教师教育,构建以师范院校为主体、综合大学参与、开放灵活的教师教育体系"。

(二)教师培养培训工作

在教师培养培训工作方面,《教师法》有针对性地强调了几点:

一是强调了培训规划和培训内容,即《教师法》第十九条的规定:"各级人民政府教育行政部门、学校主管部门和学校应当制定教师培训规划,对教师进行多种形式的思想政治、业务培训。"教师培训与教师培养不同,教师培养有严格的教学计划、课程安排,教师培训相对来说计划性不强,因此,《教师法》强调了培训规划的制定问题。在培训内容方面,《教师法》明确分为两大类,一类是思想政治方面的培训,一类是业务知识和能力方面的培训。

《教育规划纲要》规定,要"提高教师业务水平。完善培养培训体系,做好培养培训规划,优化队伍结构,提高教师专业水平和教学能力。通过研修培训、学术交流、项目资助等方式,培养教育教学骨干、'双师型'教师、学术带头人和校长,造就一批教学名师和学科领军人才"。"双师型"教师是《教育部关于加强高职高专教育人才培养工作的意见》提出的,该意见明确"双师型"教师既是教师,同时又是工程师、会计师等,"有计划地组织教师参加工程设计和社会实践,鼓励从事工程和职业教育的教师取得相应的职业证书或技术等级证书,培养具有'双师资格'的新型教师"。《教育规划纲要》没有将"双师型"教师限制在职业教育领域,实际上是对其外延作了扩大,强调教师要深入社会的相关行业,增加实践能力。

二是强调了社会调查和社会实践,即第二十条的规定:"国家机关、企业事业单位和其他社会组织应当为教师的社会调查和社会实践提供方便,给予协助。"要通过教师的培养和培训提高教师的实践能力,使他们既具备扎实的基础理论知识和较高的教学水平,又具有较强的专业实践能力和丰富的实际工作经验,作为社会应当为教师的社会调查和社会实践提供方便,给予协助,因此,《教师法》才作出了上述规定。

三是强调为少数民族地区和边远贫困地区培养、培训教师,即第二十一条的规定:"各级人民政府应当采取措施,为少数民族地区和边远贫困地区培养、培训教师。"我国的学校教育发展很不平衡,少数民族地区和边远贫困地区的师资力量还相当薄弱,《教育法》、《义务教育法》都强调了对少数民族地区和边远贫困地区教育的扶持问题,《教师法》则是从教师的培养和培训方面强调了扶持问题。《教育规划纲要》具体规定是:"以农村教师为重点,提高中小学教师队伍整体素质。创新农村教师补充机制,完善制度政策,吸引更多优秀人才从教。积极推进师范生免费教育,实施农村义务教育学校教师特设岗位计划,完善代偿机制,鼓励高校毕业生到艰苦边远地区当教师。"

## 二、教师的考核制度制度

教师的考核制度是教师规范化管理制度的重要组成部分。国家对教师进行考核,这种考核具有导向作用,通过考核,能促使教师不断端正教育思想,遵循教育规律,从而提高教育教学质量;对教师的考核还有鼓励先进、鞭策后进的作用,通过考核,能增强教师的事业心和责任心,调动教师的积极性和创造性。因此,《教师法》专门用一章的篇幅对教师的考核进行规范。

(一)考核范围

《教师法》第二十二条规定:"学校或者其他教育机构应当对教师的政治思想、

业务水平、工作态度和工作成绩进行考核。"

教师考核的内容主要有四个方面：

（1）政治思想。政治思想主要包括政治态度和职业道德两个方面。

（2）业务水平。业务水平主要指与教师所任职务相适应的专业知识水平和业务能力。

（3）工作态度。工作态度主要反映教师在履行教育教学职责中所具备的工作积极性、事业心和责任感。

（4）工作业绩。工作业绩主要指教师在本岗位从事教育教学的工作量、教学效果和科研成果。

教师的考核工作影响面很广，因此，《教师法》还强调了监督问题，规定："教育行政部门对教师的考核工作进行指导、监督。"

（二）考核原则

《教师法》第 23 条规定："考核应当客观、公正、准确，充分听取教师本人、其他教师以及学生的意见。"教师考核的原则是：

1. 客观性原则

考核结果的客观性直接反映出考核的有效程度。因此，对教师的考核要从客观实际出发，实事求是，全面地对教师作出合理化的评价。

2. 公正性原则

考核的公正与否关系到教师考核工作的成败，因此，要严格考核制度，按照规定的考核标准、程序、办法进行。

3. 准确性原则

准确性原则要求在客观、公正的基础上，考核作出与教师实际表现相符合的评价。

（三）考核结果

《教师法》第 24 条规定："教师考核结果是受聘任教、晋升工资、实施奖惩的依据。"通过对教师的考核，给予客观、公正、准确的评价，其结果应与教师的受聘任教、晋升工资、实施奖惩挂起钩来。这是社会主义按劳分配原则的体现。

## 三、教师的待遇制度

提高教师地位待遇，不断改善教师的工作、学习和生活条件，可以吸引优秀人才长期从教、终生从教,因此,《教师法》专门用一章的篇幅对教师的待遇进行规范。

（一）教师的工资待遇

落实教育优先发展的战略地位,重要的一条就是要在发展经济的同时,提高教师的工资待遇,使教师安居乐教。《教师法》第二十五条规定:"教师的平均工资水平应当不低于或者高于国家公务员的平均工资水平,并逐步提高。"《教师法》的这一规定第一次用法律的形式将教师的工资标准固定下来。教师的工资收入不仅是维持教师个人生存和家庭生活的物质基础,而且还反映了教师这一职业的社会地位和社会评价。《教师法》把教师的工资与公务员的工资联系在一起,把教师的社会地位提高到公务员的层次。《义务教育法》进一步规定:"教师的平均工资水平应当不低于当地公务员的平均工资水平。"使得教师的工资水平的确定便于操作。

《教师法》还对教师津贴作了规定,明确"中小学教师和职业学校教师享受教龄津贴和其他津贴"。教龄津贴有助于稳定教师终生从事中小学教育和职业教育。

《教师法》还对支边补贴作了规定,明确"地方各级人民政府对教师以及具有中专以上学历的毕业生到少数民族地区和边远贫困地区从事教育教学工作的,应当予以补贴。"支边补贴有助于教师安心在艰苦的环境下长期从事教育教学工作。

（二）教师的福利待遇

教师的福利待遇,是指教师有权获得国家规定的包括医疗、住房等方面在内的各项待遇和优惠。上个世纪 90 年代,教师的住房是个大问题,因此,《教师法》对教师的住房作了规定,如今教师的住房已经完全进入市场。但是《教师法》对教师医疗的规定至今仍在起作用。

《教师法》第二十九条规定:"教师的医疗同当地国家公务员享受同等的待遇;定期对教师进行身体健康检查,并因地制宜安排教师进行休养。医疗机构应当对当地教师的医疗提供方便。"《教师法》对教师医疗待遇的规定和对教师工资待遇的规定一样,都是强调享受公务员待遇。这些规定对"把教师纳入教育公务员系列"的研究起到了先导性的作用。

（三）教师的退休待遇

《教师法》第三十条规定:"教师退休或者退职后,享受国家规定的退休或者退职待遇。县级以上地方人民政府可以适当提高长期从事教育教学工作的中小学退休教师的退休金比例。"这一规定虽然没有强调退休参照公务员,但是由于强调"可以适当提高长期从事教育教学工作的中小学退休教师的退休金比例",教龄满 30

年的中小学教师退休时可以享受 100% 的工资。《义务教育法》修订后，义务教育阶段的教师实行绩效工资后，义务教育教师的工资水平不低于当地公务员的平均工资水平，义务教育退休教师的工资水平也不低于当地退休公务员的平均工资水平。

《教育规划纲要》落实《教师法》关于教师工资福利待遇的规定，强调："依法保证教师平均工资水平不低于或者高于国家公务员的平均工资水平，并逐步提高。落实教师绩效工资。对长期在农村基层和艰苦边远地区工作的教师，在工资、职务（职称）等方面实行倾斜政策，完善津贴补贴标准。建设农村艰苦边远地区学校教师周转宿舍。研究制定优惠政策，改善教师工作和生活条件。关心教师身心健康。落实和完善教师医疗养老等社会保障政策。"

《教师法》明确了如果在教师的工资福利待遇方面出现违法情况应该承担的法律责任，即第三十八条的规定："地方人民政府对违反本法规定，拖欠教师工资或者侵犯教师其他合法权益的，应当责令其限期改正。违反国家财政制度、财务制度，挪用国家财政用于教育的经费，严重妨碍教育教学工作，拖欠教师工资，损害教师合法权益的，由上级机关责令限期归还被挪用的经费，并对直接责任人员给予行政处分；情节严重，构成犯罪的，依法追究刑事责任。"

## 四、教师的奖励制度

教师的奖励制度也是一项重要的教师管理制度，对教师的奖励是对教师教育教学工作的肯定，有助于调动教师的工作积极性和创造性。因此，《教师法》专门用一章的篇幅对教师的奖励进行规范。

### （一）奖励制度

《教师法》在奖励制度中强调了奖励的层次和奖励的范围。

1. 学校奖励

《教师法》第三十三条第一款规定："教师在教育教学、培养人才、科学研究、教学改革、学校建设、社会服务、勤工俭学等方面成绩优异的，由所在学校予以表彰、奖励。"学校可以依据《教师法》的这一规定，结合本校的实际情况设立一些奖项。

2. 地方各级人民政府及其有关部门奖励

《教师法》第三十三条第二款规定："国务院和地方各级人民政府及其有关部门对有突出贡献的教师，应当予以表彰、奖励。对有重大贡献的教师，依照国家有关规定授予荣誉称号。"地方各级人民政府及其有关部门奖励的范围与国务院一样，都是对有突出贡献的教师进行奖励。由于是政府奖励,因此,法律规定授予荣誉称号要依照国家有关规定进行。

3. 国务院奖励

国务院奖励是最高层次的奖励。国务院 1994 年 3 月 14 日颁发了《教学成果奖励条例》,规定凡是国内首创的、经过 2 年以上教育教学实践检验的、在全国产生一定影响的教学成果均可申请国家级教学成果奖。国家教委 1992 年 10 月 26 日发布了《教师和教育工作者奖励暂行规定》,此规定对长期从事教育、教学和管理、服务工作并取得显著成绩的教师和教育工作者,分别授予"全国优秀教师"、"全国优秀教育工作者"称号,对其中有突出贡献者授予"全国教育系统劳动模范"称号。该规定还对受奖者的条件和评奖办法作了具体的规定。《教育规划纲要》强调:"国家对在农村地区长期从教、贡献突出的教师给予奖励。"

（二）奖励基金

教师奖励分为物质奖励和精神奖励。物质奖励包括颁发奖金或实物,晋升工资,改善住房条件和医疗条件,组织疗养、参观或享受学习、进修机会等。精神奖励是一种荣誉,要记入本人的考绩档案。

奖励资金的来源主要是政府财政,《教师法》规定建立教师奖励基金,并鼓励向该基金组织捐款,即第三十四条的规定:"国家支持和鼓励社会组织或者个人向依法成立的奖励教师的基金组织捐助资金,对教师进行奖励。"

【本章小结】

本章阐述了《教师法》的主要内容。《教师法》首次明确教师是"履行教育教学职责的专业人员"。教师的权利是指教师依据法律规定所行使的权利,教师的义务是指教师依据法律法规必须承担的责任。教师资格制度是关于教师资格鉴定和教师证书发放的制度,它通过资格鉴定对合格者发放证书,授权有教师资格证的人在教育系统内有从事教育教学专业活动的权利。教师职务制度是指国家对教师岗位设置及各级岗位任职条件和取得该岗位职务的程序等方面的规定的总称。教师聘任制度是指学校和教师在平等自愿的基础上,由学校或教育行政部门根据教学需要设置工作岗位,以签订聘任合同的方式聘请具有教师资格的公民担任相应教师职务的一项教师任用制度。国家要加强教师的培养和培训工作,提高教师的工资福利待遇,对在教育教学工作方面有贡献的教师予以奖励。学校要依据《教师法》对教师进行考核。

**【基础性练习】**

（一）填空题

1. 教师是履行教育教学职责的（　　），承担教书育人，培养（　　）、提高民族素质的使命。教师应当忠诚于人民的教育事业。

2. 教师应贯彻国家的教育方针，遵守规章制度，执行学校的教学计划，履行（　　），完成（　　）。

3. 教师的义务之一是：制止有害于学生的行为或者其他（　　）的行为，批评和抵制有害于（　　）的现象。

4. 中国公民凡遵守宪法和法律，热爱教育事业，具有良好的（　　），具备本法规定的学历或者经国家教师资格考试合格，有（　　），经认定合格的，可以取得教师资格。

5. 受到（　　）或者（　　），不能取得教师资格；已经取得教师资格的，丧失教师资格。

（二）概念解释题

1. 教师

2. 教师资格制度

3. 教师职务制度

4. 教师聘任制度

5. 教师申诉制度

（三）单项选择题

1. "学校下学年生源锐减，教师严重超编，不愿意上早晚自修和补课的同志可以去其他学校另谋高就！"这种说法违反了　　　　　　　　　　　　　　（　　）

A.《教育法》　　　　　　　　　　B.《义务教育法》

C.《教师法》　　　　　　　　　　D.《教师资格条例》

2. 教师的聘任应当遵循双方地位平等的原则，由学校和教师签订聘任合同，明确规定双方的　　　　　　　　　　　　　　　　　　　　　　　　（　　）

A. 权利、义务　　　　　　　　　　B. 权利、义务、责任

C. 权利、义务、责任、工作　　　　D. 权利、义务、责任、工作、服务

3. 根据《教师法》第二十三条规定，对教师的考核应当　　　　　　　（　　）

A. 公开、公正、公平　　　　　　　B. 客观、公正、准确

C. 公平、客观、准确　　　　　　D. 客观、公正、公开

4.《教师法》规定教师考核评估的内容有　　　　　　　　（　　）

A. 政治思想、业务水平、工作态度、工作成绩

B. 教师的基本素质和基本能力

C. 教师的政治思想素质和文化业务素质

D. 教师的教育教学能力

5.《国家中长期教育改革和发展规划纲要（2010—2020）》明确，国家制定教师资格标准，提高教师任职学历标准和品行要求。建立教师资格证书定期登记制度。_____统一组织中小学教师资格考试和资格认定，县级教育行政部门按规定履行中小学教师的招聘录用、职务（职称）评聘、培养培训和考核等管理职能。（　　）

A. 省级教育行政部门

B. 市级教育行政部门

C. 省级教育行政部门和市级教育行政部门

D. 区（县）级教育行政部门

（四）多项选择题

1.《教师法》规定各级人民政府、教育行政区部门、有关部门、学校应当为保障教师完成教育教学任务履行一些职责，主要职责有　　　　　　（　　）

A. 解决教师的后顾之忧

B. 提供必需的图书、资料及其他教育教学用品

C. 对教师在教育教学、科学研究中的创造性工作给以鼓励和帮助

D. 支持教师制止有害于学生的行为或者其他侵犯学生合法权益的行为

2. 我国实行教师资格制度，要取得教师资格，必须具备下列哪些条件？（　　）

A. 热爱教育事业，具有良好的思想品德

B. 具有《教师法》规定的学历或资质

C. 参加过国家教师资格考试

D. 有教育教学能力，经认定合格的

3. 我国《教师法》明确规定了教师任用与管理的哪些新机制？（　　）

A. 教师资格制度　　　　　　B. 教师职务制度

C. 教师聘任制度　　　　　　D. 教师任命制度

4. 教师有下列情形之一的，由所在学校、其他教育机构或者教育行政部门给予行政处分或者解聘；情节严重，构成犯罪的，依法追究刑事责任。（　　）

A. 故意不完成教育教学任务　　B. 给教育教学工作造成损失的

C. 体罚学生,经教育不改的　　D. 品行不良、侮辱学生,影响恶劣的

5.《国家中长期教育改革和发展规划纲要(2010—2020)》明确:中小学职务(职称)改革是　　　　　　　　　　　　　　　　　　　　　　(　　)

A. 建立义务教育教师职务(职称)系列

B. 建立统一的中小学教师职务(职称)系列

C. 在中小学设置正高级教师职务(职称)

D. 在中小学设置副高级教师职务(职称)

（五）判断题

1. 侮辱、殴打教师的,一般情况的,给予行政处分或者行政处罚;造成损害的,责令赔偿损失;情节严重的,依法追究刑事责任。　　　　　　　　(　　)

2. 对依法提出申诉、控告、检举的教师进行打击报复的,由其所在单位或者上级机关责令改正;情节严重的,可以追究刑事责任。　　　　　　　(　　)

3.《教师资格条例》规定:依照教师法第十四条的规定丧失教师资格的,不能重新取得教师资格,其教师资格证书由县级以上人民政府教育行政部门收缴。
　　　　　　　　　　　　　　　　　　　　　　　　　　　　　(　　)

4. 被撤销教师资格的,自撤销之日起5年内不得重新申请认定教师资格,其教师资格证书由县级以上人民政府教育行政部门收缴。　　　　　　(　　)

5. 参加教师资格考试有作弊行为的,其考试成绩作废,2年内不得再次参加教师资格考试。　　　　　　　　　　　　　　　　　　　　　　　(　　)

（六）简答题

1. 我国教师可以行使哪些权利?

2. 我国教师应该履行哪些义务?

3. 我国教师资格条件有哪些?

4. 我国教师资格分为哪些类别?

（七）案例分析题

1. 某地区的一所重点小学接到有关"九五"师训检查的通知,在自查中该校发现有三位教师学历不合格,而这三位教师都是学校的骨干教师,同时都是毕业班班主任和任课教师。这次检查要严格执行《教师法》的规定,即1957年后出生的小学教师必须具有中师学历,对不具有中师学历的一律转岗不得从事教师职业,如果在

检查中发现哪个单位有此类问题,将撤销其先进文明单位的称号,并追究单位领导责任。学校为顾全大局,决定让这三位教师转岗担任后勤工作。三位教师力争苦求不成,最后一起赴北京上访,以求说理。

（陈亚莉:《探寻教师资格制度执行中的法理弹性——一则案例引发的思考》,《黔西南民族师范专科学校学报》,2003年6月第2期）

案例中三位教师的情况其实代表着教师队伍中的一批人,特别是身居偏远地区的中青年教师,他们中不乏因学历问题未解决而处境尴尬的情况。而教师资格制度又是教师管理制度中必不可少的环节之一。校长在面对政策与实情冲突时,该何去何从,如何对待这样一个棘手的问题?

2. 1998年6月15日上午,红卫小学三年级(3)班上第二节语文课时,学生仇某不断地做小动作,影响了班里其他同学听课,任课老师夏某几次对其训诫均无作用,当时夏老师叫仇某站起来把刚才上语文课的内容叙述一遍,仇某不肯叙述。夏老师又叫他回答她所提的问题,仇某也答非所问。夏老师当即就对仇某严厉地批评了一顿,并告诉他说:“下次开家长会时,要把你的这种行为告诉你的父母,看你怎么向你的父母交代。”中午放学后,仇某回到家里向其母说:“下午我不去学校读书了,夏老师总是欺侮我,不是骂我,就是让我罚站,连班里的同学也瞧不起我。”仇母听了儿子的话后,不分青红皂白地对儿子说:“下午还是去上课,我到你学校去找夏老师,看她怎么说。”同日下午学校刚要开始上第一节课时,仇母赶到红卫小学夏某的办公室就开口大骂:“夏某你做老师的欺穷爱富,不要以为我们家里穷送不起东西就看不起我的儿子,我们也会有富起来的日子,你不要欺人太甚,我不像你又有书教又做婊子……”此时,全校的老师和学生都跑出来观看,有的老师跑过去拉开仇母,并对其进行劝说,但无济于事。其中有两位男老师就把仇母拉到了校长办公室,而仇母一路上还不断谩骂夏某。校长颜某问明情况后对仇母说:“夏老师是我们学校的优秀教师,她的为人、素质全校皆知,你儿子不专心听课而且还做小动作,影响他人的学习,这是违反学校课堂纪律的,老师对其严肃批评教育是应该的,也是做老师的职责。你今天跑到学校里来无理谩骂夏老师,讲轻一点是损害了她名誉,讲重一点是诽谤她,所以你一定要向夏老师赔礼道歉,同时赔偿其精神损失,如果你不这样做,我们学校也不会原谅你的。”仇母不但不听校长的劝告,而且态度仍然很差,一转身就走出了红卫小学。

请问:你如何看待仇母的行为?

3. 9岁的张某是就读于临清市唐园乡千集小学的学生,在同学的眼里,她学习刻苦、团结助人、遵守纪律,是个好学生;在父母眼里,她懂事听话,是个乖巧的女儿。1998年6月1日,张某来到千集小学后,上午第一节课是自习课,下课后,该小学老师李君突然来到教室,把包括张某在内的几个小学生叫到她的办公室问话。据同学们私下议论,是李君老师丢了100元钱,怀疑是这几个同学偷的。被李君叫去办公室的几个同学都陆续回到教室,只有张某被李君带到教室门口,指令她站在门口,不许进教室。上课铃响后,李君来上课,但她仍未让张某进教室,罚她站在门口。张某先后几次报告李老师,要求进教室,均未得允许。后来张某自行走进来,李君发现后,怒斥道:"谁让你进来的? 出去! 出去!"她见张某未走出去,就拧着张某的耳朵,将她拎到门外,就这样张某被罚站在教室门口一节课。上午第三节课开始后,由于仍是李君老师上课,李君仍然安排张某在教室最后面站着听课。下课后,李君又将张某带到其办公室单独问话。等到张某从办公室出来时,已是泪流满面。随后,她背上书包,脚步匆匆地回家了。回到家里后,父母还未回来,张某就找到一瓶久效磷农药喝下去,接着就从家中走出来,但没走出多远就因药性发作,摇摇晃晃地摔倒在地。同村人发现后,立即告诉了其父母。两人闻讯立即从地里赶回家中,并火速将女儿送到医院抢救。次日凌晨,张某终因中毒太深,医治无效,丧失了幼小的生命。

(选自吴金宣主编:《校园事故案例点评》,浙江人民出版社,2002年版,第114页)

请问:教师体罚学生致其死亡该由谁承担责任?

## 【拓展性活动】

(一) 讨论

1. 1986年,美国卡耐基教育促进会和霍姆斯协会分别发表了《国家为21世纪准备教师》和《明天的教师》两份报告,明确提出了教师专业化的概念,并将其视为提高教学质量的必由之路。

师范教育的责任就在于培养训练有素的、达到专业化标准的教师,以教师的专业化来实现教学的专业化,请同学们课后查找我国教师专业化建设现状的相关资料,结合我国《教师法》第三条规定:"教师是履行教育教学职责的专业人员",以小组为单位交流讨论,谈谈你对教师专业化的认识。

2. 25名正、副教授,2名讲师,共27人"落聘";29名包括正、副教授在内的高级职务教师被解聘……华中师范大学酝酿一年、历时6个月的教师聘任制改革风暴落幕。

有关专家评析,此次聘任制改革力度之大、推行之彻底国内罕见。

通常人们认为,大学教授就是终身制,此次华中师大一批教授、副教授"落岗",缘由何在?

在被解聘的 29 人中,有的教授长期不在岗,有的是出国逾期未归。"这些人基本上是教授或副教授,以前体制没有改革,对这些岗位学校没有办法变动,此次改革后,这些岗位将产生更大的岗位效益"。

"落聘"教师有一年"缓冲期"。聘任制改革重要的一项,是制订教师聘任标准。人事处长陈守银介绍,该校在制订聘任标准时,首先参考国内已经进行聘任制改革的高校标准,进行统筹考虑,如文科的标准比武大稍低,工科标准比华科大稍低,同时兼顾华师发展定位、师范特色制订。

聘任标准制订后,开始对全校教师 5 年内教学和科研情况进行考核。考虑到是首次进行教师聘任,对于考核不合格的落聘人员,实行缓聘措施。缓聘人员若在一年内达到学校规定条件的,可考虑聘任,一年后达不到条件,将会采取转聘、待聘或低聘等措施。

"改革无情,操作有情",陈守银似乎并不回避此次推行改革中的种种"人情化"操作。他介绍,这些落岗教师依然享受原有级别的国家工资,但不再享受校内津贴。据悉,落岗的 25 名正、副教授的 5 月份津贴,已分别被减掉 500 元和 300 元。

另外,考虑到长期在校工作的老教师(截至 2006 年 12 月 31 日的教授和男性副教授年满 58 岁,女性副教授、讲师年满 53 岁)在首聘时已无年龄和竞争优势,对这些教师的考核标准进行了适当放宽。"目前这些老师基本上全部聘上。"陈守银说。

(原载《新快报》2007 年 4 月 2 日)

如果你是校长,你会如何看待此事?如果你是落聘的教师,你会如何对待落聘?如果你在这次竞聘中胜出,你会如何评价此次改革?请扮演不同的角色,身临其境地展开辩论。

(二) 社会调查

1. 根据《江苏省中长期教育改革和发展规划纲要》的要求,在 2009～2020 年期间,全省教师队伍建设学历指标如下:

| 教师学历比例 | 2009 年 | 2015 年 | 2020 年 |
| --- | --- | --- | --- |
| 幼儿教师专科及以上学历(学位) | 68% | 90% | 100% |
| 其中:本科及以上学历(学位) | 14% | 35% | 60% |

| 教师学历比例 | 2009 年 | 2015 年 | 2020 年 |
|---|---|---|---|
| 小学教师专科及以上学历(学位) | 81% | 95% | 100% |
| 其中:本科及以上学历(学位) | 31% | 60% | 90% |
| 普通初中教师本科及以上学历(学位) | 70% | 95% | 100% |
| 其中:研究生学历(学位) | 0.66% | 5% | 8% |
| 普通高中教师研究生学历(学位) | 4% | 12% | 20% |
| 职业高中教师研究生学历(学位) | 3% | 12% | 20% |
| 普通中等专业学校教师研究生学历(学位) | 9% | 20% | 30% |
| 本科院校教师研究生学历(学位) | 73% | 95% | 100% |
| 高职高专院校教师研究生学历(学位) | 31% | 50% | 85% |

以小组为单位对一所初中进行调查,看看目前在职教师的学历现状,了解他们提升学历的迫切度及时间表,并进行讨论,阐明本小组的观点。写一份调研报告。

2. 以小组为单位编写两份问卷调查,到一所中学分别调查教师和学生,了解他们对教师师德规范遵守的情况。写一份调研报告。

(三)组织活动

组织一次"我当教师,关爱学生"的主题班会。

## 【学生阅读的文件与书目】

[1]《中华人民共和国教师法》.

[2]《教师资格条例》.

[3]《〈教师资格条例〉实施办法》.

[4]《中小学教师职业道德规范》.

[5]《中学教师职务试行条例》.

[6]《小学教师职务试行条例》.

[7]《国家中长期教育改革发展规划纲要(2010—2020)》.

[8] 教育部政策研究与法制建设司. 现行教育法规与政策选编[M]. 教育科学出版社,2002.

[9] 孙葆森. 教育法学基础[M]. 吉林教育出版社,2000.

[10] 楮宏启. 教育法制基础[M]. 北京师范大学出版社,2002.

## 【本章参考书目】

[1] 劳凯声,郑新蓉. 规矩方圆——教育管理与法律[M]. 中国铁道出版社,1997.

［2］杨颖秀.教育法学［M］.中央广播电视大学出版社,2007.

［3］吴金宣.校园事故案例点评［M］.浙江人民出版社,2002.

［4］李晓燕.我国教师的权利与义务及其实现保障机制研究［M］.广东教育出版社,2001.

［5］郑良信.教育法学通论［M］.广西教育出版社,2000.

# 第五章  学生保护法律制度

## 【学习提示】

　　本章主要论述教育主体"未成年学生"的权利保护。法律意义上的学生,是指在学校及其他教育机构中学习的受教育者。从未成年人身份来看,大多数均为学生,因此,本章通过《中华人民共和国未成年人保护法》(以下简称《未成年人保护法》)和《中华人民共和国预防未成年人犯罪法》(以下简称《预防未成年人犯罪法》)来具体论述未成年学生的保护问题。这两部法律是全面保护未成年人合法权益,保障未成年人健康成长的专门法律。本章共分两节,分别介绍《未成年人保护法》和《预防未成年人犯罪法》。通过学习本章内容,使学生明确国家机关、社会、学校、家庭和成年公民等主体在未成年人保护和预防未成年人犯罪方面应尽的义务,了解侵犯未成年人合法权益应承担的法律责任,从而增强法律意识,自觉维护未成年人的合法权利。

## 【案例导航】

### 三少年离家,直奔少林寺

　　2007 年 6 月 19 日 9 时许,厦门开往南京西的 2522 次列车乘警李德生在硬座车厢遇到三个结伴出行的少年,他们从黄山站无票上车,正在列车服务台补办车票。排队补票时,其中一个男孩询问乘警,车到南京后如何转车去河南少林寺。乘警李德生见三名少年并没有家长随行,依据经验,他感觉三个孩子是离家的学生,所以和他们聊了起来。经过询问,乘警了解到,三个孩子均是安徽黄山人,14 岁,都在读初三,但成绩都不好。三人有相同的爱好:喜欢看武侠片,美慕电影里的拳脚功夫。眼看 6 月 24 日的中考即将到来,加上平时总听家长们议论现在就业难,研究生工作都不好找。三人一商量,一致认为复习考试没有用,不如学点拳脚功夫实在,以后可以当警察,很是威风。于是,6 月 18 日,三人各自偷偷从家中拿钱,凑了 1000 元,准备先到南京,再转车去河南少林寺。目前,三名少年已被家长领回,他们也向乘警保证,不论结果如何,回家后先参加考试。

(原载《现代快报》,2007 年 6 月 22 日)

思考:

(1)上述案例说明未成年人有哪些权利需要保护?

(2)上述案例说明家庭、学校该如何保护未成年学生的合法权利?

(3)因为成绩不好,三名少年竟放弃中考,离家出走,这样的学生能否称为"双差生"?对这样的学生从法律上应该如何认定?

(4)乘警及时发现并将三名少年安全地送回到其家长身边,说明在保护未成年人的合法权益中社会应该发挥什么样的作用?

## 第一节 未成年人保护法律制度

《未成年人保护法》在未成年人保护法律体系中具有基本法的法律地位,它是为了保护未成年人的身心健康、保障未成年人的合法权益,规定家庭、学校、社会、司法各个方面应当承担的责任,并规定对未成年人违法犯罪的处理原则以及对成年人侵犯未成年人合法权益的处罚等内容的法律规范,是一部集实体法、程序法、刑事法律规范与非刑事法律规范于一体的综合性法律。《未成年人保护法》共有七章,除了总则、罚则(即法律责任)、附则外,第二章至第五章分别对未成年人的家庭保护、学校保护、社会保护、司法保护作了规定。本节将重点介绍家庭保护和学校保护。

## 一、概述

《未成年人保护法》是 1991 年 9 月 4 日由第七届全国人民代表大会常务委员会第二十一次会议通过,2006 年 12 月 29 日第十届全国人民代表大会常务委员会第二十五次会议修订,并自 2007 年 6 月 1 日起施行。新修订的《未成年人保护法》在保护措施的规定方面更有针对性。该法在总则中强调了未成年人的权利,明确了未成年人保护的原则。

(一)立法宗旨

《未成年人保护法》第一条明确了立法宗旨:"为了保护未成年人的身心健康,保障未成年人的合法权益,促进未成年人在品德、智力、体质等方面全面发展,培养有理想、有道德、有文化、有纪律的社会主义建设者和接班人,根据宪法,制定该法。"

1. 立法依据

《未成年人保护法》的立法依据是宪法。《宪法》第四十九条规定："婚姻、家庭、母亲和儿童受国家的保护。""父母有抚养教育未成年子女的义务,成年子女有赡养扶助父母的义务。"因为宪法的这一规定,我国权力机关制定了《中华人民共和国婚姻法》(简称《婚姻法》)和《未成年人保护法》。从这个意义上看,《未成年人保护法》和《婚姻法》具有同等地位。《婚姻法》在婚姻家庭法律体系中具有基本法的法律地位,《未成年人保护法》在未成年人保护法律体系中也具有基本法的法律地位。

《未成年人保护法》的制定是我国法制建设上的一大创举,它填补了我国法制建设上的空白。从其内容上来看,它不仅规定了实体法方面的内容,诸如家庭、学校、社会各方面如何教育、保护、培养未成年人健康成长,而且还规定了未成年人的权利与义务,保障他们的合法权益不受侵犯,以及对未成年人犯罪如何审理、处置以及如何教育改造等内容,甚至还规定了有关机构设置及相关程序方面的一系列问题。在一部法律之中,容纳了实体法、程序法、组织法等内容,是法制观念的一大飞跃,即未成年人保护法突破了一部法律只规定一个方面内容的传统立法观念。

2. 立法宗旨

《未成年人保护法》的立法宗旨主要包括三个方面的内容:

(1) 保护未成年人的身心健康。

未成年人是一个特殊的社会群体,他们的身心发育正处在由不成熟向成熟过渡的时期,在这一时期,他们的世界观、人生观、是非观、价值观等思想体系正处在形成过程中,极不完善,而他们对物质生活和精神生活的需求又极为强烈,极易受到各种各样不良的物质因素和精神因素的侵袭,因此,非常需要家庭、学校、社会和国家在各个方面给予他们特别的关怀、爱护,特别的引导、帮助。通过立法保护未成年人的身心健康极为重要。

(2) 保障未成年人的合法权益。

对于法律赋予未成年人的各种权益,相当大的一部分未成年人只具有权利能力,而不具备行为能力,即使年满 10 周岁的未成年人具备了一定的行为能力,这种行为能力也受到年龄、智力等多种因素的限制和影响。因此,未成年人合法权益的实现和保护,大多要依靠其监护人、学校、社会。通过立法明确家长、学校、社会的保护职责是非常必要的。

(3) 促进未成年人全面发展,成为"四有"新人。

约占我国人口 1/3 的未成年人代表着国家的未来、民族的希望。他们能否健康地成长直接关系到国家的兴衰,关系到我国社会主义事业能否后继有人,关系到中华民族能否长久屹立于世界民族之林。因此,保障未成年人合法权益,保护其健康成长,培养其优良品质、聪明才智以及健康的体魄,是家庭、学校、社会共同的义不容辞的责任。《未成年人保护法》的根本宗旨就在于对未成年人的培养、教育,促使他们成为有理想、有道德、有文化、有纪律的社会主义事业的接班人。

（二）主要特征

1. 保护对象的特定性

这是《未成年人保护法》的基本特征。一般来说,普通法律的保护对象是全体公民的合法权益,如我国的《民法通则》、《继承法》、《刑法》、《行政诉讼法》等法律,都是保护全体公民的权益的,而《未成年人保护法》则只是保护一部分公民即未成年公民的合法权益的。《未成年人保护法》第二条规定:"该法所称的未成年人是指未满十八周岁的公民。""未成年人"是一个法律术语,第二条明确提出了未成年人在年龄上的界限,即从出生之日起到 18 周岁以前。这表明处在这一年龄阶段的全体公民都是《未成年人保护法》的保护对象。

2. 保护主体的广泛性

这是实施《未成年人保护法》的前提。未成年人生活在广阔的社会环境中,他们的成长与家庭、学校、社会等几乎一切领域息息相关,对未成年人的保护更涉及全社会的各个方面,这就决定了《未成年人保护法》在保护主体上的广泛性。在《未成年人保护法》的具体条文中,不仅规定了国务院和地方各级人民政府及相关的教育、卫生、劳动、新闻出版、广播电影电视、民政、文化、工商行政管理等部门的职责,而且规定了公安机关、检察机关、审判机关、监管、劳教等司法机关的职责,还规定了共青团、妇联、工会、青联、学校、少先队及其他相关的社会团体的职责;不仅规定了学校、幼儿园、托儿所等未成年人集中活动的单位对未成年人保护的职责,而且规定了企业、事业组织、个体工商户对未成年人保护的职责;不仅规定了博物馆、纪念馆、科技馆、文化馆、影剧院、体育场、动物园、公园等场所对未成年人优惠开放的职责,而且还规定了营业性的歌舞厅、游戏厅等不适宜未成年人活动的场所对未成年人保护的职责;不仅规定了父母或其他监护人对未成年人保护的职责,而且还规定了教职员、司法工作人员、作家、科学家、艺术家及其他公民对未成年人实施保护的权利和义务。

3. 保护措施的多样性

这是《未成年人保护法》有效实施的保障。该法从家庭保护、学校保护、社会保护、司法保护等各个方面规定了一系列的保护措施。如《未成年人保护法》规定："学校不得使未成年学生在危及人身安全、健康的校舍和其他教育教学设施中活动。任何组织和个人不得扰乱教学秩序，不得侵占、破坏学校的场地、房屋和设备。"除了规定保护性措施外，该法还特别规定了对未成年人进行教育培养方面的内容，如《未成年人保护法》规定："父母或其他监护人应当以健康的思想、品行和适当的方法教育未成年人。"把教育培养和保护措施结合起来，更加突出地体现了《未成年人保护法》的特色。

（三）未成年人的权利

《未成年人保护法》第三条规定："未成年人享有生存权、发展权、受保护权、参与权等权利，国家根据未成年人身心发展特点给予特殊、优先保护，保障未成年人的合法权益不受侵犯。未成年人享有受教育权，国家、社会、学校和家庭尊重和保障未成年人的受教育权。未成年人不分性别、民族、种族、家庭财产状况、宗教信仰等，依法平等地享有权利。"这是该法在修订时增加的。

1. 生存权

生存权是指未成年人享有其固有的生命权、健康权和获得基本生活保障的权利。具体包括未成年人享有生命权、医疗保健权、国籍权、姓名权、获得足够食物、拥有一定住所以及获得其他生活保障的权利。

2. 发展权

发展权是指未成年人享有充分发展其全部体能和智能的权利。包括未成年人有权接受正规和非正规的教育，有权享有促进其身体、心理、精神、道德等全面发展的生活条件。未成年人的发展包括身体、智力、道德、情感、社会性等多方面的发展。父母或者其他监护人应当关注未成年人的生理、心理状况和行为习惯，以良好的品行和适当的方法教育和影响未成年人，引导未成年人进行有益身心健康的活动，保证未成年学生的睡眠、娱乐和体育锻炼时间，而不能只盯着孩子的学习而忽视全面发展，不能只顾眼前不顾长远。

3. 受保护权

受保护权是指未成年人享有不受歧视、虐待和忽视的权利。包括保护未成年人免受歧视、剥削、酷刑、暴力或疏忽照料，以及失去家庭或处于特殊困境中的未成年人应享有的特别保护。受保护权旨在减少未成年人生存和发展过程中的不利因素。

4. 参与权

参与权是指未成年人参与家庭和社会生活,就影响他们生活的事项发表意见的权利。成年人应尊重未成年人的看法。参与权旨在使未成年人了解自身的处境,并发展其表达和处事能力。父母应当把孩子作为独立的人,给孩子表达意愿和选择的权利,不能忽视孩子的需求,不能因自身的好恶而违背孩子的意愿决定孩子的事项。

5. 受教育权

受教育权对于未成年人来说具有特别重要的意义,因为未成年人中的绝大多数是接受义务教育的学生,宪法、《教育法》、《义务教育法》以及《未成年人保护法》都一再强调要保障未成年人接受义务教育的权利。作为监护人的家长要送适龄儿童、少年接受义务教育;学校要保证学生完成义务教育,不得开除学生;企业禁止招收童工;网吧在法定节假日以外禁止向未成年学生开放等,所有这一切都是为了保障未成年学生接受义务教育的权利。

(四)未成年人保护的原则

《未成年人保护法》规定的保护未成年人工作的基本原则,是指在保护未成年人的工作中起着指导作用的准则,保护未成年人工作应当遵循的基本原则。《未成年人保护法》第五条规定:"保护未成年人的工作,应当遵循下列原则:(一)尊重未成年人的人格尊严;(二)适应未成年人身心发展的规律和特点;(三)教育与保护相结合。"

1. 尊重未成年人人格尊严的原则

人格是人能作为权利主体、义务主体的资格,它由法律来赋予,与人的本身密不可分,因此,人格又称为人格权。人格权属于人身权,是人身权最基本的内容。人之所以能够称其为人,非常重要的一点就是人格权的存在。在我国,社会主义制度的建立和经济的发展,为全体公民实现人格的完全平等创造了良好的条件。我国法律确认每一个公民都有同等的人格权,公民的人格尊严不容侵犯。尊重未成年人的人格尊严,在现实生活中尤为重要。18 周岁以下的未成年人,属于限制行为能力人和完全无行为能力人,大多处于受抚养、受教育和被监护的地位。由于未成年人与抚养人、监护人和教育者这种特殊关系的存在,使未成年人的人格尊严容易受到家长、老师的忽视和侵害。同时,未成年人生理、心理发育不成熟,社会经验缺乏,他们的人格尊严还容易受到其他人的侵害。忽视和侵害未成年人的人格尊严,对未成年人的心理和生理的伤害是十分严重的,往往造成被侵害者畸形发展,轻则使被伤害者消极、郁闷、偏激,重则会使他们产生反社会心理,误入歧途或走向自我毁灭。因此,我们必须在未成年人的保护工作中,遵循尊重未成年人人格尊严这一原则。保护、尊重未成年人的人格尊严,需要每一个公民都要注意对待未成年人的方式和态度。一方面需要我们充分信任未成年人,相信他们能够处理好自己的事务。另一方面,成年人一定要认识到,未成年人也是公民,在人格上与成年人处于平等的地位,成年人没有高于未成年人的人格权,更不能凌驾于未成年人的人格权之上。尊重未成年人的人格尊严,是法律规定的公民的义务。

2. 适应未成年人身心发展特点的原则

未成年人身心发展特点包括未成年人身体发展特点和心理发展特点两方面。从身体方面来说,其发展可分体形的发展和组织机能的发展两个方面。未成年人的体形从出生到成年经历了一个由小到大、由不健全到逐步健全的过程。组织机能则主要是由不健全到健全的过程。身体的发展,无论是体形还是组织机能,其发展速度是比较迅速的,变化非常明显。未成年人的心理发展也是非常迅速,从对外界的刺激反应、条件反射发展到进行分析的思维活动。这些都是由简单到复杂,由低级向高级发展的。

虽然未成年人的身心发展速度很快,但仍然有规律可循。这是因为未成年人的身心发展具有阶段性,一定年龄段的未成年人有一定的身体特征和心理特征,并具有相对稳定性。一般说来,在一定年龄阶段的未成年人的身体和心理发展基本是一致的,但也确实存在一些特殊情况。如一些未成年人的身体发育较慢或有残疾,一些未成年人的智力偏低或智力超常等等。未成年人身心发展的特点决定了一个人的未成年时期对他今后的一生具有重大的影响。保护未成年人工作应当适应未成年人身心发展的特点。要求我们必须对未成年人的身心发展有充分的认识,既要认识到未成年人身心发展的一般特点,还要认识到个别未成年人的身心发展特征,只有这样,才能在保护未成年人的工作中,自觉地遵循适应未成年人身心发展特点的原则。

3. 教育与保护相结合的原则

教育就是通过一定的手段,将知识、技能、观念、品行等传授给未成年人。教育是未成年人学习、掌握知识的重要手段,通过教育未成年人掌握知识和劳动技能,使其获得成年后谋生的手段,并使未成年人健康成长,成为能够适应社会需要、全面发展的人。对未成年人的教育,实际上也起着对未成年人保护的作用。教育使未成年人身心得到发展,并促使其不断完善,增强了未成年人抵御外界侵害的能力,从而实现未成年人的自我保护。同时,教育也使未成年人学会自尊、自重、自强、自信和自爱,保证未成年人能健康顺利地成长。

虽然教育对未成年人的保护工作有非常重要的作用,但教育毕竟只是一种自身的完善,教育不等于对未成年人的保护,也不能代替对未成年人的保护。因此,我们对未成年人加强教育的同时,丝毫不能放松对未成年人的保护工作,应当把保护措施和教育措施结合起来,融保护于教育之中,在保护中加强教育,切实贯彻实施教育与保护相结合的原则。

## 二、家庭保护

家庭是以婚姻、血缘、收养及共同经济为纽带而组成的亲属团体。家庭作为社会的细胞,是社会最基本的组织形式。家庭是一个人社会化的基本场所,是未成年人保护的第一个阵地,家庭保护是未成年人保护的基础。

### (一)对未成年人的监护与抚养

《未成年人保护法》第十条规定:"父母或者其他监护人应当创造良好、和睦的家庭环境,依法履行对未成年人的监护职责和抚养义务。"第十二条规定:"父母或者其他监护人应当学习家庭教育知识,正确履行监护职责,抚养教育未成年人。"

#### 1. 对未成年人的监护

监护是指对未成年人的人身、财产以及其他一切合法权益的监督和保护。承担监护职责的人称为监护人。监护是保护无民事行为能力、限制行为能力的未成年人合法权益的法律制度。作为未成年人的监护人,应当承担起相应的职责。

《民法通则》第十六条对未成年人的监护人作了明确规定,首先,"未成年人的父母是未成年人的监护人"。其次,"未成年人的父母已经死亡或者没有监护能力的",由有监护能力的祖父母、外祖父母或兄、姐担任监护人。第三,如果没有祖父母、外祖父母或兄、姐的,可以由关系密切的其他亲属、朋友,担任监护人,前提是他们愿意承担监护责任,并经未成年人的父、母的所在单位或者未成年人住所地的居民委员会、村民委员会同意的。第四,如果上述可以作为监护人的都没有,则"由未成年人的父、母的所在单位或者未成年人住所地的居民委员会、村民委员会或者民政部门担任监护人。"

《未成年人保护法》第十六条"父母因外出务工或者其他原因不能履行对未成年人监护职责的,应当委托有监护能力的其他成年人代为监护。"

监护人将监护职责部分或全部委托给他人,称监护委托。监护权为监护人的专属权利,不得抛弃或移转于他人,但其行使可以委托于第三人,监护人将其监护职责部分或全部委托给他人的,原则上不具有变更监护的效力。

《未成年人保护法》第六十二条:"父母或者其他监护人不依法履行监护职责,或者侵害未成年人合法权益的,由其所在单位或者居民委员会、村民委员会予以劝诫、制止;构成违反治安管理行为的,由公安机关依法给予行政处罚。"

### 2. 对未成年人的抚养

抚养是指父母从物质上对未成年子女的养育和照料。父母应当为未成年子女生活和学习方面提供必要的物质条件,承担经济责任。父母有义务把未成年子女抚养成人,这是法定的义务。父母对未成年子女的抚养是无条件的,父母抚养子女的义务不得因离婚而免除,离婚后,父母对未成年子女仍有抚养的权利和义务,一方抚养的子女,另一方应负担必要的生活费和教育费的一部分或全部。非婚生子女的生父,应负担未成年子女抚养费的一部分或全部,直至子女独立生活为止。

《未成年人保护法》第十条还有针对性地强调了在家庭监护和抚养中禁止的行为:"禁止对未成年人实施家庭暴力,禁止虐待、遗弃未成年人,禁止溺婴和其他残害婴儿的行为,不得歧视女性未成年人或者有残疾的未成年人。"

### (二)尊重未成年人的受教育权

父母或者其他监护人应当尊重未成年人接受教育的权利,不得使在校接受义务教育的未成年人辍学。《未成年人保护法》第十三条规定:"父母或者其他监护人应当尊重未成年人受教育的权利,必须使适龄未成年人依法入学接受并完成义务教育,不得使接受义务教育的未成年人辍学。"辍学对未成年人的健康成长具有十分消极的后果,一是侵犯了未成年人受教育权。某些家长只顾眼前利益,不顾长远利益,造成一些未成年人的失学与辍学,使未成年人接受教育的权利得不到保障。二是影响了未成年人的文化素质和思想素质的提高。义务教育能使未成年人学习科学文化知识和技能,提高思想和道德水平,形成科学的世界观。如果未成年人辍学,影响了文化和思想素质的发展,将来就难以履行应尽的社会责任。三是不利于未成年人将来生活道路的选择。辍学造成未成年人缺乏系统的科学文化知识和行为规范,随着社会对高水平劳动力的需求,辍学会使未成年人将来在择业时蒙受损失。

### (三)家庭教育方式方法要适当

家庭教育是指父母或者其他监护人在思想、品德上对未成年人的关怀和帮助。

父母是子女的第一任教师,教育好子女是家庭的一项重要职能。《未成年人保护法》第十一条规定:"父母或者其他监护人应当关注未成年人的生理、心理状况和行为习惯,以健康的思想、良好的品行和适当的方法教育和影响未成年人,引导未成年人进行有益身心健康的活动,预防和制止未成年人吸烟、酗酒、流浪、沉迷网络以及赌博、吸毒、卖淫等行为。"这一法律规定有针对性地强调了家庭教育的方式方法问题。身教重于言教,父母的以身作则很重要,父母思想健康、品行端正,才谈得上要求子女思想健康、品行端正。教育子女要讲究方法,要把孩子的精力引导到体育锻炼、文学艺术、郊游旅行等有益身心健康的活动上;孩子犯了错,要给孩子改正错误的机会;即使孩子有了严重不良行为,也不能放弃,只要方法得当也能纠正过来。

## 三、学校保护

学校保护,是指相关的学校、幼儿园及其他教育机构依照《未成年人保护法》及其他有关法律、法规,对未成年学生和幼儿园儿童实施的专门保护。

学校作为对未成年人实施教育的机构,是我国未成年人保护的重要方面。学校对未成年学生和儿童的身心健康、受教育权、人身权及其他合法权益提供必要和有效的保护,对于整个未成年人保护工作起着举足轻重的作用。

### (一) 保护未成年学生的受教育权

作为学校首先保护的是学生的受教育权,未成年学生受到年龄、智力的限制,其受教育权极易被侵害,因此,《未成年人保护法》在保护未成年学生的受教育权时作了特别的规定。

1. 贯彻国家的教育方针,实施素质教育

《未成年人保护法》第十七条规定:"学校应当全面贯彻国家的教育方针,实施素质教育,提高教育质量,注重培养未成年学生独立思考能力、创新能力和实践能力,促进未成年学生全面发展。"这一法律规定与《义务教育法》中的相关表述是一致的。在本书第三章义务教育法律制度中已经作了阐述,这里不再叙述。

2. 耐心教育帮助"品行有缺点、学习有困难"的学生

《未成年人保护法》第十八条规定:"学校应当尊重未成年学生受教育的权利,关心、爱护学生,对品行有缺点、学习有困难的学生,应当耐心教育、帮助,不得歧视,不得违反法律和国家规定开除未成年学生。"这一法律规定是很有针对性的,是针对所谓的"差生"。

(1) 对"品行有缺点、学习有困难"学生的界定。

"品行有缺点、学习有困难"的学生就是在以前学校教育教学中被称为"双差"的学生。"双差生"中"品行差"和"学习差"在《未成年人保护法》中的表述分别是"品行有缺点"、"学习有困难"。这两个法律表述是非常准确的。人无完人，何况是正处在成长中的未成年学生，未成年学生在成长的过程中犯些错误是很正常的。小时候不懂事，调皮捣蛋，甚至胡作非为，并不影响他们长大成人后成为守法的公民，成为有道德修养的人。学习是艰苦的事，谁学习上不会碰到困难，何况是正在中小学读书的未成年学生，未成年学生在学习的过程中碰到困难是非常普遍的现象。小学、中学时代不想学习、不会学习，成绩不好，也并不意味着他们将来不想学习、不会学习、不能成才。

（2）界定"品行有缺点、学习有困难"的意义。

把所谓的"双差生"界定为"品行有缺点、学习有困难"的学生，其法律意义是极大限度地保护了所谓的"双差生"的受教育权。

如果将"品行有缺点"的学生定性为"品行差"，则是把这部分未成年学生的品行定格在"差"的位置上，不要说老师、家长对这些学生失望了，就是这些学生本人往往也会被"品行差"压垮了，感到没指望，就"破坛子破摔"，"差"到底。而将所谓的"品行差"的学生界定为"品行有缺点"的学生，那么对这部分学生的态度就不是放弃，而是积极地帮助他们改正缺点。实际上只要给这部分学生充足的机会，他们是能改正缺点的。

同样，如果将"学习有困难"的学生定性为"学习差"，则是把这部分未成年学生的学习定格在"差"的位置上，认为他们的学习成绩排名在班上总是"垫底"，这样他自己也逐渐失去了学习的信心，不再听课，学习成绩也就一直"差"下去了。而将所谓的"学习差"的学生界定为"学习有困难"的学生，对他们的态度也会有所改变：他们的成绩上不去，只是学习上遇到了困难，因此，要看他们遇到了哪些困难，积极寻找帮助他们克服困难的方法。只要帮助这些学生克服困难，他们的学习成绩都会提高的。

（3）对"品行有缺点、学习有困难"学生的教育。

《未成年人保护法》对"品行有缺点、学习有困难"的学生的教育作了义务性和禁止性的规范。义务性的规范是"应当耐心教育、帮助"，禁止性的规范是"不得歧视，不得违反法律和国家规定开除未成年学生"。对于学校教师来说，在对"品行有缺点、学习有困难"的未成年学生的教育上确实需要花费更多的时间和精力，有些老师就失去耐心了；在中小学的教育教学实践中，歧视"品行有缺点、学习有困难"

的未成年学生现象屡见不鲜,将他们开除出校门的情况也时有发生。因此,法律有针对性地作出了禁止性的规定。需注意的是,义务教育阶段的学生是不能开除的,高中阶段或职业学校的学生是可以开除的。从保护未成年学生的受教育权的角度看,即便可以开除学生,也需要慎之又慎,毕竟开除其学籍后,他们的受教育机会就失去了。

3. 进行社会生活指导、心理健康辅导和青春期教育

《未成年人保护法》第十九条规定:"学校应当根据未成年学生身心发展的特点,对他们进行社会生活指导、心理健康辅导和青春期教育。"未成年学生的受教育权的内涵是非常丰富的,他们在学校里不仅要接受科学文化知识的教育,还要接受政治思想教育以及与他们的身心健康和发展相适应的其他教育。《未成年人保护法》在修订时特地增加了这一条,有针对性地强调了学校要"对他们进行社会生活指导、心理健康辅导和青春期教育"。从目前中小学的教育现状看,学生的社会生活能力偏低、心理还不够健康,很多学生在青春期遇到了困惑。学校在保护学生的受教育权时尤其要注意这方面的教育。

4. 学校与家长互相配合,共同保护学生的受教育权

《未成年人保护法》第二十条规定:"学校应当与未成年学生的父母或者其他监护人互相配合,保证未成年学生的睡眠、娱乐和体育锻炼时间,不得加重其学习负担。"学校对未成年学生的受教育权的保护要得到家长的支持才能发挥更大的作用,因此,该法修订时增加了这一条。针对目前家长中的期望值过高,"望子成龙"、"望女成凤",学校减负、家长加负的现象,《未成年人保护法》强调了"保证未成年学生的睡眠、娱乐和体育锻炼时间"确实非常必要。

(二)保护未成年学生的人身权

未成年人享有广泛的人身权利,包括生命权、身体健康权、姓名权、肖像权、人格权、名誉权、荣誉权以及自由权等权利。《未成年人保护法》把对未成年人的人身权利的保护列为学校保护的重要内容。学校保护所涉及的未成年人的人身权利,主要是指与学校、幼儿园实施教育活动紧密相连的未成年学生和儿童的人格尊严、人身安全和健康权。

1. 尊重未成年学生的人格尊严

《未成年人保护法》第二十一条规定:"学校、幼儿园、托儿所的教职员工应当尊重未成年人的人格尊严,不得对未成年人实施体罚、变相体罚或者其他侮辱人格尊严的行为。"人格尊严是受宪法保护的。《民法通则》规定了民事权利是始于出生,

终于死亡。也就是说，未成年人的人格尊严和成年人的人格尊严是一样的，成年人需要他人尊重自己的人格尊严，未成年人也一样，只不过由于他们的年龄缘故，一些低龄孩子不会表达而已。因此，《未成年人保护法》在对学生的人身权的保护上首先强调了要保护他们的人格尊严。

2. 保护未成年学生的人身安全

(1) 建立安全制度、进行安全教育。

《未成年人保护法》第二十二条分别用三款条文对安全制度、安全教育、安全措施作了规定。

第一款是对安全制度和安全教育的规定："学校、幼儿园、托儿所应当建立安全制度，加强对未成年人的安全教育，采取措施保障未成年人的人身安全。"

第二款是对校舍和校园设施安全的规定："学校、幼儿园、托儿所不得在危及未成年人人身安全、健康的校舍和其他设施、场所中进行教育教学活动。"

第三款是对学生活动采取安全措施的规定："学校、幼儿园安排未成年人参加集会、文化娱乐、社会实践等集体活动，应当有利于未成年人的健康成长，防止发生人身安全事故。"

学校应建立安全工作领导小组并定期召开会议，定期全面检查全校的安全工作落实情况，对全校的教职工及学生进行安全法制教育，利用广播站和学校的宣传橱窗开展安全教育宣传活动。

(2) 制订应急预案、进行演练训练。

《未成年人保护法》第二十三条规定："教育行政等部门和学校、幼儿园、托儿所应当根据需要，制定应对各种灾害、传染性疾病、食物中毒、意外伤害等突发事件的预案，配备相应设施并进行必要的演练，增强未成年人的自我保护意识和能力。"这一规定是该法修订时新增加的。学校应当每学期组织全校师生进行一次安全疏散、安全自救的演练，提高自我保护水平，应当科学合理地安排作息时间、学习任务，健全卫生保健制度，做好未成年学生和儿童的常见病、多发病的群体预防和矫治工作。

(3) 出事及时救护、及时向上报告。

《未成年人保护法》第二十四条规定："学校对未成年学生在校内或者本校组织的校外活动中发生人身伤害事故的，应当及时救护，妥善处理，并及时向有关主管部门报告。"这一规定是该法修订时新增加的。学校应建立事故报告制度，安全事故发生后，应本着"先口头，后书面"的原则迅速上报。校内发生安全事故，目击者或当事人应立即向学校负责安全工作的领导报告。属于重大特急事故的,须同时报告相关机构:火警报 119,人身安全事故报 110,急病立即转送当地医院。

（三）专门学校的教育与保护

我国的专门学校,是对有违法和轻微犯罪行为的未成年学生进行教育帮助的学校。它是中等学校教育中的一种特殊形式,也是实施义务教育的形式之一。根据国家现行的有关规定,专门学校主要招收 12 周岁至 17 周岁的,有违法或轻微犯罪行为,尚不够劳动教养、收容教养或刑事处罚条件,又不适宜在原学校学习的未成年学生。

《未成年人保护法》第二十五条规定:"对于在学校接受教育的有严重不良行为的未成年学生,学校和父母或者其他监护人应当互相配合加以管教;无力管教或者管教无效的,可以按照有关规定将其送专门学校继续接受教育。专门学校应当对在校就读的未成年学生进行思想教育、文化教育、纪律和法制教育、劳动技术教育和职业教育。专门学校的教职员工应当关心、爱护、尊重学生,不得歧视、厌弃。"

根据《未成年人保护法》的相关规定,专门学校及其教职员在对待学生时,应当坚持正面教育为主的原则。要耐心、细致、有爱心,不可用简单粗暴的方式,歧视、讽刺、厌弃他们。学生在专门学校学习时期,学校对考核合格者,应准予结业。学生毕业后,在升学、参军或劳动就业等方面不受歧视,应当受到同等待遇。

（四）幼儿园的保护与教育

幼儿教育即学前教育与其他的学校教育包括小学教育不同,因此,学前教育方针也有别于其他学校的教育方针,《未成年人保护法》第二十六条规定:"幼儿园应当做好保育、教育工作,促进幼儿在体质、智力、品德等方面和谐发展。"在学前教育方针中,保护幼儿的安全是第一位的,在幼儿的全面发展的目标上,身体健康是放在第一位的。

为了强化上述法律规定的执行力度,《未成年人保护法》法律责任一章中的第六十三条规定:"学校、幼儿园、托儿所侵害未成年人合法权益的,由教育行政部门或者其他有关部门责令改正;情节严重的,对直接负责的主管人员和其他直接责任人员依法给予处分。"因此,学校、幼儿园、托儿所必须依法保护未成年人的合法权益。

# 四、社会保护

社会保护特指在社会生活环境中对未成年人实行的保护。社会保护的作用就是创造一种有利于未成年人健康成长的环境,一方面是保证未成年人健康成长,另一方面是巩固其他保护的成果,社会保护起到巩固家庭保护、学校保护以及对违法犯罪的未成年人的司法保护成果的作用。

(一) 保护未成年人的人身安全与健康

保护未成年人的人身安全与健康,是保护未成年人的心理和思想健康的基础和前提。保护未成年人的人身安全,是指在有未成年人参加的社会生活中采取措施,不使未成年人的身体和生命受到意外事故的突然损害。保护未成年人的健康是指在未成年人参加的社会生活中采取措施,不使未成年人的身体因生理疾病而影响其自然发育。《未成年人保护法》第四章规定了四方面的措施。

1. 禁烟禁酒

目前在影响未成年人健康的因素中,烟和酒是一大因素,因此,《未成年人保护法》第三十七条规定:"禁止向未成年人出售烟酒,经营者应当在显著位置设置不向未成年人出售烟酒的标志;对难以判明是否已成年的,应当要求其出示身份证件。任何人不得在中小学校、幼儿园、托儿所的教室、寝室、活动室和其他未成年人集中活动的场所吸烟、饮酒。"

2. 疾病防治

根据《未成年人保护法》第四十四条的规定:在疾病防治方面,一是"卫生部门和学校应当对未成年人进行卫生保健和营养指导,提供必要的卫生保健条件,做好疾病预防工作"。二是"卫生部门应当做好对儿童的预防接种工作,国家免疫规划项目的预防接种实行免费"。三是"积极防治儿童常见病、多发病,加强对传染病防治工作的监督管理,加强对幼儿园、托儿所卫生保健的业务指导和监督检查"。

3. 劳动就业

在劳动就业方面,《未成年人保护法》第三十八条第一款首先明确禁止招收童工:"任何组织或者个人不得招用未满十六周岁的未成年人,国家另有规定的除外。"

第二款则强调了未成年人的劳动必须适度:"任何组织或者个人按照国家有关规定招用已满十六周岁未满十八周岁的未成年人的,应当执行国家在工种、劳动时间、劳动强度和保护措施等方面的规定,不得安排其从事过重、有毒、有害等危害未成年人身心健康的劳动或者危险作业。"适度劳动,是未成年人成长的必要措施之一,过度的劳动可能威胁未成年人的生命安全和身体健康。

4. 社会救济

对于那些流浪乞讨或者离家出走的未成年人,《未成年人保护法》规定了救济措施,要求民政部门或者其他有关部门负责交送其父母或者其他监护人,并对暂时无法查明其父母或者其他监护人的,由民政部门设立的儿童福利机构收容抚养。

（二）保护未成年人的心理和思想健康

1. 对未成年人的隐私权的尊重与保护

隐私权虽然没有写进《民法通则》,但是写进了《未成年人保护法》,《未成年人保护法》第三十九条规定:"任何组织或者个人不得披露未成年人的个人隐私。尊重未成年人的人格尊严,主要表现在对未成年人的隐私和信件的处理上。揭露未成年人的隐私和隐匿、毁弃、非法开拆未成年人的信件,都会伤害未成年人的人格尊严。"

2. 对未成年人的心理和思想活动的引导

《未成年人保护法》规定的对未成年人的心理和思想活动的引导,包括三个方面:

（1）对未成年人社会活动的引导。《未成年人保护法》第三十条规定:"爱国主义教育基地、图书馆、青少年宫、儿童活动中心应当对未成年人免费开放;博物馆、纪念馆、科技馆、展览馆、美术馆、文化馆以及影剧院、体育场馆、动物园、公园等场所,应当按照有关规定对未成年人免费或者优惠开放。"第三十一条规定:"社区中的公益性互联网上网服务设施,应当对未成年人免费或者优惠开放,为未成年人提供安全、健康的上网服务。"

针对未成年人沉迷网络的问题,《未成年人保护法》在修订时新增加了一些规定,即第三十三条的规定:"国家采取措施,预防未成年人沉迷网络。国家鼓励研究开发有利于未成年人健康成长的网络产品,推广用于阻止未成年人沉迷网络的新技术。"

（2）对未成年人进入校外活动场所的引导。《未成年人保护法》第三十六条规定:"中小学校园周边不得设置营业性歌舞娱乐场所、互联网上网服务营业场所等不适宜未成年人活动的场所。营业性歌舞娱乐场所、互联网上网服务营业场所等不适宜未成年人活动的场所,不得允许未成年人进入,经营者应当在显著位置设置未成年人禁入标志;对难以判明是否已成年的,应当要求其出示身份证件。"

（3）对未成年人接触出版物的引导。《未成年人保护法》第三十二条规定:"国家鼓励新闻、出版、信息产业、广播、电影、电视、文艺等单位和作家、艺术家、科学家以及其他公民,创作或者提供有利于未成年人健康成长的作品。出版、制作和传播专门以未成年人为对象的内容健康的图书、报刊、音像制品、电子出版物以及网络信息等,国家给予扶持。国家鼓励科研机构和科技团体对未成年人开展科学知识普及活动。"第三十四条规定:"禁止任何组织、个人制作或者向未成年人出售、出租或者以其他方式传播淫秽、暴力、凶杀、恐怖、赌博等毒害未成年人的图书、报刊、音像制品、电子出版物以及网络信息等。"

《未成年人保护法》在法律责任一章中规定:对违反社会保护相关规定的,要追究其行政责任。

# 五、司法保护

对未成年人的司法保护,是指公安机关、人民检察院、人民法院以及司法行政部门,即广义的国家司法机关,通过依法履行职责,对未成年人所实施的一种专门保护活动。司法保护可分为一般司法保护和特殊司法保护。前者,可适用于所有的未成年人;后者,则专门适用于司法机关办理的违法犯罪的未成年人。《未成年人保护法》中的司法保护针对的是特殊司法保护,主要明确了办理未成年人犯罪案件的特殊要求。

## (一)法院审案时的保护

### 1. 审理涉及未成年人权益案件时的保护

《未成年人保护法》第五十一条规定:"未成年人的合法权益受到侵害,依法向人民法院提起诉讼的,人民法院应当依法及时审理,并适应未成年人生理、心理特点和健康成长的需要,保障未成年人的合法权益。在司法活动中对需要法律援助或者司法救助的未成年人,法律援助机构或者人民法院应当给予帮助,依法为其提供法律援助或者司法救助。"第五十二条、五十三条具体规定了法院在审理继承案件和离婚案件、审理监护人不履行监护义务案件时对未成年人合法权益的保护要求。

### 2. 审理违法犯罪未成年人时的保护

《未成年人保护法》第五十四条规定:"对违法犯罪的未成年人,实行教育、感化、挽救的方针,坚持教育为主、惩罚为辅的原则。对违法犯罪的未成年人,应当依法从轻、减轻或者免除处罚。"司法机关依法对违法犯罪的未成年人不予处罚或从宽处罚,是"教育为主,惩罚为辅"原则的具体体现,也是实行"教育、感化、挽救"的前提。在从宽处罚的前提下,司法机关依法对违法犯罪的未成年人予以必要的处罚,是对他们进行教育、挽救的有效保证。"教育为主,处罚为辅"原则是要求在依法从宽的前提下,根据未成年人违法犯罪行为的情节和危害后果以及教育改造的需要,予以必要的处罚。

（二）公检法办案时的保护

《未成年人保护法》第五十五条规定:"公安机关、人民检察院、人民法院办理未成年人犯罪案件和涉及未成年人权益保护案件,应当照顾未成年人身心发展特点,尊重他们的人格尊严,保障他们的合法权益,并根据需要设立专门机构或者指定专人办理。"第五十六条又具体强调了两点:一是"公安机关、人民检察院讯问未成年犯罪嫌疑人,询问未成年证人、被害人,应当通知监护人到场";二是"公安机关、人民检察院、人民法院办理未成年人遭受性侵害的刑事案件,应当保护被害人的名誉"。

（三）羁押、服刑时的保护

《未成年人保护法》第五十七条对此作了三款规定,第一款是:"对羁押、服刑的未成年人,应当与成年人分别关押。"第二款是:"羁押、服刑的未成年人没有完成义务教育的,应当对其进行义务教育。"第三款是:"解除羁押、服刑期满的未成年人的复学、升学、就业不受歧视。"

（四）媒体报道时的保护

为了教育未成年人预防犯罪,媒体会披露未成年人犯罪案件,为此《未成年人保护法》第五十八条作了明确规定:"对未成年人犯罪案件,新闻报道、影视节目、公开出版物、网络等不得披露该未成年人的姓名、住所、照片、图像以及可能推断出该未成年人的资料。"

至于司法保护中的一般司法保护,《未成年人保护法》第五十九条强调:"对未成年人严重不良行为的矫治与犯罪行为的预防,依照预防未成年人犯罪法的规定执行。"这方面的内容将在下面一节中阐述。

## 第二节　预防未成年人犯罪法律制度

《预防未成年人犯罪法》是一部在《未成年人保护法》基础上,专门研究预防未成年人犯罪的法律。该法是基于保护未成年人的健康成长,防范未成年人违法犯罪而做出的重大立法举措,具有很强的针对性和操作性。《预防未成年人犯罪法》

共分八章,除了总则、罚则(即法律责任)、附则外,其分则有五章,分别是预防未成年人犯罪的教育、对未成年人不良行为的预防、对未成年人严重不良行为的矫治、未成年人对犯罪的自我防范、对未成年人重新犯罪的预防。本节将阐述分则中的主要内容,重点阐述对未成年人不良行为的预防和对未成年人严重不良行为的矫治。

# 一、概述

《预防未成年人犯罪法》是 1999 年 6 月 28 日由第九届全国人民代表大会常务委员会第十次会议通过,并自 1999 年 11 月 1 日起施行。《预防未成年人犯罪法》在总则中明确了立法宗旨,强调了政府在预防未成年人犯罪方面的职责,明确了预防未成年人犯罪应当遵循的原则。

## (一)立法宗旨

《预防未成年人犯罪法》第一条明确了立法宗旨,即"为了保障未成年人身心健康,培养未成年人良好品行,有效地预防未成年人犯罪,制定该法。"立法宗旨包括以下三个方面:

### 1. 保障未成年人的身心健康

未成年人是一个特殊的社会群体,他们的世界观、人生观、是非观、价值观等思想体系正处在形成过程,极易发生偏差,一失足成千古恨的事情时有发生。保障未成年人的身心健康,首先是预防犯罪,身陷牢狱则身心无法健康,不犯罪是身心健康的底线。因此,《预防未成年人犯罪法》把"保障未成年人的身心健康"列为立法的首要目的。

### 2. 培养未成年人良好的品行

人以品为重,一个人小时候是否具备良好品行,关系到其将来一生的发展走向。《预防未成年人犯罪法》从预防未成年人沾染上不良行为入手,进而纠正不良行为,矫治严重不良行为,其目的只有一个,就是培养未成年人良好的品行。因此,《预防未成年人犯罪法》把"培养未成年人良好的品行"作为立法的目的。

### 3. 有效地预防未成年人犯罪

预防未成年人犯罪不是一个新问题,之所以一再被提起,是因为现今的未成年人犯罪率居高不下,且逐年呈上升趋势。预防未成年人犯罪如何有效,就成了制定这部法律的直接目的。《预防未成年人犯罪法》强调预防未成年人犯罪是政府的职责,强调综合治理,强调从未成年人不良行为的预防开始等,所有这些规定,要达到的最直接的目的就是最终能够有效地预防未成年人犯罪。

以上三方面内容相辅相成,紧密联系,互为影响。如能有效地预防未成年人犯罪,这将有利于保障未成年人身心健康,培养其良好品行。而保障好未成年人身心健康、培养未成年人具有良好品行,反过来又能起到有效地预防未成年人犯罪的良好作用。这三方面既是我国《预防未成年人犯罪法》的立法目的,也是贯穿于整个预防未成年人犯罪立法的指导思想。《预防未成年人犯罪法》分则中的"预防未成年人犯罪的教育"、"对未成年人不良行为的预防"、"对未成年人严重不良行为的矫治"、"未成年人对犯罪的自我防范"以及罚则中有关法律责任的规定都是根据这一目标而制定的,也是为实现这一目标服务的。

（二）法律特点

《预防未成年人犯罪法》的主要特点概括起来有以下几个方面。

1. 预防对象的特定性

该法的预防对象是特定的,即未满18周岁的未成年人。因为未成年人正处于特殊的生理、心理转型期,很容易塑造成好的、积极上进的品格;也容易受不良影响而学坏,走上违法犯罪的道路。在这个时期,教育他们预防不良行为、矫治其严重不良行为能收到良好的效果。

2. 预防主体的广泛性

未成年人之所以违法犯罪,涉及社会的方方面面,因此,必须集中社会各方面的力量加以综合治理。该法第三条明确规定"预防未成年人犯罪,在各级人民政府组织领导下,实行综合治理。政府有关部门、司法机关、人民团体、社会团体、学校、家庭、城市居民委员会、农村村民委员会等各方面共同参与,各负其责,做好预防未成年人犯罪工作,为未成年人身心健康发展创造良好的环境"。参与预防未成年人犯罪的主体非常广泛,未成年人自己也是预防犯罪的主体。

3. 预防内容的具体性

预防未成年人犯罪,如果没有具体预防内容的规定,将成为一张空的法网,不具有操作性。该法将严重违背社会公德定性为不良行为,第三十四条在对"严重不良行为"进行界定后,具体列出了8种严重不良行为。该法用列举的方式立法,就使得未成年人、学校、家庭、社会清楚地知道未成年人哪些行为是可做的,哪些行为是禁止行使的,为预防未成年人犯罪提供了具体的预防内容。

4. 预防措施的多样性

《预防未成年人犯罪法》规定:预防未成年人犯罪必须采取综合治理的方针,而综合治理必然要求预防措施多种多样。该法对未成年人不良行为的预防中,既有对不良经营场所、有害出版物和影视节目的禁止或者限制规定,又有对家庭、学校、有关机关、单位和个人在预防未成年人不良行为中的法律责任。在对未成年人严重不良行为的矫治中,即强调了家庭的严加管教,又强调专门学校的教育,既主张家庭、学校的配合,又主张充分发挥政府行政管理的作用。

5. 预防责任的明确性

一部法律得以实际执行并发挥作用的关键是必须明确法律责任的归属,这样才有可能使预防未成年人犯罪落到实处,不至于出现未成年人有不良行为、严重不良行为、犯罪行为时,大家相互扯皮,推脱责任。因此,该法在"法律责任"一章中,规定了未成年人的父母或者其他监护人、公安机关工作人员、读物、音像制品、电子出版物经营单位、演播场所等违反该法规定所应负的行政责任、刑事责任等。需要特别指出的是,预防责任的明确性和预防主体的广泛性是相辅相成的,只有责任明确了,各个主体才能各尽其责,相互配合。

(三) 基本原则

《预防未成年人犯罪法》第二条明确:"预防未成年人犯罪,立足于教育和保护,从小抓起,对未成年人的不良行为及时进行预防和矫治。"这是预防未成年人犯罪的指导思想。这一指导思想体现了预防未成年人犯罪的几个基本原则。

1. 教育和保护的原则

预防未成年人犯罪必须牢牢把握住预防的对象即未成年人这一特定对象,根据其生理、心理成长环境从而找出预防未成年人犯罪的立足点。对未成年人犯罪的预防,着眼点不是以打击来达到预防目的,而是要立足于教育和保护来达到预防目的,这是基于未成年人的生理、心理特点所决定的。

2. 从小抓起的原则

预防未成年人犯罪必须从小从早抓起,这样就能从小增强未成年人分辨是非的能力及抵制外界不良诱惑的能力,培养未成年人正确的世界观、人生观、价值观,消除未成年人违法犯罪的内因,发挥预防未成年人犯罪的最大效能。

3. 及时的原则

一旦发现未成年人有不良行为,是否及时预防和矫治,决定着是否把握住了有效预防未成年人犯罪的最佳时机。俗话说:"机不可失,时不再来",错过了"及时"这一时机,再试图预防和矫正未成年人不良行为,往往会事倍功半,对未成年人、对社会都将造成很深的负面影响。所以,预防未成年人犯罪应遵循对未成年人的不良行为及时进行预防和矫治的原则。

## 二、预防未成年人犯罪的教育

预防未成年人犯罪，首先是教育，《预防未成年人犯罪法》第六条明确了教育的内容："对未成年人应当加强理想、道德、法制和爱国主义、集体主义、社会主义教育。对于达到义务教育年龄的未成年人，在进行上述教育的同时，应当进行预防犯罪的教育。"同时又明确了教育的目的："预防未成年人犯罪的教育的目的，是增强未成年人的法制观念，使未成年人懂得违法和犯罪行为对个人、家庭、社会造成的危害，违法和犯罪行为应当承担的法律责任，树立遵纪守法和防范违法犯罪的意识。"

如何进行教育，以达到教育的目的，《预防未成年人犯罪法》从教育的主体入手，进行责任划分。

### （一）国家的教育责任

《预防未成年人犯罪法》在制定国家的教育职责时强调的是组织法制宣传活动，即第八条的规定："司法行政部门、教育行政部门、共产主义青年团、少年先锋队应当结合实际，组织、举办展览会、报告会、演讲会等多种形式的预防未成年人犯罪的法制宣传活动。"

### （二）学校的教育责任

学校是对未成年学生进行法制教育、预防犯罪教育的重要基地。在预防未成年人犯罪教育中学校的职责主要有以下几方面。

1. 纳入学校教育教学计划

学校的教育教学工作是按照教育教学计划进行的，因此，《预防未成年人犯罪法》首先对此作了规定，即第七条规定："教育行政部门、学校应当将预防犯罪的教育作为法制教育的内容纳入学校教育教学计划，结合常见多发的未成年人犯罪，对不同年龄的未成年人进行有针对性的预防犯罪教育。"依据这一法律规定，学校要把预防犯罪的教育作为法制教育的内容，并将法制教育纳入学校的教育教学计划。学校在制定教育教学计划时还要结合未成年人犯罪的现实，要根据学生的年龄特征。尤其是对于已进入或将要进入青春期的未成年人，要有针对性地进行青春期教育、性犯罪预防教育。

2. 结合实际举办教育活动

预防未成年人犯罪教育不能用课堂教学的方式进行，而应以活动为主，为此

《预防未成年人犯罪法》第八条规定:"学校应当结合实际举办以预防未成年人犯罪的教育为主要内容的活动。教育行政部门应当将预防未成年人犯罪教育的工作效果作为考核学校工作的一项重要内容。"什么样的活动学生喜欢参加?结合学生实际需要的活动学生喜欢参加,也只有这样的活动才能达到预期的教育效果。

3. 聘任专兼职教师或校外法律辅导员

法制教育,尤其预防犯罪的教育需要专业知识,因此,《预防未成年人犯罪法》第九条规定:"学校应当聘任从事法制教育的专职或者兼职教师。学校根据条件可以聘请校外法律辅导员。"

（三）家庭的教育责任

未成年人在与父母长期一起生活的过程中,无不潜移默化地受父母言行的影响,其是非标准、荣辱观念、行为习惯的形成,父母无疑负有直接、主要责任,因此,《预防未成年人犯罪法》第十条规定了父母的教育职责:"未成年人的父母或者其他监护人对未成年人的法制教育负有直接责任。未成年人的父母或者其他监护人应当结合学校的计划,针对具体情况进行教育。"为了督促家长履行法定义务,《预防未成年人犯罪法》在法律责任中首先规定了家长不履行法定义务的责任,即第四十九条规定:"未成年人的父母或者其他监护人不履行监护职责,放任未成年人有本法规定的不良行为或者严重不良行为的,由公安机关对未成年人的父母或者其他监护人予以训诫,责令其严加管教。"家庭应当参与、配合学校教育计划,使学校、家庭对未成年人不良行为的预防、矫治实现同步化、全面化,这对有效预防犯罪是至关重要的,也是由学校教育与家庭教育的各自侧重点、教育方式等不同所决定的。

（四）社会的教育责任

未成年人不只是仅仅在家庭中生活、在学校中学习,他们还需要适合其身心特点的各类校外活动场所,以丰富自己的生活、活跃气氛、调节心理。因此,《预防未成年人犯罪法》还规定了社会的教育责任。

1. 校外活动场所的教育责任

《预防未成年人犯罪法》第十一条规定:"少年宫、青少年活动中心等校外活动场所应当把预防未成年人犯罪的教育作为一项重要的工作内容,开展多种形式的宣传教育活动。"

2. 职业教育培训机构、用人单位的教育责任

《预防未成年人犯罪法》第十二条规定:"对于已满十六周岁不满十八周岁准备

就业的未成年人,职业教育培训机构、用人单位应当将法律知识和预防犯罪教育纳入职业培训的内容。"

3. 居委会、村委会的教育责任

《预防未成年人犯罪法》第十三条规定:"城市居民委员会、农村村民委员会应当积极开展有针对性的预防未成年人犯罪的法制宣传活动。"

## 三、对未成年人不良行为的预防

不良行为是指严重违背社会公德的行为。不良行为如果不能预防和纠正,就有可能演变为严重不良行为,继而导致犯罪行为。所以,预防未成年人犯罪应当从预防和纠正未成年人的不良行为入手。

### (一)未成年人不良行为的表现

《预防未成年人犯罪法》第十四条列举了未成年人的八种不良行为。

1. 旷课、夜不归宿

旷课、夜不归宿是未成年学生常有的不良行为,尤其是旷课,很有普遍性。因此,纠正未成年学生的不良行为应从预防旷课、夜不归宿做起。

2. 携带管制刀具

未成年人携带管制刀具可能伤害别人,也可能被伤害,容易导致违法犯罪活动的发生。未成年人的父母或者其他监护者和学校应当教育未成年人不得携带管制刀具,一旦发现,应当予以没收,交公安机关处理。管制刀具的范围包括匕首、三棱刀(包括机械加工用的三棱刮刀)、带有自动装置的弹簧刀(跳刀)以及其他类似的单刃、双刃、三棱刮刀。

3. 打架斗殴、辱骂他人

打架斗殴、辱骂他人在未成年学生中较为普遍。打架斗殴、辱骂他人常常是分不开的,辱骂他人的后果往往是打架斗殴,打架斗殴过程中则是不断地辱骂他人。打架斗殴、辱骂他人往往是带有情景性、冲动性,一句话不合便脏话出口,大打出手。打架斗殴、辱骂他人尽管常在个体之间进行,但是常常会演变成群体性的行为,导致犯罪。

4. 强行向他人索要财物

所谓强行向他人索要财物,是指以暴力相威胁,或动用轻微暴力,或是用其他手段相要挟,迫使他人将财物交出来。这一现象在学校也经常出现,通常是在以大欺小、以强欺弱时发生。如果弱小的一方不愿意将财物交出,就可能出现暴力,而暴力极易导致激情犯罪。

5. 偷窃、故意毁坏财物

偷窃行为是指以非法占有为目的,秘密地或乘人不备时拿走、获取、占有属于他人或公家的财物,据为己有。未成年学生中有偷窃行为的人并不罕见。偷窃成性后也会导致犯罪。未成年学生故意毁坏财物的情况也比较多。

6. 参与赌博或者变相赌博

赌博是指以金钱或其他有经济价值的物品做赌注比输赢,从而使得金钱及财物发生转移的一种行为。未成年学生开始打麻将都是觉得好玩,玩玩就觉得不来钱不够刺激,来了钱,有刺激了,于是输了钱的想翻本,赢了钱的还想再赢,就这样没完没了,收不了手。一有空就想打麻将,一有钱就想往麻将桌上靠。一旦赌博成瘾,往往会导致犯罪。

7. 观看、收听色情、淫秽的音像制品、读物等

色情、淫秽的音像制品、读物简称淫秽物品。《全国人大常委会关于惩治走私、制作、贩卖、传播淫秽物品的犯罪分子的决定》明确规定:"本决定所称淫秽物品,是指具体描绘性行为或者露骨宣扬色情的淫秽性书刊、影片、录像带、录音带、图片及其他淫秽物品。"处在青春发育期的学生,一旦接触了色情淫秽的东西,特别容易上瘾,看了还想看,而且越看越容易"性饥饿"。有的学生便控制不住自己,也想模仿画面上的行为来达到"性满足",结果犯了强奸罪。

8. 进入法律、法规规定未成年人不适宜进入的营业性歌舞厅等场所

不适宜于未成年人进入的营业性娱乐场所的经营者都知道国家的法律法规,也会在门前贴上"未成年人不得入内"的标志,但是为了赚未成年人的钱都在想方设法把未成年人往里拉。未成年学生知道不能去不适宜未成年人进入的营业性歌舞厅等场所,但是出于好奇,也想进去玩玩;有的学生因手头拮据,听说歌舞厅里好赚钱,就想去打工;有的学生则是被骗到歌舞厅等场所当"歌女"、"舞女",甚至当"三陪女"。

9. 其他严重违背社会公德的不良行为

除了法定的八种不良行为,未成年人身上还有其他的不良行为,如吸烟,酗酒;隐匿、毁弃、私拆他人信件;说谎,诽谤他人;在禁火区玩火,在禁放烟花区玩弄烟花、爆竹等行为;故意污损名胜古迹,破坏草坪、花卉等。

（二）对未成年人不良行为的预防

1. 对父母和学校的共同要求

（1）教育未成年人不得吸烟、酗酒。吸烟、酗酒不仅损害未成年人的身心健康，而且容易导致未成年人干违法的事，因为吸烟、酗酒需要很多钱，没钱的时候他们就会去偷、去抢。《预防未成年人犯罪法》第十五条规定："未成年人的父母或者其他监护人和学校应当教育未成年人不得吸烟、酗酒。"

（2）旷课、夜不归宿要及时查找。旷课、夜不归宿是《预防未成年人犯罪法》规定的法定的不良行为，学生旷课，学校最先知道，因此，法律规定："学校应当及时与其父母或者其他监护人取得联系"，督促学生到校上课。学生夜不归宿，住在家里的，父母最先知道，住在学校的，学校最先知道，一旦发生学生夜不归宿，法律规定："应当及时查找，或者向公安机关请求帮助。收留夜不归宿的未成年人的，应当征得其父母或者其他监护人的同意，或者在二十四小时内及时通知其父母或者其他监护人、所在学校或者及时向公安机关报告。"

（3）及时制止未成年人组织或参加不良团伙。有些未成年学生违法犯罪呈现出团伙特征，因此，法律规定："未成年人的父母或者其他监护人和学校发现未成年人组织或者参加实施不良行为的团伙的，应当及时予以制止。发现该团伙有违法犯罪行为的，应当向公安机关报告。"

（4）制止教唆、胁迫、引诱未成年人违法犯罪。目前社会上的不法分子往往教唆、胁迫、引诱未成年人违法犯罪，因此，《预防未成年人犯罪法》第十八条规定："未成年人的父母或者其他监护人和学校发现有人教唆、胁迫、引诱未成年人违法犯罪的，应当向公安机关报告。"第十八条同时规定："公安机关接到报告后，应当及时依法查处，对未成年人人身安全受到威胁的，应当及时采取有效措施，保护其人身安全。"该法法律责任一章中第五十一条规定："公安机关的工作人员违反本法第十八条的规定，接到报告后，不及时查处或者采取有效措施，严重不负责任的，予以行政处分；造成严重后果，构成犯罪的，依法追究刑事责任。"

2. 对父母的监护要求

（1）不得让孩子单独居住。未满十六周岁的由于年龄、智力的缘故，自控能力还比较弱，单独居住时容易带一些不良少年来，干一些出格的事，因此，《预防未成年人犯罪法》第十九条规定："未成年人的父母或者其他监护人，不得让不满十六周岁的未成年人脱离监护单独居住。"为了加大这一法律规定的执行力度，该法的第五十条规定："未成年人的父母或者其他监护人违反本法第十九条的规定，让不满十六周岁的未成年人脱离监护单独居住的,由公安机关对未成年人的父母或者其他监护人予以训诫,责令其立即改正。"

(2) 不得迫使孩子离家出走。《预防未成年人犯罪法》第二十条规定:"未成年人的父母或者其他监护人对未成年人不得放任不管,不得迫使其离家出走,放弃监护职责。未成年人离家出走的,其父母或者其他监护人应当及时查找,或者向公安机关请求帮助。"孩子离家出走,迫于生计,极易被不法团伙拉入干违法的事。

(3) 不得因离异放弃对孩子的教育。父母离异,受伤害最大的是孩子,得不到家庭温暖的孩子在寻找温暖的过程中容易误入歧途。因此,《预防未成年人犯罪法》第二十一条规定:"未成年人的父母离异的,离异双方对子女都有教育的义务,任何一方都不得因离异而不履行教育子女的义务。"双方离异,但在教育子女的问题上也不应相互推诿、逃避责任。

3. 对学校的教育、管理要求

(1) 不得歧视有不良行为的学生。《未成年人保护法》规定不得歧视"品行有缺点"、"学习有困难"的学生,"品行有缺点"的学生,大多有不良行为,对于这部分学生,《预防未成年人犯罪法》第二十三条规定:"学校对有不良行为的未成年人应当加强教育、管理,不得歧视。"

(2) 应举办各种形式的教育活动。《预防未成年人犯罪法》第二十四条规定:"教育行政部门、学校应当举办各种形式的讲座、座谈、培训等活动,针对未成年人不同时期的生理、心理特点,介绍良好有效的教育方法,指导教师、未成年人的父母和其他监护人有效地防止、矫治未成年人的不良行为。"学校应该按照这一法律规定,把预防犯罪教育的讲座、座谈、培训等活动安排进教育教学工作中,并形成制度,定期开展活动;并经常研究方法,总结经验教训,在教师和家长中推广有效的教育方法。

4. 对社会的管理要求

(1) 要做好学校周围的治安防范工作。《预防未成年人犯罪法》对做好学校周围的治安防范工作作了具体规定:"公安机关应当加强中小学校周围环境的治安管理,及时制止、处理中小学校周围发生的违法犯罪行为。城市居民委员会、农村村民委员会应当协助公安机关做好维护中小学校周围治安的工作。""禁止在中小学校附近开办营业性歌舞厅、营业性电子游戏场所以及其他未成年人不适宜进入的场所。"

(2) 禁止出版、传播有害出版物。有害出版物会使未成年人精神萎靡、颓废、消极、学习成绩下降,丧失意志,行为放荡,可能导致未成年人产生对淫秽、暴力、凶杀、恐怖等内容的模仿欲望。《预防未成年人犯罪法》再次强调禁止出版、传播有害出版物:"以未成年人为对象的出版物,不得含有诱发未成年人违法犯罪的内容,不得含有渲染暴力、色情、赌博、恐怖活动等危害未成年人身心健康的内容。""任何单位和个人不得向未成年人出售、出租含有诱发未成年人违法犯罪以及渲染暴力、色情、赌博、恐怖活动等危害未成年人身心健康内容的读物、音像制品或者电子出版物。"为了加大上述法律规范的执行力度,《预防未成年人犯罪法》在法律责任中增加了对违法行为的处罚规定,包括行政处罚和刑事处罚。

(3) 限制未成年人进入不宜进入的场所。未成年人在生理发育和心理成熟方面都处于发展状态,因此,限制未成年人进入某些场所,是保证未成年人健康成长、预防未成年人违法犯罪的需要。《预防未成年人犯罪法》强调:"营业性歌舞厅以及其他未成年人不适宜进入的场所,应当设置明显的未成年人禁止进入标志,不得允许未成年人进入。营业性电子游戏场所在国家法定节假日外,不得允许未成年人进入,并应当设置明显的未成年人禁止进入标志。对于难以判明是否已成年的,上述场所的工作人员可以要求其出示身份证件。"同样为了加大上述法律规范的执行力度,《预防未成年人犯罪法》在法律责任中也增加了对此类违法行为的处罚规定,包括行政处罚和刑事处罚。

## 四、对未成年人严重不良行为的矫治

严重不良行为是指未成年人实施的严重危害社会,尚不够刑事处罚的违法行为。未成年人严重不良行为是其不良行为的恶性发展的表现,它作为一种违法行为,虽不够刑事处罚,但却严重危害社会,扰乱正常的社会秩序和公共安全,同时也给这些未成年人的家庭和自身带来不幸,成为影响社会稳定的一个因素。

### (一)未成年人严重不良行为的表现

我国《预防未成年人犯罪法》列举了未成年人有以下几种严重不良行为。

1. 纠集他人结伙滋事,扰乱治安

纠集他人结伙滋事,是指未成年人纠合成团伙或结成伙伴,在社会上无事生非、寻衅滋事、扰乱社会治安与社会的正常秩序的行为。"纠集他人结伙滋事,扰乱治安"这一严重不良行为是在"打架斗殴、辱骂他人"不良行为的基础上发展起来,"打架斗殴、辱骂他人"再往前进一步,就变成了"纠集他人结伙滋事,扰乱治安"。因为"纠集他人结伙滋事,扰乱治安"的主要表现是:在公共场所或交通要道等地聚众打群架；起哄闹事，向人体、车辆、住宅等处抛弃废物及石块；在市场上硬拿强要，扰乱正常的贸易活动与秩序等。这类行为发展下去有可能构成寻衅滋事罪。

2. 携带管制刀具，屡教不改

携带管制刀具是不良行为，经劝阻、教育后仍屡教不改的，即构成了严重不良行为。屡教不改的学生都是不良学生，身上的管制刀具已不仅仅是为了防身用，有时就是主动出击用的凶器。

3. 多次拦截殴打他人或者强行索要他人财物

这一严重不良行为是在"强行向他人索要财物"不良行为的基础上发展起来的。未成年学生有了强行向他人索要财物的不良行为后，没有及时得到纠正，便会一而再、再而三地继续下去了。多次拦截殴打他人或者强行索要他人财物很容易犯"扰乱公共秩序罪"。

4. 传播淫秽的读物或者音像制品等

这一严重不良行为是在"观看、收听色情、淫秽的音像制品、读物"不良行为的基础上演化而来的，或者说，往前多走了一步，就由"不良行为"变成了"严重不良行为"。由自己观看到向外传播，问题的性质就发生了变化，而这一切都是在不知不觉中进行的，不良行为在不知不觉中转变成了严重不良行为。传播淫秽的读物或者音像制品很容易犯罪。

5. 进行淫乱或者色情、卖淫活动

淫乱是指为了满足自己的淫欲，不顾廉耻与道德，与多人多次发生群奸群宿或者其他与性相关的行为。色情是指在公共场合或者在公众传媒中故意过分裸露男女性特征或者进行性挑逗，使人们形成不正常的感官刺激和兴奋的行为。卖淫则是指为了获得金钱、财物以及其他利益，以自己的色相做引诱，盲目地与他人发生不正当的性关系或者与性相关的行为。随着青春期的提前和社会不良文化的影响，未成年人的伦理道德观念也发生了异化，一些未成年人不以为耻，反以为荣。进行淫乱或者色情、卖淫活动离犯罪只有一步之遥。

6. 多次偷窃

偷窃是不良行为，因为一次偷窃，可能带有偶然性，一时糊涂。多次偷窃就不是偶然，而是必然了，是道德败坏，明知故犯。偷窃是不良行为，多次偷窃就是严重不良行为了。这里的不良行为与严重不良行为的区别就在于是否多次。有些未成年学生不知道其中的区别，对自己的偷窃行为不在乎，总觉得小偷小摸，没什么大不了的，等到多次偷窃，偷窃成性，就离犯罪不远了。

7. 参与赌博，屡教不改

参与赌博是不良行为，参与赌博，屡教不改则成了严重不良行为。赌博是容易成瘾的，参与赌博，屡教不改的很多。未成年学生对此认识不深，总觉得玩个四圈牌，消遣消遣，用不着大惊小怪。殊不知"恶不积不足以灭身"，等到赌博成瘾，不能自拔时，就为时晚矣。

8. 吸食、注射毒品

《刑法》对毒品作了界定："本法所称毒品，是指鸦片、海洛因、甲基苯丙胺（冰毒）、吗啡、大麻、可卡因以及国家规定管制的其他能够使人形成瘾癖的麻醉药品和精神药品。"吸食、注射毒品，是指明知是毒品，仍然吸食或注射的行为。吸毒与犯罪是孪生兄弟。吸食、注射毒品容易犯"非法持有毒品罪"。

9. 其他严重危害社会的行为

除了法定的八种严重不良行为，未成年人身上还会出现其他的严重不良行为。其他严重危害社会的行为有：抢夺行为、诈骗行为、情节恶劣的故意损害公私财物的行为、严重哄抢行为等。凡是具有违法、社会危害性，尚不够刑事处罚性的行为都是严重不良行为。

**（二）未成年人严重不良行为的矫治**

1. 监护人和学校的制止、严加管教

《预防未成年人犯罪法》第三十五条规定："对未成年人实施该法规定的严重不良行为的，应当及时予以制止。对有该法规定严重不良行为的未成年人，其父母或者其他监护人和学校应当相互配合，采取措施严加管教。"对于未成年学生身上的严重不良行为，用教育、纠正的方式不足以预防，而要加大力度，即制止、严加管教。如何制止？如何严加管教？父母和学校老师在具体操作的时候很容易走极端，因此，《预防未成年人犯罪法》第三十六条规定："家庭、学校应当关心、爱护在工读学校就读的未成年人，尊重他们的人格尊严，不得体罚、虐待和歧视。"

监护人和学校是未成年人严重不良行为的矫治工作主体，监护人和学校应配合默契，并与教育主管部门、司法行政机关联系，保证各项矫治工作有序衔接、卓有成效。

2. 专门学校的矫治工作

监护人和学校对有严重不良行为的学生除了制止不良行为、严加管教外，还可以依法将其送到"工读学校"进行矫治和接受教育。"工读学校"在《义务教育法》和《未成年人保护法》中已经改称为"专门学校"。将未成年人送专门学校进行矫治和接受教育的程序是,由其父母或者其他监护人,或者原所在学校提出申请,经教育行政部门批准。

专门学校是对有违法和轻微犯罪行为的未成年学生进行教育帮助的学校,招收的是中学生。对于专门学校的教育教学,《预防未成年人犯罪法》第三十六条规定:"工读学校对就读的未成年人应当严格管理和教育。工读学校除按照义务教育法的要求,在课程设置上与普通学校相同外,应当加强法制教育的内容,针对未成年人严重不良行为产生的原因以及有严重不良行为的未成年人的心理特点,开展矫治工作。"专门学校对未成年学生身上的严重不良行为教育方式是矫治,从管理的力度看,矫治的力度比严加管教的力度更大一些。但是不管力度有多大,都不得体罚、虐待和歧视,《预防未成年人犯罪法》再次强调:"家庭、学校应当关心、爱护在工读学校就读的未成年人,尊重他们的人格尊严,不得体罚、虐待和歧视。"专门学校的学生是集中食宿,半军事化管理,学生过有纪律的生活。学校要区别学生的不同情况,分层次进行管理和教育。要做到严而有度,严中有爱,坚持表扬为主、批评为辅的教育原则。

专门学校的学生尽管毕业时拿的还是其原来所在的学校的毕业证书,但是社会上对这部分人还是很歧视的,因此,《预防未成年人犯罪法》强调:"工读学校毕业的未成年人在升学、就业等方面,同普通学校毕业的学生享有同等的权利,任何单位和个人不得歧视。"

3. 公安部门的治安管理处罚

《中华人民共和国治安管理处罚法》第十二条规定:"已满十四周岁不满十八周岁的人违反治安管理的,从轻或者减轻处罚;不满十四周岁的人违反治安管理的,不予处罚,但是应当责令其监护人严加管教。"我国的行政处罚规定的起始年限是十四周岁。如果年满十四周岁的未成年人,其严重不良行为靠监护人和学校的制止、严加管教不能纠正,靠专门学校的矫治也不能解决问题,而这一严重不良行为已经违反《中华人民共和国治安管理处罚法》,就要借助公安机关的力量来加以解决。为此,《预防未成年人犯罪法》第三十七条规定:"未成年人有该法规定严重不良行为,构成违反治安管理行为的,由公安机关依法予以治安处罚。因不满十四周岁或者情节特别轻微免予处罚的,可以予以训诫。"

4. 政府的收容教养

《预防未成年人犯罪法》第三十八条规定:"未成年人因不满十六周岁不予刑事处罚的,责令他的父母或者其他监护人严加管教;在必要的时候,也可以由政府依法收容教养。"

少年收容教养是依据我国刑事法律规定所建立的一项制度,也是我国未成年人矫正制度的重要组成部分。对未成年人收容教养是一种带有强制性的特殊的管教,也是必要的社会保护措施。其目的是保护未成年人的合法权益,把具有严重不良行为的未成年人塑造为新人。目前,我国的未成年人收容教养的执行场所是少年犯管教所,但必须与被判刑的少年犯分别关押,分别管教。收容教养的期限一般为 1 年至 3 年。收容教养不是刑事处罚,因而不计入刑事记录。收容教养的目的与工作核心,根本还在于要注重对未成年人收容教养人员的教育与改造。实行标本兼治、重在治本的方针,使他们成为有益于社会的新人。

## 五、未成年人对犯罪的自我防范

未成年人应当自觉抵制各种不良行为及违法犯罪行为的引诱和侵害,未成年人要加强对犯罪行为两个方面的防范:一是"反引诱",以防止自己违法犯罪;二是"反侵害",以防范违法犯罪行为对自己的侵害。

(一) 防范引诱

《预防未成年人犯罪法》第四十条规定:"未成年人应当遵守法律、法规及社会公共道德规范,树立自尊、自律、自强意识,增强辨别是非和自我保护的能力,自觉抵制各种不良行为及违法犯罪行为的引诱和侵害。"为达到防范引诱的目的,未成年人应当自觉做到以下几点。

1. 遵守法律、法规及社会公共道德规范

未成年人要有效地防止自己走上违法犯罪的道路,就必须认真学法,提高识别违法犯罪行为的能力,及时消除违法犯罪的心理,增强法制观念,提高法律意识,自觉遵守各项法律、法规。未成年人要有效地防范违法犯罪行为对自己的侵害,积极同违法犯罪行为作斗争,同样要在自觉遵守法律、法规的基础上,善于用法,及时运用法律武器,正确行使法律、法规所赋予的各项正当权利。

未成年人还应当自觉遵守社会公共道德规范。大量事实证明,一切违法犯罪行为,首先都是从违反社会公共道德规范开始的,社会公共道德规范是预防违法犯罪行为的一道极为重要的堤坝。因此,要从未成年人抓起,促成未成年人自觉遵守社会公共道德规范。

2. 树立自尊、自律、自强意识

未成年人要顺利地完成个体社会化,成为有理想、有道德、有文化、有纪律的社会主义合法公民,并有效地对违法犯罪行为加强自我防范,最基本的一条就是应当树立自尊意识、自律意识和自强意识。

3. 增强辨别是非和自我保护的能力

国家、社会、学校、家庭等应大力加强法制教育、道德教育,增强未成年人辨别是非的能力,使其能自觉地抵制各种不良行为和违法犯罪行为的引诱,有效地预防未成年人跌入违法犯罪的泥潭。另外,未成年人自我保护能力的有无与强弱,将直接关系到他们是否能积极地预防权益受侵害,是否有效地减轻权益受侵害的程度,是否能有效地自救与互救。为此,国家、社会、学校、家庭等应大力加强有关权益受侵害预防方面的教育,提高未成年人的防范能力。

(二)防范侵害

未成年人不仅要防范引诱,还应当学会防范侵害,依法维护自己的合法权益。

1. 防范遗弃、虐待侵害行为

遗弃主要是指父母或者其他监护人对于未成年人负有抚养或者监护义务而拒绝履行义务的行为。虐待主要指父母或者其他监护人对于由其抚养或者监护的未成年人所实施的经常性的虐待行为。《预防未成年人犯罪法》第四十一条规定:"被父母或者其他监护人遗弃、虐待的未成年人,有权向公安机关、民政部门、共产主义青年团、妇女联合会、未成年人保护组织或者学校、城市居民委员会、农村村民委员会请求保护。被请求的上述部门和组织都应当接受,根据情况需要采取救助措施的,应当先采取救助措施。"

2. 及时举报违法犯罪行为

社会上总有人教唆、胁迫、引诱未成年人实施不良行为、严重不良行为甚至犯罪行为,或者为未成年人实施不良行为、严重不良行为、犯罪行为提供条件,对此《预防未成年人犯罪法》第五十六条规定:对这些人"构成违反治安管理行为的,由公安机关依法予以治安处罚;构成犯罪的,依法追究刑事责任。"

对于未成年人来说,一旦发现有人对自己,或是对其他未成年人实施教唆、胁迫、引诱的行为,可以举报。为此《预防未成年人犯罪法》第四十二条规定:"未成年人发现任何人对自己或者对其他未成年人实施本法第三章规定的不得实施的行为或者犯罪行为,可以通过所在学校、其父母或者其他监护人向公安机关或者政府有关主管部门报告,也可以自己向上述机关报告。受理报告的机关应当及时依法查处。"

(1)举报范围。未成年人发现任何人对自己实施这些违法行为或犯罪行为,可以举报,发现任何人对其他未成年人实施违法行为或犯罪行为也可以举报。未成年人及时举报,可以使自己或者其他未成年人避免被害、减少被害、降低被害的程度。

(2)举报方法。举报的方法多种多样,可以通过所在学校举报,也可以让父母去举报,如果能自己举报也可以。无论用哪种方法举报,都要注意保护自己,防止被举报人报复。

(3)举报受理机关。未成年人发现任何人对自己或者其他未成年人实施违法犯罪行为时,凡涉及治安、保卫、刑事犯罪等方面的案件,均可向公安机关举报,包括向当地的公安局、公安分局、公安派出所乃至治安民警、巡警举报。此外,还可以向政府有关主管部门报告。

3. 保障未成年人不受打击报复

《预防未成年人犯罪法》第四十三条规定:"对同犯罪行为作斗争以及举报犯罪行为的未成年人,司法机关、学校、社会应当加强保护,保障其不受打击报复。"

未成年人勇于同犯罪行为作斗争,敢于举报犯罪行为,是一种合法、正义的行为,应当受到表彰和保护。

(1)司法机关的保护职责。司法机关在保护同犯罪行为作斗争以及举报犯罪行为的未成年人方面,具有特殊作用。司法机关应当采取必要的措施,防范对未成年人实施的打击报复行为,一旦发现迹象,应及时采取措施,加强保护,保障未成年人不受打击报复。

(2)学校的保护职责。同犯罪分子作斗争以及举报犯罪行为的未成年人,大都在中小学就读,因此,学校在对该未成年人加强保护、保障其不受打击报复方面,具有特殊的地位和作用。学校应同公安机关、民政部门、共青团、妇联、未成年人保护组织或者城市居民委员会、农村居民委员会等有关部门和组织取得联系,共商保护对策,对该未成年人切实加强保护,使其不受打击。

(3)社会的保护职责。在加强保护同犯罪行为作斗争以及举报犯罪行为的未成年人时,作为社会一员的每个公民、作为社会细胞的每个家庭,以及每个法人及其他组织,包括党的各级组织、民政部门、共青团、妇联、未成年人保护组织或者学校、城市居民委员会、农村村民委员会等,均应切实保护那些富有正义感的未成年人不受打击报复,同时要狠狠打击犯罪分子的嚣张气焰,以维护社会秩序,树立一代新风。

## 六、对未成年人重新犯罪的预防

犯罪的未成年人是指触犯了刑律,因而应受刑罚处罚的未成年人,不同于具有不良行为的未成年人或者有严重不良行为的未成年人。

### (一)追究未成年人犯罪刑事责任的方针和原则

《预防未成年人犯罪法》第四十四条第一款明确:"对犯罪的未成年人追究刑事责任,实行教育、感化、挽救方针,坚持教育为主、惩罚为辅的原则。"

#### 1. 追究未成年人犯罪刑事责任的方针

追究犯罪的未成年人刑事责任的方针是教育、感化、挽救。为了防止未成年人重新犯罪,一定要实行教育方针,让他们认识到犯罪的危害性,从而不再犯罪。对犯罪的未成年人要循循善诱地开导,无微不至地关心,精诚所至、金石为开。如果说,教育是晓之以理、晓以大义,那么感化则是动之以情、动以心灵。教育与感化是相辅相成,相得益彰的。要用挽救的态度对待犯罪的未成年人,他们犯罪只是在前进道路上走了弯路,他们今后的路还很长,对他们的违法犯罪行为处以刑罚,也是为了让他们吸取教训,不再犯罪。只有着眼于教育,采取感化的方式,本着挽救的态度,才能使犯罪的未成年人真心认罪服法,努力改造自己,重新做人。

#### 2. 追究未成年人犯罪刑事责任的原则

追究刑事责任的原则是:教育为主、惩罚为辅。这里的教育是大概念,包括教育、感化、挽救。坚持教育为主符合未成年人的特点,他们的可塑性很大,世界观尚未定型,即使犯罪了,也易于进行教育、感化、挽救。只要教育得法,他们完全可以与过去划清界限,从头开始,从而变成遵纪守法的公民,成为建设社会主义的有用之才。坚持教育为主,并不等于说不要惩罚,作为惩治犯罪的一个手段,惩罚是必需的,对违法犯罪的未成年人来说,必要的惩罚也是不能废弃的。有些未成年人自持年少,有恃无恐,犯罪手段残忍,犯罪后果严重,不能不惩罚。但是惩罚只能为辅,惩罚的目的还是教育,既是教育本人,惩治犯罪,也是教育他人,预防犯罪。无数实践证明,坚持教育为主、惩罚为辅原则,既惩治了犯罪行为,又挽救了犯罪者本人。

如何施行教育、感化、挽救方针,坚持教育为主、惩罚为辅的原则,《预防未成年人犯罪法》第四十四条第二款规定:"司法机关办理未成年人犯罪案件,应当保障未成年人行使其诉讼权利,保障未成年人得到法律帮助,并根据未成年人的生理、心理特点和犯罪的情况,有针对性地进行法制教育。"第三款规定:"对于被采取刑事强制措施的未成年学生,在人民法院的判决生效以前,不得取消其学籍。"

（二）对司法部门及媒体的要求

1. 组成少年法庭审理

《预防未成年人犯罪法》第四十五条第一款规定:"人民法院审判未成年人犯罪的刑事案件,应当由熟悉未成年人身心特点的审判员或者审判员和人民陪审员依法组成少年法庭进行。"

2. 不公开审理

关于不公开审理,《预防未成年人犯罪法》第四十五条第二款作了两个规定:一律不公开审理用于"已满十四周岁不满十六周岁未成年人犯罪的案件";一般不公开审理用于"已满十六周岁不满十八周岁未成年人犯罪的案件"。不公开审理,有利于维护被审判的未成年人的自尊心和社会形象,有利于其树立重新做人的勇气和信心,有助于教育、感化、挽救未成年犯罪人,有助于其今后回归社会。

3. 不得披露未成年人的资料

《预防未成年人犯罪法》第四十五条第三款规定:"对未成年人犯罪案件,新闻报道、影视节目、公开出版物不得披露该未成年人的姓名、住所、照片及可能推断出该未成年人的资料。"

4. 分别关押、分别管理、分别教育

《预防未成年人犯罪法》第四十六条规定:"对被拘留、逮捕和执行刑罚的未成年人与成年人应当分别关押、分别管理、分别教育。"在对未成年人的教育中,法律强调:"未成年犯在被执行刑罚期间,执行机关应当加强对未成年犯的法制教育,对未成年犯进行职业技术教育。对没有完成义务教育的未成年犯,执行机关应当保证其继续接受义务教育。"

（三）家庭、学校、社区基层组织的帮教工作

《预防未成年人犯罪法》第四十七条对帮教的主体、帮教的对象作了具体的规定。

1. 帮教的主体

帮教的主体是:"未成年人的父母或者其他监护人和学校、城市居民委员会、农村村民委员会。"对犯罪的未成年人的教育、挽救工作,不仅是司法机关单方面的工作,而且是全社会的工作。家庭、学校、社区基层组织应当协助司法机关切实做好帮教工作。未成年人的父母或者其他监护人应当对其加强家庭帮教工作;所在学

校应对其加强学校帮教工作；对于城市居民委员会和农村村民委员会的帮教工作，法律规定"城市居民委员会、农村村民委员会可以聘请思想品德优秀，作风正派，热心未成年人教育工作的离退休人员或者其他人员协助做好对前款规定的未成年人的教育、挽救工作。"

2. 帮教的对象

帮教的对象有五种：

一是"因不满十六周岁而不予刑事处罚"的未成年人。我国《刑法》第十七条规定："已满十六周岁的人犯罪，应当负刑事责任。已满十四周岁不满十六周岁的人，犯故意杀人、故意伤害致人重伤或者死亡、强奸、抢劫、贩卖毒品、放火、爆炸、投毒罪的，应当负刑事责任。"由于《刑法》规定已满十四周岁不满十六周岁的人只对八种行为承担刑事责任，对其他的行为要负刑事责任的，必须是已满十六周岁。这样就出现因不满十六周岁不予刑事处罚的情形。《刑法》规定："因不满十六周岁不予刑事处罚的，责令他的家长或者监护人加以管教；在必要的时候，也可以由政府收容教养。"《预防未成年人犯罪法》把这些人列为帮教对象。

二是"免予刑事处罚的未成年人"。在定罪量刑上，免予刑事处罚是作出有罪宣告，同时免除其刑罚处罚。免予刑事处罚的未成年人是指犯罪情节轻微不需要判处刑罚的已满十四周岁不满十八周岁的未成年人。

三是"被判处非监刑罚"的未成年人。我国的非监禁刑罚有：主刑中的管制，附加刑中的罚金、剥夺政治权利和没收财产。未成年人中被判处管制或仅被处以罚金的，被列为帮教对象。

四是"被判处刑罚宣告缓刑"的未成年人。缓刑是对判处一定刑罚的罪犯，在其具备法定条件的情况下不执行原判刑罚的制度。未成年人犯罪如果被判处拘役、三年以下有期徒刑，根据其犯罪情节和悔罪表现，适用缓刑确实不致再危害社会的，可以宣告缓刑，宣告缓刑回到社会上，这些人是需要帮教的。

五是"被假释的未成年人"。假释是一种附条件将罪犯提前释放的刑罚制度。如果未成年人犯罪被判处有期徒刑，已执行原判刑期二分之一以上，如果认真遵守监规，接受教育改造，确有悔改表现，假释后不致再危害社会的，可以假释。被假释的未成年人也是帮教对象。

【本章小结】

本章主要阐述了保护未成年人的两部法律《未成年人保护法》和《预防未成年人犯罪法》的主要内容。从未成年人的角度看，如果说《未成年人保护法》强调的是未成年人的生存权、发展权、受保护权、参与权和受教育权,那么《预防未成年人犯罪法》强调的则是未成年人的纠正不良行为、矫治严重不良行为、预防犯罪的义务。从政府、家庭、学校、社会以及司法部门的角度看,《未成年人保护法》要求保护未成年人的生存权、发展权、受保护权、参与权和受教育权;《预防未成年人犯罪法》则要求教育、帮助未成年人履行纠正不良行为,矫治严重不良行为,预防犯罪的义务。

【基础性练习】

(一) 填空题

1. 未成年人享有生存权、(　　　)权、(　　　)权、(　　　)权等权利,国家根据未成年人身心发展特点给予特殊、优先保护,保障未成年人的合法权益不受侵犯。

2. 父母或者其他监护人应当创造良好、和睦的家庭环境,依法履行对未成年人的(　　　)职责和(　　　)义务。

3. 学校应当根据未成年学生身心发展的特点,对他们进行(　　　)指导、(　　　)辅导和(　　　)教育。

4. 预防未成年人犯罪,应立足于(　　　)和(　　　),从小抓起,对未成年人的不良行为及时进行预防和(　　　)。

5. 对犯罪的未成年人追究刑事责任,实行教育、(　　　)、(　　　)方针,坚持(　　　)为主、(　　　)为辅的原则。

(二) 概念解释题

1. 生存权

2. 发展权

3. 参与权

4. 不良行为

5. 严重不良行为

(三) 单项选择题

1. 学校、幼儿园、托儿所的教职员工应当尊重未成年人的_____,不得对未成年人实施体罚、变相体罚或者其他侮辱人格尊严的行为。　　　　　( 　 )

A. 个人志愿　　　B. 人格尊严　　　C. 人格自由　　　D. 人身自由

2.《未成年人保护法》规定,任何组织或者个人不得招用未满_____的未成年人,国家另有规定的除外。　　　　　　　　　　　　　　　　　　　( 　 )

A. 14 周岁　　　B. 15 周岁　　　C. 16 周岁　　　D. 18 周岁

3.《未成年人保护法》规定:禁止向未成年人出售_____,经营者应当在显著位置设置不向未成年人出售_____的标志;对难以判明是否已成年的,应当要求其出示身份证件。                                                （   ）

A. 烟酒          B. 淫秽图书       C. 暴力报刊        D. 恐怖音像制品

4. 预防未成年人犯罪,在各级人民政府组织领导下,实行              （   ）

A. 齐抓共管      B. 综合治理       综合协调         D. 各司其职

5.《预防未成年人犯罪法》规定,未成年人的父母或者其他监护人,不得让不满_____的未成年人脱离监护单独居住。                          （   ）

A. 14 周岁       B. 15 周岁       C. 16 周岁        D. 18 周岁

（四）多项选择题

1. 未成年人的父母或者其他监护人应当对被监护的未成年人依法履行以下义务                                                         （   ）

A. 关注未成年人的生理、心理状况和行为习惯

B. 以健康的思想、良好的品行和适当的方法教育和影响未成年人

C. 引导未成年人进行有益身心健康的活动

D. 预防和制止未成年人吸烟、酗酒、流浪、沉迷网络以及赌博、吸毒、卖淫等行为

2. 学校应当尊重未成年学生受教育的权利,关心、爱护学生,对品行有缺点、学习有困难的学生,应当                                      （   ）

A. 关心、爱护                 B. 耐心教育、帮助

C. 不得歧视                   D. 不得开除未成年学生

3.《未成年人保护法》规定:下列_____等不适宜未成年人活动的场所,不得允许未成年人进入,经营者应当在显著位置设置未成年人禁入标志;对难以判明是否已成年的,应当要求其出示身份证件。                          （   ）

A. 营业性歌舞娱乐场所          B. 互联网上网服务营业场所

C. 宾馆服务业场所              D. 营业性洗浴场所

4. 依法免予刑事处罚、判处非监禁刑罚、判处刑罚宣告缓刑、假释或者刑罚执行完毕的未成年人,在_____等方面与其他未成年人享有同等权利,任何单位和个人不得歧视。                                           （   ）

A. 上学          B. 复学          C. 升学           D. 就业

5. 年满 15 周岁的学生李某非常喜爱计算机,他于某日深夜潜入一公司内盗

窃价值3万元的计算机元器件(事发后均被追回)。对李某应当　　（　　）

    A. 追究刑事责任　　　　　　　B. 不追究刑事责任

    C. 从轻、减轻处罚　　　　　　D. 给予治安管理处罚

（五）判断题

1. 父母或者其他监护人应当根据未成年人的情况,在作出与未成年人权益有关的决定时告知其本人,并听取他们的意见。　　　　　　　　　　　　（　　）

2. 父母因外出务工或者其他原因不能履行对未成年人监护职责的,应当委托有监护能力的其他成年人代为监护。　　　　　　　　　　　　　　　　　（　　）

3. 对于在学校接受教育的有不良行为的未成年学生,学校和父母或者其他监护人应当互相配合加以管教;无力管教或者管教无效的,可以按照有关规定将其送专门学校继续接受教育。　　　　　　　　　　　　　　　　　　　　　　（　　）

4. 《预防未成年人犯罪法》规定:未成年人的父母或者其他监护人和学校发现有人胁迫未成年人违法犯罪的,应当向公安机关报告。　　　　　　　　　（　　）

5. 未成年人应当遵守法律、法规及社会公共道德规范,树立自尊、自律、自强意识,增强辨别是非和自我保护的能力,自觉抵制各种不良行为及违法犯罪行为的引诱和侵害。　　　　　　　　　　　　　　　　　　　　　　　　　（　　）

（六）简答题

1. 保护未成年人的工作,应当遵循哪些原则?

2. 《未成年人保护法》规定了学校应如何保护未成年学生的安全?

3. 哪些不良行为"屡教不改"或"多次"后就成了严重不良行为?

4. 哪些不良行为再往前迈一步后就成了严重不良行为?

5. 哪些场所是禁止未成年学生进入的?

（七）案例分析题

1. 初一学生周某自父亲再婚后,经常遭受父亲及继母的打骂,不让她吃饭,对其父亲及继母的虐待行为,周某可以向哪些部门及组织请求保护? 请说出其中三种。

2. 中学生王某偶然得知同学李某有尿床之疾,便在同学中广而告之。李某非常难受,他该怎么办?

3. 某班主任经常开拆学生的信件,目的是检查学生是否有不良行为,及掌握学生思想现状,班主任的做法合法吗? 如果不合法,其违反的是哪条法律规定?

4. 某中学高一年级 2 名学生因盗窃一辆摩托车而被刑事拘留,学校因此立即作出取消这 2 名学生学籍的处分决定,学校的处分决定正确吗? 请用相关的法律规定进行阐述。

5. 某电视台在新闻节目中这样报道:"今天上午公安机关破获一起入室盗窃案,2 名犯罪嫌疑人是我市南山中学初三年级学生李××、赵××。"并将两人接受警察讯问的正面图像一同播放。电视新闻这样报道可以吗?

【拓展性活动】

(一)案例分析

### 这样的孩子真让人揪心,4 个初中生 10 天抢劫 6 次

2009 年 1 月 3 日晚,南京中和桥铁道边,一名背包女孩正走在回家的路上。她身后不远处 4 名瘦弱少年已在黑暗中紧紧盯上了她。尾随女孩走进一个偏僻的小巷,4 名少年加速赶上。其中一人从背后猛地抓住女孩背包带子,另外 3 名少年齐齐扑上来,抢到包转身就跑。打开包一看,里面只有 60 元现金。"真倒霉,抢了一个穷鬼。还不够今晚夜宵的钱。"他们边走边骂骂咧咧,继续寻找目标。20 多分钟后,又一名女子遭到抢劫,并且人被打伤。接下来几天,白下区警方陆续接到女市民报警,称夜晚遭到少年抢劫。不久实施抢劫的 4 名少年落网了。审讯中,民警吃惊地发现,短短 10 天内,这个由 4 名少年组成的团伙疯狂抢劫多起,查证 6 起,抢到手机 3 部,涉案金额达 6000 元。4 人中年龄最小的只有 14 岁,大的 16 岁,还在读初中。其中两人是同学,在一次校外打架过程中结识了另外两个。办案民警介绍,他们的父母离异或有前科,由于缺少家庭温暖,4 人常常混在一起,慢慢走上了歧途。目前,4 人中有两人被批捕,另两人被取保候审。

(摘自《现代快报》2009 年 3 月 19 日)

讨论:

(1)学校老师该如何教育这类学生?

(2)学校该如何指导学生家长教育自己的孩子?

(二)材料分析

**材料一**　国家文化部对网吧管理明文规定:16 岁以下的未成年人进入网吧等互联网服务营业场所,必须由其监护人陪伴;不得容留未成年人夜间在网吧上网。

**材料二**　初二学生小宋迷恋上网,经常旷课去网吧,有时还夜不归宿,他父亲对此想尽办法,可儿子仍然不能改正。这次儿子又失踪了,老宋苦苦寻找,走遍了

当地的网吧,才在一家网吧找到了小宋。

　　**材料三**　为了给广大青少年创造良好的成长环境,在开展的"整治网络低俗之风"专项行动中,教育部加强校园网和校内上网场所管理,大力建设校园网络文化,加强上网教育和引导,为近1亿学生网民打好抵制网络侵害的预防针。"在这次专项行动中,广大师生既是参与者,也是受益者。"教育部负责人说。这次专项行动取得了明显成效,网络空间得到净化,青少年通过网络学习科学技术、陶冶精神生活时受到的不良干扰明显减少,广大教育工作者和家长无不拍手称快,纷纷表示希望专项行动深入开展下去,彻底清除网络低俗内容的危害。

　　请回答:

　　(1)材料二中的网吧经营者违反了我国法律的什么规定?

　　(2)材料一、材料三体现了对未成年人的哪项保护? 只要有了这项保护以及家庭、学校的保护,小宋就能改正错误吗? 请说明理由。

　　(3)整治网络低俗之风,不仅是社会、学校和家庭的责任,也和每个青少年息息相关。请谈谈在整治网络活动中,未成年学生应做些什么?

　　(三)社会调查

　　1. 对家庭保护的调查

　　调查的内容:围绕《未成年人保护法》规定的孩子的权利以及家庭保护的规定,了解家庭保护的现状。

　　调查要求:分组调查。要设计调查问卷和方案。

　　调查对象:未成年学生和其父母,要有针对性地设计问卷题。

　　调查结果:对调查结果要进行统计归纳,得出结论,撰写报告,每组用PPT形式进行课堂讲解交流。

　　2. 对学校预防犯罪工作的调查

　　调查的内容:围绕《预防未成年人犯罪法》规定的学校的义务,了解学校职责执行的情况。

　　调查要求:分组调查。要设计调查问卷和方案。

　　调查对象:学生、教师、学校领导,要有针对性地设计问卷题。

　　调查结果:对调查结果要进行统计归纳,得出结论,撰写报告,每组用PPT形式进行课堂讲解交流。

## 【学生阅读的文件与书目】

　　[1]《中华人民共和国未成年人保护法》。

［2］《中华人民共和国预防未成年人犯罪法》.

［3］张文娟.中国未成年人保护机制研究［M］.法律出版社,2008.

［4］赵秉志,张远煌.未成年人犯罪专题整理［M］.中国人民公安大学出版社,2010.

【本章参考书目】

［1］张丽.教育法律问题研究［M］.法律出版社,2007.

［2］周振想.青少年法规解读［M］.中国青年出版社,2001.

［3］共青团中央权益部.未成年人保护法问答［M］.中国青年出版社,2007.

# 第六章　其他教育法律法规

## 【学习提示】

　　《教育法》、《教师法》是所有的教师都必须掌握的法律,师范专业毕业的学生大部分是从事义务教育,但是也有一些学生毕业后从事职业教育、民办教育、残疾人教育和幼儿教育,因此,有必要介绍这些法律、法规。学生通过对相关法律、法规、规章的学习,可以提高依法施教的意识,能够运用所学的法律、法规解决教育教学中的实际问题。

## ———。第一节　职业教育法律制度。———

　　《中华人民共和国职业教育法》(简称《职业教育法》)是新中国第一部全面规范职业教育活动的法律。《职业教育法》的颁布是实施科教兴国战略和实现经济发展和经济增长方式根本性转变,促进经济发展的重要途径。职业教育直接为企业生产和社会发展培养和培训一线生产、管理、技术、服务人才,是为人们就业和发展准备的教育。为了培养数以亿计的高素质劳动者和数以千万计的高技能专门人才,为社会主义现代化建设服务,必须大力发展职业教育事业。《职业教育法》共有五章,除了总则和附则外,分则的三章内容为职业教育体系、职业教育的实施和职业教育的保障条件。本节将重点阐述职业教育体系和职业教育的实施。

## 【案例导航】

### 平凡的人生　奋进的脚步　激扬的青春

　　邓飞,这名 2001 年在南京市莫愁中等专业学校医疗仪器维修与营销班毕业的学生,从中考落榜时的沮丧到中专毕业时的充实,从刚进校时的内向到走出校门时的开朗,从普通学生到校学生会主席,学习期间,他挥洒过辛勤的汗水,留下了愉快的欢笑,经历过曲折的历程,获得了收获的喜悦。实习期间,他废寝忘食,苦心钻研,赢得了实习单位的认可,在仅三个月的实习期内,就被提前转正了。三年工作中,他遇到了无数挫折,从挫折中他学会了直面生活的勇气,从挫折中领悟到销售的技巧。2003 年 6 月他创办了"安蜜生物科技实业有限公司",短短几年,他瞄准市场,服务于大众,不断创新生产经营模式,先后在南京扩建了三个分店,形成了生产、销售、服务一条龙的经营模式,2005 年总销售额达 461 万。目前,公司的销售地区遍布全国 20 多个省市地区,产品远销西亚、非洲等地区。面对崭新的未来,邓飞眼中充满了自信,他说:"我最幸运的是走进莫愁中等专业学校的大门,接受了职业教育,从而让我有了一个在职场拼搏的基础,莫愁中等专业学校给我的教育和影响使我在从业和创业的道路上得到有力的支撑。现在我最高兴的是事业的新挑战,最担心的是没事做,有事做,我快乐。我不怕辛苦,不怕困难。趁着年轻,努力奋斗!"

(吴申全,原载南京职教信息网)

思考:

(1) 一个曾经因中考落榜而倍感沮丧的学生,如今却庆幸走进莫愁中专校的大门,这一心理的巨大转变,说明了什么? 职业教育具有什么样的地位?

(2) 邓飞说:"走进莫愁中等专业学校的大门,接受了职业教育,从而让我有了一个在职场拼搏的基础,莫愁中等专业学校给我的教育和影响使我在从业和创业的道路上得到有力的支撑。"这段话说明了什么? 职业教育应如何贯彻国家教育方针?

## 一、概述

《职业教育法》是 1996 年 5 月 15 日由中华人民共和国第八届全国人民代表大会常务委员会第十九次会议通过,自 1996 年 9 月 1 日起施行。《职业教育法》在总则部分明确了立法宗旨、职业教育的地位、职业教育的基本原则。

### (一) 立法宗旨

《职业教育法》第一条明确规定:"为了实施科教兴国战略,发展职业教育,提高劳动者素质,促进社会主义现代化建设,根据教育法和劳动法,制定本法。"

#### 1. 立法依据

《职业教育法》是依据《教育法》和《中华人民共和国劳动法》(简称《劳动法》)制定的。《教育法》是教育领域的基本法,《教育法》明确规定:"国家实行职业教育制度。"《劳动法》是我国九大部门法之一,《劳动法》第五条明确:"国家采取各种措施,促进劳动就业,发展职业教育,制定劳动标准,调节社会收入,完善社会保险,协调劳动关系,逐步提高劳动者的生活水平。"《职业教育法》依据这两部法律,结合职业教育的实际需要,对职业教育活动进行规范。职业教育法律是指规范、调整职业教育活动的法律规范的总称。

2. 立法目的

职业教育法的立法目的概括为以下几点:

(1) 实施科教兴国战略的需要。科教兴国作为一项基本国策和发展战略,其实施需要各个环节的协同发展,其中职业教育是一个重要的环节。科教兴国,首先要促进科技进步,而技术型、操作型人才是促进科技进步的中坚力量。职业教育培养大批技术型、操作型人才,是科教兴国的重要途径。为了实施科教兴国战略,必须通过立法加快职业教育的发展。

(2) 发展职业教育的需要。长期以来,职业教育没有得到应有的重视,职业教育发展不平衡,投入不足,办学条件比较差,办学机制以及人才培养的规模、结构、质量还不能适应经济社会发展的需要。因此,需要通过立法,强调职业教育的地位,同时使复杂的职业教育活动走向规范化、有序化。

(3) 提高劳动者素质的需要。人在发展的过程中仅仅接受普通教育和基本素质教育是不够的。一个人除具备基本素质之外,还必须具备职业素质、创业素质。职业素质、创业素质的培养离不开职业教育,因此,职业教育也是素质教育的重要组成部分。"基本素质+职业素质",才是一个人素质结构的完美组合。制定《职业教育法》是为了提高劳动者的职业素质。

(4) 促进社会主义现代化建设的需要。职业教育与经济发展关系最直接,实现经济增长方式转变,一个重要的环节就是要大力开展职业教育,通过职业教育培养一支职业道德水平高、职业技能过硬的劳动大军,这是提高劳动者素质和实现现代化的迫切要求。没有这样一支队伍,科学技术就不可能转化为现实生产力,没有这样一支队伍,产品质量就不可能得到有效提高,在市场竞争中就不可能有竞争力,没有这样一支队伍,经济增长方式的转变就不可能得到根本实现。通过立法,加快职业教育的发展,可以更好地促进社会主义现代化建设。

3. 适用范围

《职业教育法》第二条规定:"本法适用于各级各类职业学校教育和各种形式的职业培训。国家机关实施的对国家机关工作人员的专门培训由法律、行政法规另行规定。"

(二) 职业教育的地位

《职业教育法》第三条明确:"职业教育是国家教育事业的重要组成部分,是促进经济、社会发展和劳动就业的重要途径。国家发展职业教育,推进职业教育改革,提高职业教育质量,建立、健全适应社会主义市场经济和社会进步需要的职业教育制度。"

1. 职业教育是国家教育事业的重要组成部分

我国的教育体系可以从不同的角度进行划分,学历教育和非学历教育、职前教育和职后教育、普通教育和职业教育。最基本的分类是普通教育和职业教育。长期以来我国职业教育在人力、财力、物力的投入方面都不如普通教育,因此,职业教育的发展受到限制。《职业教育法》强调:"职业教育是国家教育事业的重要组成部分",就是要提升职业教育的法律地位。2005 年国务院印发了《关于大力发展职业教育的决定》(以下简称《教育规划纲要》),2010 年中共中央、国务院印发的《国家中长期教育改革和发展规划纲要(2010—2020 年)》专门对职业教育的改革与发展作了规划。

2. 职业教育是促进经济、社会发展和劳动就业的重要途径

《教育规划纲要》强调:"发展职业教育是推动经济发展、促进就业、改善民生、解决'三农'问题的重要途径,是缓解劳动力供求结构矛盾的关键环节,必须摆在更加突出的位置。""政府切实履行发展职业教育的职责。把职业教育纳入经济社会发展和产业发展规划,促使职业教育规模、专业设置与经济社会发展需求相适应。统筹中等职业教育与高等职业教育发展。健全多渠道投入机制,加大职业教育投入。"

正因为职业教育的地位如此重要,所以国家要通过立法来发展职业教育,推进职业教育改革,提高职业教育质量,建立、健全适应社会主义市场经济和社会进步需要的职业教育制度。

(三)职业教育的原则

《职业教育法》规定了职业教育的一些基本原则。

1. 贯彻国家教育方针

《职业教育法》第四条规定:"实施职业教育必须贯彻国家教育方针,对受教育者进行思想政治教育和职业道德教育,传授职业知识,培养职业技能,进行职业指导,全面提高受教育者的素质。"职业教育作为国家教育事业的组成部分必须贯彻国家的教育方针,在贯彻国家的教育方针时要结合职业教育的特点,强调职业道德、职业知识、职业技能、职业素质等。

2. 保障公民接受职业教育的权利

《职业教育法》第五条明确："公民有依法接受职业教育的权利。"

保障公民接受职业教育的权利，是政府、行业组织和企事业组织的义务，因此，《职业教育法》第六条规定："各级人民政府应当将发展职业教育纳入国民经济和社会发展规划。行业组织和企业、事业组织应当依法履行实施职业教育的义务。"

保障公民接受职业教育的权利，特别是要保障弱势群体接受职业教育的权利，因此，《职业教育法》第七条强调："国家采取措施，发展农村职业教育，扶持少数民族地区、边远贫困地区职业教育的发展。国家采取措施，帮助妇女接受职业教育，组织失业人员接受各种形式的职业教育，扶持残疾人职业教育的发展。"《职业教育法》强调的是保障农民、妇女和残疾人接受职业教育的权利。

3. 实行学历证书、培训证书和职业资格证书制度

《职业教育法》第八条规定："实施职业教育应当根据实际需要，同国家制定的职业分类和职业等级标准相适应，实行学历证书、培训证书和职业资格证书制度。国家实行劳动者在就业前或者上岗前接受必要的职业教育的制度。"

## 二、职业教育体系

职业教育体系是整个教育体系的组成部分，是在职业教育发展过程中逐步形成的对职业教育体系的理解，有广义与狭义之分。广义的职业教育体系除学制体系外，还包括职业教育的人才预测体系、教育管理体系、师资培训体系、课程教材体系、教育科研体系等。狭义的职业教育体系仅指各级各类职业教育的学制或称结构体系。

《职业教育法》第十二条规定了职业教育体系："国家根据不同地区的经济发展水平和教育普及程度，实施以初中后为重点的不同阶段的教育分流，建立、健全职业学校教育与职业培训并举，并与其他教育相互沟通、协调发展的职业教育体系。"

（一）职业学校教育与职业培训并举

1. 职业学校教育

《职业教育法》规定了职业学校教育的分类及实施，即第十三条的规定："职业学校教育分为初等、中等、高等职业学校教育。初等、中等职业学校教育分别由初等、中等职业学校实施；高等职业学校教育根据需要和条件由高等职业学校实施，或者由普通高等学校实施。其他学校按照教育行政部门的统筹规划，可以实施同层次的职业学校教育。"

2. 职业培训

职业培训制度是指国家为培养和提高从事各种职业的人们所需要的技术业务知识和实际操作技能而制定的法律规范。职业培训,也称职业技能培训,是直接为适应经济和社会发展的需要,对要求就业或在职的劳动者以培养和提高素质及职业能力为目的的教育和训练活动。其含义:一是一种以劳动者为特定对象的劳动力资源开发活动;二是一种以直接满足社会、经济发展的某种特定需要为目的的定向性培训;三是按照国家职业分类和职业技能标准进行的规范性培训。

《职业教育法》归纳了职业培训的种类及实施,即第十四条的规定:"职业培训包括从业前培训、转业培训、学徒培训、在岗培训、转岗培训及其他职业性培训,可以根据实际情况分为初级、中级、高级职业培训。职业培训分别由相应的职业培训机构、职业学校实施。其他学校或者教育机构可以根据办学能力,开展面向社会的、多种形式的职业培训。"

3. 职业学校教育与职业培训并举

依据《职业教育法》,职业学校教育与职业培训并举,即分两个系列同时发展。职业学校教育承担职前的教育任务,培养学生掌握必需的职业知识和职业技能,以便学生毕业后能胜任所承担的工作。职业培训承担的是职后的培训任务,包括从业前的培训,以便劳动者能够更好地履行职责。

(二)职业教育与其他教育相互沟通、协调发展

《职业教育法》规定了职业教育与残疾人教育、普通教育的沟通、发展。

1. 职业教育与残疾人教育的相互沟通、协调发展

残疾人职业教育是残疾人事业的重要组成部分。残疾人职业教育与培训,是适应市场经济需求,提高残疾人职业技能和整体素质的重要途径。《职业教育法》规定了职业教育与残疾人教育相互沟通和协调发展。具体方法是第十五条规定的:"残疾人职业教育除由残疾人教育机构实施外,各级各类职业学校和职业培训机构及其他教育机构应当按照国家有关规定接纳残疾学生。"

2. 职业教育与普通教育的相互沟通、协调发展

普通教育和职业教育是两个系列的教育,《职业教育法》要求职业教育与普通教育的相互沟通、协调发展,尤其是中等职业教育与普通中学教育。《职业教育法》第十六条规定:"普通中学可以因地制宜地开设职业教育的课程,或者根据实际需要适当增加职业教育的教学内容。"《教育规划纲要》明确:"鼓励有条件的普通高中根据需要适当增加职业教育的教学内容。探索综合高中发展模式。采取多种方

式,为在校生和未升学毕业生提供职业教育。"

## 三、职业教育的实施

在职业教育的实施方面,《职业教育法》强调政府和企业的职责,规定了设立职业学校和职业培训机构必须具备的条件和程序。

（一）举办职业学校、职业培训机构的主体

1. 政府

对于政府,《职业教育法》在明确其作为举办职业学校、职业培训机构主体时,用了义务性的用语"应当"。第十七条规定:"县级以上地方各级人民政府应当举办发挥骨干和示范作用的职业学校、职业培训机构,对农村、企业、事业组织、社会团体、其他社会组织及公民个人依法举办的职业学校和职业培训机构给予指导和扶持。"第十八条规定:"县级人民政府应当适应农村经济、科学技术、教育统筹发展的需要,举办多种形式的职业教育,开展实用技术的培训,促进农村职业教育的发展。"第十九条规定:"政府主管部门、行业组织应当举办或者联合举办职业学校、职业培训机构,组织、协调、指导本行业的企业、事业组织举办职业学校、职业培训机构。国家鼓励运用现代化教学手段,发展职业教育。"

2. 企业

对于企业,《职业教育法》在明确其作为举办职业学校、职业培训机构主体时,既用了义务性的用语"应当",又用了授权性的用语"可以"。即应当进行职业培训,可以举办职业学校、职业培训机构。《职业教育法》第二十条规定了企业的职责:"企业应当根据本单位的实际,有计划地对本单位的职工和准备录用的人员实施职业教育。企业可以单独举办或者联合举办职业学校、职业培训机构,也可以委托学校、职业培训机构对本单位的职工和准备录用的人员实施职业教育。从事技术工种的职工,上岗前必须经过培训;从事特种作业的职工必须经过培训,并取得特种作业资格。"

3. 社会

对于社会,《职业教育法》在明确其作为举办职业学校、职业培训机构主体时即用了提倡性的用语"鼓励"。《职业教育法》第二十一条规定:"国家鼓励事业组织、社会团体、其他社会组织及公民个人按照国家有关规定举办职业学校、职业培训机构。境外的组织和个人在中国境内举办职业学校、职业培训机构的办法,由国务院规定。"

（二）职业学校和职业培训机构设立的条件和程序

1. 设立的条件

《职业教育法》依据《教育法》规定了设立职业学校和职业培训机构必须符合的条件。

《职业教育法》第二十四条规定："职业学校的设立，必须符合下列基本条件：（一）有组织机构和章程；（二）有合格的教师；（三）有符合规定标准的教学场所、与职业教育相适应的设施、设备；（四）有必备的办学资金和稳定的经费来源。职业培训机构的设立，必须符合下列基本条件：（一）有组织机构和管理制度；（二）有与培训任务相适应的教师和管理人员；（三）有与进行培训相适应的场所、设施、设备；（四）有相应的经费。"

2. 设立的程序

《职业教育法》规定："职业学校和职业培训机构的设立、变更和终止，应当按照国家有关规定执行。"设立的程序一般包括审核、批准、注册或者备案。

# 四、职业教育的保障条件

职业教育要发展，需要经费保障、师资保障以及基地保障。

（一）职业教育的经费保障

职业教育要发展，经费保障是至关重要的，《职业教育法》明确了经费保障的渠道。

1. 多种渠道筹集资金

职业教育与义务教育不同，义务教育全部由政府筹集资金，职业教育要靠政府筹集资金，还要靠其他渠道筹集资金，因此，《职业教育法》第二十六条明确："国家鼓励通过多种渠道依法筹集发展职业教育的资金。"这些渠道包括适当收取学费、社会服务的收入、金融机构信贷、资助和捐赠等。

2. 财政拨款

在财政拨款方面，《职业教育法》强调了经费标准的制定及财政性经费的增长，即第二十七条的规定："省、自治区、直辖市人民政府应当制定本地区职业学校学生人数平均经费标准；国务院有关部门应当会同国务院财政部门制定本部门职业学校学生人数平均经费标准。职业学校举办者应当按照学生人数平均经费标准足额拨付职业教育经费。各级人民政府、国务院有关部门用于举办职业学校和职业培训机构的财政性经费应当逐步增长。任何组织和个人不得挪用、克扣职业教育的经费。"

3. 企业承担培训费用

对于企业承担培训费用，《职业教育法》用义务性和惩罚性的规定予以强调，第二十八条规定："企业应当承担对本单位的职工和准备录用的人员进行职业教育的费用"。第二十条规定："企业应当根据本单位的实际，有计划地对本单位的职工和准备录用的人员实施职业教育。""从事技术工种的职工，上岗前必须经过培训；从事特种作业的职工必须经过培训，并取得特种作业资格。"第二十九条规定："企业未按本法第二十条的规定实施职业教育的，县级以上地方人民政府应当责令改正；拒不改正的，可以收取企业应当承担的职业教育经费，用于本地区的职业教育。"

4. 专项经费

关于专项经费，《职业教育法》第三十条规定："省、自治区、直辖市人民政府按照教育法的有关规定决定开征的用于教育的地方附加费，可以专项或者安排一定比例用于职业教育。"第三十一条规定："各级人民政府可以将农村科学技术开发、技术推广的经费，适当用于农村职业培训。"

（二）职业教育的师资保障

发展职业教育，除了要有足够的经费，还要有很强的师资力量，《职业教育法》第三十六条从培养和培训两个方面规定了职业教育的师资保障："县级以上各级人民政府和有关部门应当将职业教育教师的培养和培训工作纳入教师队伍建设规划，保证职业教育教师队伍适应职业教育发展的需要。职业学校和职业培训机构可以聘请专业技术人员、有特殊技能的人员和其他教育机构的教师担任兼职教师。有关部门和单位应当提供方便。"

（三）职业教育的基地保障

职业教育与普通教育不同，职业教育是直接为企业生产和社会发展培养和培训一线生产、管理、技术、服务人才的，因此，生产实习基地非常重要。《职业教育法》第三十七条规定："国务院有关部门、县级以上地方各级人民政府以及举办职业学校、职业培训机构的组织、公民个人，应当加强职业教育生产实习基地的建设。企业、事业组织应当接纳职业学校和职业培训机构的学生和教师实习；对上岗实习的，应当给予适当的劳动报酬。"

## 第二节　民办教育法律制度

《中华人民共和国民办教育促进法》(以下简称《民办教育促进法》)对进一步落实科教兴国和人才强国战略,促进民办教育事业的健康发展,确立我国民办教育的法律地位,维护民办教育工作者和接受民办教育人员的合法权益,规范民办教育的办学行为,具有不可替代的作用。《民办教育促进法》总结了我国改革开放以来发展民办教育的有益经验,针对民办教育发展长期以来悬而未决的重大问题,用法律的形式巩固了民办教育改革发展的成果。《民办教育促进法》共有十章,除了总则、罚则和附则三章外,在分则中分别用七章对民办学校的设立、民办学校的组织与活动、教师与受教育者、民办学校资产与财务管理、对民办学校的管理与监督、扶持与奖励、民办学校的变更与终止等活动作了规范。本节将重点介绍民办教育的性质、民办教育的基本原则、民办学校的设立条件、民办学校的组织与活动、民办学校的教师与受教育者。

【案例导航】

### 揭秘广东高州职教乱象　没报考也发录取通知书

南方日报记者以学生的身份,选择高州 20 所民办职业教育学校进行调查后发现,高州大部分职业培训学校以外省学生为主要生源,在逐利的目的下,招生、教学和管理等方面均存在大量不规范之处,由此也引发很多学生的不满情绪。

海南 20 岁的林广生(化名)告诉记者:2009 年 6 月,他高考落榜,打算复读。突然收到高州迪奥(香港)理工学校的录取通知书。他的很多同学也收到了高州不同职业教育学校寄来的录取通知书。"没有报考,怎么可能被录取?"江西赣州的张方(化名)与林广生有着同样经历。"他们就像群发短信一样发通知书。"张方说,2007年,他收到 10 多份录取通知书,"全都是高州的职业培训学校"。

林广生告诉记者,珠江理工学校的条件"诱人",称是广东省教育厅直接领导的全日制高等专科院校,具备颁发学历教育证书和国家技术等级证书的"双证书"资格,是广东省劳动和社会保障厅指定的办学发证单位。"我们有大专,有中专,也有高技。"珠江理工学校的工作人员告诉记者,珠江理工学校属广东省教育厅直管,颁发的大专学历证书与高考统招学校的学历证书没有区别。但高州市职业教育办公室的工作人员却告诉记者,珠江理工学校并不是大专学校,也不是高级技工学校。

林广生说,他当时在学校网站上还看到了诸多"荣誉",如中国消费咨询中心评的"百家诚信院校",印有"中华人民共和国劳动和社会保障部"的"国家级重点技工学校"等。不过,茂名市教育局的一位工作人员却告诉记者,珠江理工学校并不是国家级重点技工学校。

林广生说,他当时觉得还不错,就交了7000多元报名了。今年他不交钱给学校了,也不打算要毕业证书了。毅然决定离开高州珠江理工学校,孤身奔赴珠三角找工作。

在记者调查的高州20所职业教育机构中,有18所都声称是大专学校,拿的是大专文凭。教育界人士批评说:"他们很多都是短期培训机构,甚至连中专都不是,怎么有资格发大专毕业证书!"

(张迪:《南方日报》,2010年9月14日)

思考:

(1)记者调查发现,这些民办职业培训学校以外省学生为主要生源,在逐利的目的下,招生、教学和管理等方面均存在大量不规范之处,由此也引发很多学生的不满情绪。——民办教育能逐利吗?民办教育的性质该如何确定?

(2)江西赣州的张方说:"他们就像群发短信一样发通知书。"2007年,他收到10多份录取通知书,"全都是高州的职业培训学校。"——民办职业培训学校能像群发短信一样发录取通知书吗?这样的行为应该受到什么样的惩罚?

(3)20所职业教育机构中,有18所都声称是大专学校,能发大专文凭。实际上他们只是短期培训机构,怎么有资格发大专毕业证书!——乱发文凭应该承担什么样的法律责任?

## 一、概述

《民办教育促进法》是2002年12月28日由第九届全国人民代表大会常务委员会第三十一次会议通过,并于2003年9月1日开始实施。《民办教育促进法》在总则中明确了立法依据和立法宗旨,确立了民办教育事业属于公益性事业、是社会主义教育事业的组成部分的性质,强调民办学校应当贯彻教育与宗教相分离的原则,指明了民办教育发展的方向。

### (一)民办教育的立法

《民办教育促进法》第一条规定:"为实施科教兴国战略,促进民办教育事业的健康发展,维护民办学校和受教育者的合法权益,根据宪法和教育法制定本法。"

1. 立法依据

《民办教育促进法》的立法依据是宪法和《教育法》。《宪法》第十九条规定："国家鼓励集体经济组织、国家企业事业组织和其他社会力量依照法律规定举办各种教育事业。"《教育法》第二十五条规定："国家鼓励企业事业组织、社会团体、其他社会组织及公民个人依法举办学校及其他教育机构。任何组织和个人不得以营利为目的举办学校及其他教育机构。"

为了落实宪法和《教育法》的相关规定,国务院于1997年制定了《社会力量办学条例》,该条例实施了5年后,全国人大常委会制定并通过了《民办教育促进法》。

2. 立法宗旨

(1)实施科教兴国战略的需要。实施科教兴国战略需要大量的人才,民办教育的发展是适应市场对人才的渴求,培养目标非常明确,即培养市场急需的职业型、应用型人才。民办教育这一适应市场、讲求实效的灵活机制,能够适应市场经济的需要,有效地促进教育供给的多样化,对实施科教兴国战略起了很大的作用。因此,需要从法律的层面上予以确认。

(2)促进民办教育事业健康发展的需要。经过多年的发展,我国民办教育的办学模式日趋多样化,从幼儿园到大学,从短期培训到正规学历教育,从普通文化教育到职业技术教育,都有民办学校和民办教育机构。为了促进民办教育事业的健康发展,必须制定一部专门的法律来予以保障。《民办教育促进法》总结了我国改革开放以来发展民办教育的有益经验,有针对性地解决了一些民办教育发展长期以来悬而未决的重大问题,用法律的形式巩固了我国教育改革的成果,指明了我国民办教育发展的方向。

(3)维护民办学校和受教育者合法权益的需要。民办教育在发展过程中并非一帆风顺,常常会受到来自各方面的干扰,民办学校的合法权益受到不同程度的侵害。民办教育蓬勃兴起,难免鱼龙混杂,以营利为目的的民办学校严重地侵害着学生的合法权益。为了维护民办学校和受教育者的合法权益,通过立法,制定了《民办教育促进法》。

3. 适用范围

《民办教育促进法》第二条规定："国家机构以外的社会组织或者个人,利用非国家财政性经费,面向社会举办学校及其他教育机构的活动,适用本法。本法未作规定的,依照教育法和其他有关教育法律执行。"

（二）民办教育的性质

《民办教育促进法》第三条第一款明确："民办教育事业属于公益性事业，是社会主义教育事业的组成部分。"

正因为民办教育属于公益性事业，是我国教育事业的组成部分，《民办教育促进法》在制定民办教育的方针时确定："国家对民办教育实行积极鼓励、大力支持、正确引导、依法管理的方针。"

《民办教育促进法》第三条第三款规定："各级人民政府应当将民办教育事业纳入国民经济和社会发展规划。"

也正是因为民办教育是我国教育事业的组成部分，因此，《民办教育促进法》第五条规定："民办学校与公办学校具有同等的法律地位，国家保障民办学校的办学自主权。国家保障民办学校举办者、校长、教职工和受教育者的合法权益。"

（三）民办教育的基本原则

《民办教育促进法》第四条规定："民办学校应当遵守法律、法规，贯彻国家的教育方针，保证教育质量，致力于培养社会主义建设事业的各类人才。"

由于民办教育的举办者来自社会的方方面面，因此，《民办教育促进法》紧接着就强调："民办学校应当贯彻教育与宗教相分离的原则。任何组织和个人不得利用宗教进行妨碍国家教育制度的活动。"

## 二、民办学校的设立

《民办教育促进法》对民办学校的设立，除了强调要依据《教育法》的有关规定外，还根据民办学校的实际情况，作出了一些特殊规定。

（一）民办学校的设立条件

设立民办学校除了依据《教育法》规定的必须有组织机构和章程，有合格的教师，有符合规定标准的教学场所及设施、设备等，有必备的办学资金和稳定的经费来源外，还必须具备以下一些条件。

1. 对民办学校办学主体的要求

由于民办学校办学主体很复杂，因此，《民办教育促进法》第九条规定："举办民办学校的社会组织，应当具有法人资格。举办民办学校的个人，应当具有政治权利和完全民事行为能力。民办学校应当具备法人条件。"

2. 对民办学校办学条件的要求

由于民办学校的办学经费不够稳定,办学条件参差不齐,因此,《民办教育促进法》第十条规定:"设立民办学校应当符合当地教育发展的需求,具备教育法和其他有关法律、法规规定的条件。民办学校的设置标准参照同级同类公办学校的设置标准执行。"

(二)民办学校的设立程序

由于民办教育的办学层次、办学类别很复杂,因此,《民办教育促进法》在民办学校的设立程序上作了特别的规定。

1. 民办学校的审批机关

《民办教育促进法》第十一条规定:"举办实施学历教育、学前教育、自学考试助学及其他文化教育的民办学校,由县级以上人民政府教育行政部门按照国家规定的权限审批;举办实施以职业技能为主的职业资格培训、职业技能培训的民办学校,由县级以上人民政府劳动和社会保障行政部门按照国家规定的权限审批,并抄送同级教育行政部门备案。"

2. 提交的材料及审批程序

《民办教育促进法》对申请筹设民办学校和申请正式设立民办学校做了区分,明确了各自应该提交的材料和审批程序。

申请筹设民办学校,举办者应当向审批机关提交下列材料:(一)申办报告,内容应当主要包括:举办者、培养目标、办学规模、办学层次、办学形式、办学条件、内部管理体制、经费筹措与管理使用等;(二)举办者的姓名、住址或者名称、地址;(三)资产来源、资金数额及有效证明文件,并载明产权;(四)属捐赠性质的校产须提交捐赠协议,载明捐赠人的姓名、所捐资产的数额、用途和管理方法及相关有效证明文件。

审批机关应当自受理筹设民办学校的申请之日起三十日内以书面形式作出是否同意的决定。同意筹设的,发给筹设批准书。不同意筹设的,应当说明理由。筹设期不得超过三年。超过三年的,举办者应当重新申报。

申请正式设立民办学校,举办者应当向审批机关提交下列材料:(一)筹设批准书;(二)筹设情况报告;(三)学校章程、首届学校理事会、董事会或者其他决策机构组成人员名单;(四)学校资产的有效证明文件;(五)校长、教师、财会人员的资格证明文件。具备办学条件,达到设置标准的,可以直接申请正式设立,并应当提交《民办教育促进法》第十二条和第十四条(三)、(四)、(五)项规定的材料。

申请正式设立民办学校的,审批机关应当自受理之日起三个月内以书面形式作出是否批准的决定,并送达申请人;其中申请正式设立民办高等学校的,审批机关也可以自受理之日起六个月内以书面形式作出是否批准的决定,并送达申请人。审批机关对批准正式设立的民办学校发给办学许可证。审批机关对不批准正式设立的,应当说明理由。

3. 登记制度

《民办教育促进法》第十八条强调:"民办学校取得办学许可证,并依照有关的法律、行政法规进行登记,登记机关应当按照有关规定即时予以办理。"

对"提交虚假证明文件或者采取其他欺诈手段隐瞒重要事实骗取办学许可证的",或"伪造、变造、买卖、出租、出借办学许可证的",或"恶意终止办学、抽逃资金或者挪用办学经费的",《民办教育促进法》第六十二条规定:"由审批机关或者其他有关部门责令限期改正,并予以警告;有违法所得的,退还所收费用后没收违法所得;情节严重的,责令停止招生、吊销办学许可证;构成犯罪的,依法追究刑事责任"。

## 三、学校的组织与活动

民办学校不同于公办学校,其组织机构和活动有自己的特殊性,因此,《民办教育促进法》有针对性地作了规定。

(一)民办学校的组织

在民办学校的组织机构中,《民办教育促进法》强调了对民办学校的决策机构和校长的规定。

1. 民办学校的决策机构

对于民办学校的决策机构,《民办教育促进法》第十九条规定:"民办学校应当设立学校理事会、董事会或者其他形式的决策机构。"即理事会、董事会是法定的决策机构。

对于民办学校决策机构的组成,《民办教育促进法》第二十条规定:"学校理事会或者董事会由举办者或者其代表、校长、教职工代表等人员组成。其中三分之一以上的理事或者董事应当具有五年以上教育教学经验。学校理事会或者董事会由五人以上组成,设理事长或者董事长一人。理事长、理事或者董事长、董事名单报审批机关备案。"

对于民办学校决策机构的职权,《民办教育促进法》第二十一条规定:"学校理事会或者董事会行使下列职权:(一)聘任和解聘校长;(二)修改学校章程和制定学校的规章制度;(三)制定发展规划,批准年度工作计划;(四)筹集办学经费,审核预算、决算;(五)决定教职工的编制定额和工资标准;(六)决定学校的分立、合并、终止;(七)决定其他重大事项。其他形式决策机构的职权参照本条规定执行。"

《民办教育促进法》第二十二条规定:"民办学校的法定代表人由理事长、董事长或者校长担任。"

2. 民办学校的校长

对于民办学校校长的条件,《民办教育促进法》第二十三条规定:"民办学校参照同级同类公办学校校长任职的条件聘任校长,年龄可以适当放宽,并报审批机关核准。"

对于民办学校校长的职权,《民办教育促进法》第二十四条规定:"民办学校校长负责学校的教育教学和行政管理工作,行使下列职权:(一)执行学校理事会、董事会或者其他形式决策机构的决定;(二)实施发展规划,拟订年度工作计划、财务预算和学校规章制度;(三)聘任和解聘学校工作人员,实施奖惩;(四)组织教育教学、科学研究活动,保证教育教学质量;(五)负责学校日常管理工作;(六)学校理事会、董事会或者其他形式决策机构的其他授权。"

(二)民办学校的活动

民办学校的活动很多,《民办教育促进法》有针对性地强调了招生和教职工的民主管理和监督。

1. 招生与发证

民办教育最容易出问题的是"一进一出"的问题,"进"是招生,"出"是毕业,一些民办学校不按规定招生,没毕业就发文凭。因此,《民办教育促进法》第二十五条规定:"民办学校对招收的学生,根据其类别、修业年限、学业成绩,可以根据国家有关规定发给学历证书、结业证书或者培训合格证书。对接受职业技能培训的学生,经政府批准的职业技能鉴定机构鉴定合格的,可以发给国家职业资格证书。"

对"发布虚假招生简章或者广告,骗取钱财的",或"非法颁发或者伪造学历证书、结业证书、培训证书、职业资格证书的",或"管理混乱严重影响教育教学,产生恶劣社会影响的",《民办教育促进法》第六十二条规定:"由审批机关或者其他有关部门责令限期改正,并予以警告;有违法所得的,退还所收费用后没收违法所得;情节严重的,责令停止招生、吊销办学许可证;构成犯罪的,依法追究刑事责任"。

2. 教职工的民主管理和监督

由于民办学校的管理体制与公办学校不同，决策机构很容易专权，因此，《民办教育促进法》第二十六条强调了民办学校要建立教代会和工会："民办学校依法通过以教师为主体的教职工代表大会等形式，保障教职工参与民主管理和监督。民办学校的教师和其他工作人员，有权依照工会法，建立工会组织，维护其合法权益。"

## 四、教师与受教育者

尽管民办学校与公办学校的管理体制不同，由于都是我国教育事业的组成部分，因此，《民办教育促进法》第二十七条规定："民办学校的教师、受教育者与公办学校的教师、受教育者具有同等的法律地位。"

（一）教师

1. 民办学校教师的聘任

民办学校教师与公办学校教师法律地位相同，民办学校的教师也必须要有教师资格证。为此《民办教育促进法》第二十八条规定："民办学校聘任的教师，应当具有国家规定的任教资格。"民办学校不能聘任没有资格证的教师。

2. 民办学校教师的培训

公办学校的教师必须参加培训，民办学校的教师也必须参加培训，民办学校必须组织教师培训。《民办教育促进法》第二十九条规定："民办学校应当对教师进行思想品德教育和业务培训。"

3. 民办学校教师的工资福利待遇

由于民办学校的经费来源与公办学校不同，因此，民办学校教师工资、福利待遇也与公办学校不同，为了避免拖欠教师工资，《民办教育促进法》第三十条规定："民办学校应当依法保障教职工的工资、福利待遇，并为教职工缴纳社会保险费。"

4. 民办学校教职工享有与公办学校教职工同等权利

《民办教育促进法》第三十一条最后强调："民办学校教职工在业务培训、职务聘任、教龄和工龄计算、表彰奖励、社会活动等方面依法享有与公办学校教职工同等权利。"

（二）受教育者

民办学校的受教育者与公办学校的受教育者具有同等的法律地位，《民办教育促进法》强调了以下两个方面：

1. 民办学校要保障学生的合法权益

《民办教育促进法》第三十二条强调："民办学校依法保障受教育者的合法权益。民办学校按照国家规定建立学籍管理制度，对受教育者实施奖励或者处分。"

2. 民办学校学生享有与公办学校学生同等权利

《民办教育促进法》第三十三条规定："民办学校的受教育者在升学、就业、社会优待以及参加先进评选等方面享有与同级同类公办学校的受教育者同等权利。"

## 五、民办学校的其他规定

《民办教育促进法》还用了四章内容对民办教育的学校资产与财务管理、管理与监督、扶持与奖励、变更与终止作了规定。限于篇幅，这里仅作简单介绍。

### （一）学校资产与财务管理

1. 学校资产

《民办教育促进法》规定：民办学校应当依法建立财务、会计制度和资产管理制度，并按照国家有关规定设置会计账簿。民办学校对举办者投入民办学校的资产、国有资产、受赠的财产以及办学积累，享有法人财产权。民办学校存续期间，所有资产由民办学校依法管理和使用，任何组织和个人不得侵占。任何组织和个人都不得违反法律、法规向民办教育机构收取任何费用。民办学校对接受学历教育的受教育者收取费用的项目和标准由学校制定，报有关部门批准并公示；对其他受教育者收取费用的项目和标准由学校制定，报有关部门备案并公示。民办学校收取的费用应当主要用于教育教学活动和改善办学条件。

2. 学校财务管理

《民办教育促进法》规定："民办学校资产的使用和财务管理受审批机关和其他有关部门的监督。民办学校应当在每个会计年度结束时制作财务会计报告，委托会计师事务所依法进行审计，并公布审计结果。"

### （二）管理与监督

1. 对民办学校的管理

《民办教育促进法》规定：教育行政部门及有关部门应当对民办学校的教育教学工作、教师培训工作进行指导。教育行政部门及有关部门依法对民办学校实行督导，促进提高办学质量；组织或者委托社会中介组织评估办学水平和教育质量，并将评估结果向社会公布。

2. 对民办学校的监督

《民办教育促进法》规定:民办学校的招生简章和广告,应当报审批机关备案。民办学校侵犯受教育者的合法权益,受教育者及其亲属有权向教育行政部门和其他有关部门申诉,有关部门应当及时予以处理。

(三) 扶持与奖励

1. 对民办学校的奖励

《民办教育促进法》规定:县级以上各级人民政府可以设立专项资金,用于资助民办学校的发展,奖励和表彰有突出贡献的集体和个人。

2. 对民办学校的扶持

《民办教育促进法》规定:县级以上各级人民政府可以采取经费资助,出租、转让闲置的国有资产等措施对民办学校予以扶持。民办学校享受国家规定的税收优惠政策。民办学校依照国家有关法律、法规,可以接受公民、法人或者其他组织的捐赠。国家对向民办学校捐赠财产的公民、法人或者其他组织按照有关规定给予税收优惠,并予以表彰。国家鼓励金融机构运用信贷手段,支持民办教育事业的发展。人民政府委托民办学校承担义务教育任务,应当按照委托协议拨付相应的教育经费。新建、扩建民办学校,人民政府应当按照公益事业用地及建设的有关规定给予优惠。教育用地不得用于其他用途。民办学校在扣除办学成本、预留发展基金以及按照国家有关规定提取其他必需的费用后,出资人可以从办学结余中取得合理回报。取得合理回报的具体办法由国务院规定。

(四) 变更与终止

1. 民办学校的变更

《民办教育促进法》规定:民办学校的分立、合并,在进行财务清算后,由学校理事会或者董事会报审批机关批准。申请分立、合并民办学校的,审批机关应当自受理之日起三个月内以书面形式答复;其中申请分立、合并民办高等学校的,审批机关也可以自受理之日起六个月内以书面形式答复。民办学校举办者的变更,须由举办者提出,在进行财务清算后,经学校理事会或者董事会同意,报审批机关核准。民办学校名称、层次、类别的变更,由学校理事会或者董事会报审批机关批准。申请变更为其他民办学校,审批机关应当自受理之日起三个月内以书面形式答复;其中申请变更为民办高等学校的,审批机关也可以自受理之日起六个月内以书面形式答复。

2. 民办学校的终止

《民办教育促进法》规定:民办学校有下列情形之一的,应当终止:(一) 根据学校章程规定要求终止,并经审批机关批准的;(二) 被吊销办学许可证的;(三) 因资不抵债无法继续办学的。民办学校终止时,应当妥善安置在校学生。实施义务教育的民办学校终止时,审批机关应当协助学校安排学生继续就学。民办学校终止时,应当依法进行财务清算。民办学校自己要求终止的,由民办学校组织清算;被审批机关依法撤销的,由审批机关组织清算;因资不抵债无法继续办学而被终止的,由人民法院组织清算。对民办学校的财产按照下列顺序清偿:(一) 应退受教育者学费、杂费和其他费用;(二) 应发教职工的工资及应缴纳的社会保险费用;(三) 偿还其他债务。民办学校清偿上述债务后的剩余财产,按照有关法律、行政法规的规定处理。终止的民办学校,由审批机关收回办学许可证和销毁印章,并注销登记。

## 第三节 残疾人教育法律制度

残疾人教育是指对视力、听力语言、智力、肢体有残疾的人实施的教育。残疾人教育是促进残疾人全面发展、帮助残疾人更好地融入社会的基本途径。《残疾人教育条例》是我国第一部有关残疾人教育的专项法规,它的颁布实施,将从法律上进一步保障我国残疾人平等受教育的权利,促进残疾人教育事业的发展。《残疾人教育条例》共有九章,除了总则和附则两章外,在分则的第二章至第五章分别对残疾儿童的学前教育,残疾适龄儿童、少年的义务教育,残疾人的职业教育,残疾人的高中和大学教育作了规范;第六章至第八章则对残疾人教育的教师,残疾人学校的物质条件保障以及奖励与处罚等作了规范。本节将重点介绍第二章至第五章的主要内容。

【案例导航】

### 康复儿童入学难

2007 年 9 月 28 日,全国中小学开学已经快一个月了,但 7 岁的朱桦至今还没有找到一所愿意接收她的学校。朱桦的家在福建长乐农村,她两三岁时才被发现听力有问题。2005 年 10 月,朱桦来到天新特殊儿童康复中心接受训练,两年时间过去了,朱桦不但能听得见声音,也能听懂老师讲课。福州天新特殊儿童康复中心主任冉枝俞说:她现在可以进行正常的语言交流,具备了进正常小学的条件。但是,在为她办理入学的过程中,一路却处处碰壁。

康复儿童到普通学校上学一事,下面是家长与校长的几段对话:

家长1:康复儿童想上学,被拒校门之外,老师不要,学校校长不要。

校长:如果到我们学校,我们又没有这样专业的老师,最起码与盲聋哑学生交流要懂一点,我们没有这方面专业的老师。另外,我们面对一个班的几十个学生,你这两个学生在这里,有交流上的障碍,可能对学生今后的生理、心理都不太好。

家长2:我们做父母的都是想(让孩子)到正常的学校和正常的孩子融入,让他以后有个正常的心态,长大可以正常地处理人生的事情。如果老是把他看成是不正常的学生,本来就有残疾了,以后会对他的身心健康有影响。

校长:如果到我们这里,我们根本没法面对这种特殊情形,我们一个班六十几个人,如果老师在课堂上特别关爱这个学生,那么对另外的六十几个学生不公平。

家长3:大家想一想,真心去考虑一下,这些有残疾的孩子,真的该多支持一下,献点爱心出来,让他们像正常小孩子一样有书读,让他们读完正常的九年义务教育,让他学点知识。我们做家长的并不是希望自己的孩子以后考上大学,我们就希望他学一点知识,有一点文化,在社会上能自给自足。

(原载 www.xinhuanet.com,2007 年 11 月 11 日)

思考:

(1) 经过康复训练的残疾儿童到底能否进入普通学校接受正常的教育呢?

(2) 残疾儿童的家长希望孩子学一点知识,有一点文化,在社会上能自给自足,法律法规该如何支持他们?

## 一、概述

《残疾人教育条例》是 1994 年 8 月 23 日由国务院颁布实施。《残疾人教育条例》在总则中明确了立法宗旨,强调了残疾人教育的地位,规定了发展残疾人教育的方针和残疾人教育的方式,指出了残疾人教育需要全社会的参与。

### (一) 立法宗旨

《残疾人教育条例》第一条明确:"为了保障残疾人受教育的权利,发展残疾人教育事业,根据《中华人民共和国残疾人保障法》和国家有关教育的法律,制定本条例。"

1. 立法依据

《残疾人教育条例》立法的依据是《中华人民共和国残疾人保障法》（简称《残疾人保障法》），而《残疾人保障法》的立法依据是宪法。宪法是国家的根本大法，《残疾人保障法》是普通法，《残疾人教育条例》是行政法规。对残疾人教育权的保护从上到下形成了一个系列。

2. 立法宗旨

（1）保障残疾人受教育权利的需要。残疾人作为公民，同样享有宪法赋予的受教育的权利。《残疾人保障法》明确："国家保障残疾人享有平等接受教育的权利。"该法用一章的篇幅对残疾人教育作了规定，落实《残疾人保障法》关于残疾人受教育权的保障，必须制定具体的落实措施，《残疾人教育条例》应运而生。

（2）发展残疾人教育事业的需要。残疾人教育事业经过多年的发展，尤其是1990年12月28日《残疾人保障法》颁布实施以后，残疾人教育事业发展迅速，但是我国的残疾人中接受过系统文化教育和职业培训的比例并不很高。为了加快发展残疾人教育事业，也为了促使残疾人教育事业有序发展，因而制定了这一专门的法规。

（二）残疾人教育的基本原则

《残疾人教育条例》第二条规定："实施残疾人教育，应当贯彻国家的教育方针，并根据残疾人的身心特性和需要，全面提高其素质，为残疾人平等地参与社会生活创造条件。"残疾人教育是指对视力、听力语言、智力有残疾的人和有多重残疾的人实施的教育。残疾人的身心和需要有其特殊性，因此，在贯彻国家的教育方针时需要运用特殊的教学手段和方法，对有特殊需求的人实施的教育，即由学校、专门机构或部门提供的把教学、心理、社会、医学以及护理等手段结合起来的教育。因此，残疾人教育也称为特殊教育。

（三）残疾人教育的地位

1. 残疾人教育的地位

《残疾人教育条例》第三条第一款明确："残疾人教育是国家教育事业的组成部分。"由于残疾人教育是促进残疾人全面发展、帮助残疾人更好地融入社会的基本途径，因此，《残疾人教育条例》把残疾人教育定位于国家教育事业的组成部分。

2. 发展残疾人教育的方针

《残疾人教育条例》第三条第二款规定了发展残疾人教育事业的方针："发展残

疾人教育事业,实行普及与提高相结合、以普及为重点的方针,着重发展义务教育和职业教育,积极开展学前教育,逐步发展高级中等以上教育。"

普及,就是要普及残疾适龄儿童少年义务教育,尽可能让所有的适龄残疾儿童少年入学,接受完整的九年义务教育,从根本上提高残疾人的文化素质。同时要大力发展残疾人职业教育和培训,最大限度地满足广大残疾青少年学习职业技术的需求,为他们走向社会、求职就业创造条件。这也是绝大多数残疾人的渴望和迫切要求。普及九年义务教育,大力开展职业教育和培训,是残疾人教育工作的重点。

提高,就是要逐步发展残疾人的高中阶段和高等的特殊教育。完成九年义务教育后的残疾人还有继续学习和深造的需求,因此,根据残疾人接受教育的需求和国家经济社会发展的实际水平,还需要逐步发展残疾人的高级中等以上教育。

3. 残疾人教育的方式

《残疾人教育条例》第三条第三款规定了残疾人教育的方式:"残疾人教育应当根据残疾人的残疾类别和接受能力,采取普通教育方式或者特殊教育方式,充分发挥普通教育机构在实施残疾人教育中的作用。"

普通教育方式是指普通教育机构对具有接受普通教育能力的残疾人实施教育。普通幼儿教育机构应当接收能适应其生活的残疾幼儿;普通小学、初中,必须招收能适应其学习生活的残疾儿童、少年入学;普通高中、中专学校、技工学校和高等院校,必须招收符合国家规定的录取标准的残疾考生入学,不得因其残疾而拒绝招收。法律强调要充分发挥普通教育机构在实施残疾人教育中的作用。

特殊教育方式是指残疾幼儿教育机构、普通幼儿教育机构附设的残疾儿童班、特教学校的学前班、残疾儿童福利机构、残疾儿童家庭,对残疾儿童实施学前教育。初级中等以下特教学校和普通学校附设的特教班,对不具有接受普通教育能力的残疾儿童、少年实施义务教育。高中以上特教学校、普通学校附设的特教班,对符合条件的残疾人实施高级中等以上文化教育、职业技术教育。

(四)残疾人教育的管理体制

由于残疾人教育是国家教育事业的组成部分,因此,《残疾人教育条例》作出了一系列保障残疾人教育地位的规定。

1. 政府的职责

要加快发展残疾人教育事业,首先政府要把残疾人教育事业纳入经济社会发展规划,列入议事日程。

《残疾人教育条例》第四条规定:"各级人民政府应当加强对残疾人教育事业的

领导,统筹规划和发展残疾人教育事业,逐步增加残疾人教育经费,改善办学条件。"第五条规定:"国务院教育行政部门主管全国的残疾人教育工作。县级以上地方各级人民政府教育行政部门主管本行政区域内的残疾人教育工作。县级以上各级人民政府其他有关部门在各自的职责范围内负责有关的残疾人教育工作。"

2. 残联的职责

《残疾人教育条例》第六条规定了残联的职责:"中国残疾人联合会及其地方组织应当积极促进和开展残疾人教育工作。"

3. 教育机构的职责

《残疾人教育条例》第七条规定了教育机构的职责:"幼儿教育机构、各级各类学校及其他教育机构应当依照国家有关法律、法规的规定,实施残疾人教育。"

4. 家庭的职责

《残疾人教育条例》第八条规定了家庭的职责:"残疾人家庭应当帮助残疾人接受教育。"

5. 社会各界的职责

《残疾人教育条例》第九条强调:"社会各界应当关心和支持残疾人教育事业。"

残疾人教育的地位确立后,我国残疾人教育事业蓬勃发展,目前已经基本形成了以教育部门为主,民政部门、卫生部门、残联和社会力量作补充的特殊教育办学渠道,学前教育、基础教育、中等教育、高等教育构成的残疾人教育体系。

## 二、学前教育

《残疾人教育条例》在学前教育一章中明确了学前教育的机构、学前教育的原则,强调了对残疾幼儿的早期发现、早期康复和早期教育问题。

### (一)教育机构

《残疾人教育条例》第十条规定了残疾幼儿的学前教育机构:"残疾幼儿的学前教育,通过下列机构实施:(一)残疾幼儿教育机构;(二)普通幼儿教育机构;(三)残疾儿童福利机构;(四)残疾儿童康复机构;(五)普通小学的学前班和残疾儿童、少年特殊教育学校的学前班。"

由于学前教育不是义务教育,因此,残疾儿童可以不进上述机构接受学前教育,但必须接受学前教育。《残疾人教育条例》第十条第二款规定:"残疾儿童家庭应当对残疾儿童实施学前教育。"

（二）教育原则

《残疾人教育条例》第十一条规定："残疾幼儿的教育应当与保育、康复结合实施。"

（三）早期教育

《残疾人教育条例》第十二条规定："卫生保健机构、残疾幼儿的学前教育机构和家庭，应当注重对残疾幼儿的早期发现、早期康复和早期教育。卫生保健机构、残疾幼儿的学前教育机构应当就残疾幼儿的早期发现、早期康复和早期教育提供咨询、指导。"

## 三、义务教育

残疾适龄儿童、少年必须接受义务教育，鉴于残疾适龄儿童、少年身心特点和需求，《残疾人教育条例》有针对性地作了一些规定。

（一）政府和父母的职责

1. 政府职责

作为中央政府，国务院在《残疾人教育条例》第十三条强调："地方各级人民政府应当将残疾儿童、少年实行义务教育纳入当地义务教育发展规划并统筹安排实施。县级以上各级人民政府对实施义务教育的工作进行监督、指导、检查，应当包括对残疾儿童、少年实施义务教育工作的监督、指导、检查。"

2. 父母职责

作为父母，不能因为子女残疾就将子女留在家里，为此《残疾人教育条例》第十四条规定："适龄残疾儿童、少年的父母或者其他监护人，应当依法使其子女或者被监护人接受义务教育。"

（二）入学年龄和入学学校

1. 入学年龄

关于入学年龄，《残疾人教育条例》第十五条规定："残疾儿童、少年接受义务教育的入学年龄和年限，应当与当地儿童、少年接受义务教育的入学年龄和年限相同；必要时，其入学年龄和在校年龄可以适当提高。"

2. 入学学校

适龄残疾儿童、少年到特殊学校还是到普通学校接受义务教育，有关部门可以提出意见，《残疾人教育条例》第十六条规定："县级人民政府教育行政部门和卫生行政部门应当组织开展适龄残疾儿童、少年的就学咨询,对其残疾状况进行鉴定,并对其接受教育的形式提出意见。"

对于适龄残疾儿童、少年可以选择的学校、班级,《残疾人教育条例》第十七条规定:"适龄残疾儿童、少年可以根据条件,通过下列形式接受义务教育:(一) 在普通学校随班就读;(二) 在普通学校、儿童福利机构或者其他机构附设的残疾儿童、少年特殊教育班就读;(三) 在残疾儿童、少年特殊教育学校就读。地方各级人民政府应当逐步创造条件,对因身体条件不能到学校就读的适龄残疾儿童、少年,采取其他适当形式进行义务教育。"

### (三) 教育教学内容和方法

#### 1. 教学内容和教学方法

《残疾人教育条例》第十九条对适龄残疾儿童、少年进行义务教育的教学内容与教学方法作了规定:"残疾儿童、少年特殊教育学校(班)的教育工作,应当坚持思想教育、文化教育、劳动技能教育与身心补偿相结合;并根据学生残疾状况和补偿程度,实施分类教学,有条件的学校,实施个别教学。"

#### 2. 课程计划和教学大纲

在课程计划、教学大纲和教材方面,《残疾人教育条例》第二十条规定:"残疾儿童、少年特殊教育学校(班)的课程计划、教学大纲和教材,应当适合残疾儿童、少年的特点。残疾儿童、少年特殊教育学校(班)的课程计划和教学大纲由国务院教育行政部门制订;教材由省级以上人民政府教育行政部门审定。"

#### 3. 学习帮助和学习要求

对适龄残疾儿童、少年的学习应予以帮助,《残疾人教育条例》第二十一条规定:"普通学校应当按照国家有关规定招收能适应普通班学习的适龄残疾儿童、少年就读,并根据其学习、康复的特殊需要对其提供帮助。有条件的学校,可以设立专门辅导教室。县级人民政府教育行政部门应当加强对本行政区域内的残疾儿童、少年随班就读教学工作的指导。"

对适龄残疾儿童、少年的学习要求应该降低,《残疾人教育条例》第二十一条第二款规定:"随班就读残疾学生的义务教育,可以适用普通义务教育的课程计划、教学大纲和教材,但是对其学习要求可以有适度弹性。"

#### 4. 职业教育和职业指导

《残疾人教育条例》第二十二条强调:"实施义务教育的残疾儿童、少年特殊教育学校应当根据需要,在适当阶段对残疾学生进行劳动技能教育、职业教育和职业指导。"

## 四、职业教育

对残疾学生进行职业教育,有助于他们更好地融入社会,自强自力。《职业教育法》强调要建立健全职业教育体系。

### (一)教育管理

发展残疾人职业教育是政府的职责,《残疾人教育条例》第二十三条规定:"各级人民政府应当将残疾人职业教育纳入职业教育发展的总体规划,建立残疾人职业教育体系,统筹安排实施。"

对于残疾人职业教育的重点,《残疾人教育条例》第二十四条明确:"残疾人职业教育,应当重点发展初等和中等职业教育,适当发展高等职业教育,开展以实用技术为主的中期、短期培训。"

### (二)教育体系

1. 残疾人职业教育体系的构成

对于残疾人职业教育体系,《残疾人教育条例》第二十五条明确:"残疾人职业教育体系由普通职业教育机构和残疾人职业教育机构组成,以普通职业教育机构为主体。县级以上地方各级人民政府应当根据需要,合理设置残疾人职业教育机构。"

2. 以普通职业教育机构为主体

在残疾人职业教育体系的两个组成部分中,法律明确规定以普通职业教育机构为主体,因此,普通职业教育机构就应该接受残疾人入学接受职业教育。针对普通职业教育机构拒收残疾人的现状,《残疾人教育条例》第二十六条强调:"普通职业教育学校必须招收符合国家规定的录取标准的残疾人入学,普通职业培训机构应当积极招收残疾人入学。"

对于拒绝招收按照国家有关规定应当招收的残疾人入学的,《残疾人教育条例》第五十条规定:由有关部门对直接责任人员给予行政处分,由教育行政部门责令该学校招收残疾人入学。

3. 残疾人职业教育机构要办好实习基地

《残疾人教育条例》第二十七条强调:"残疾人职业教育学校和培训机构,应当根据社会需要和残疾人的身心特性合理设置专业,并根据教学需要和条件,发展校办企业,办好实习基地。"

残疾人职业教育的费用,《残疾人教育条例》第二十八条规定:"对经济困难的残疾学生,应当酌情减免学费和其他费用。"

## 五、普通高级中等以上教育及成人教育

完成义务教育的残疾人要继续学习,国家应该创造条件,予以支持,为此《残疾人教育条例》作了下面一些规定:

（一）录取工作

针对普通高级中等以上学校拒收残疾人入学的现象,《残疾人教育条例》第二十九条规定:"普通高级中等学校、高等院校、成人教育机构必须招收符合国家规定的录取标准的残疾考生入学,不得因其残疾而拒绝招收。"

（二）教育形式

对于残疾人的继续学习,《残疾人教育条例》规定了几种方式:

一是"设区的市以上地方各级人民政府根据需要,可以举办残疾人高级中等以上特殊教育学校(班),提高残疾人的受教育水平"。

二是"县级以上各级人民政府教育行政部门应当会同广播、电视部门,根据实际情况开设或者转播适合残疾人学习的专业、课程"。

三是"残疾人所在单位应当对本单位的残疾人开展文化知识教育和技术培训"。

四是"国家、社会鼓励和帮助残疾人自学成才",通过自学考试提高学历层次。

## 六、其他管理规定

对于残疾人教育的师资、残疾人教育的物质条件保障以及对从事残疾人教育工作人员的奖励与处罚,《残疾人教育条例》都作了规定。

（一）教师

1. 鼓励教师终身从教

《残疾人教育条例》第三十五条规定:"各级人民政府应当重视从事残疾人教育的教师培养、培训工作,并采取措施逐步提高他们的地位和待遇,改善他们的工作环境和条件,鼓励教师终身从事残疾人教育事业。"第三十六条规定:"从事残疾人教育的教师,应当热爱残疾人教育事业,具有社会主义的人道主义精神,关心残疾

学生,并掌握残疾人教育的专业知识和技能。"

2. 落实教师管理制度

(1) 教师资格管理。《残疾人教育条例》第三十七条规定:"国家实行残疾人教育教师资格证书制度。"

(2) 教师编制管理。《残疾人教育条例》第三十八条规定:"残疾人特殊教育学校举办单位,应当依据残疾人特殊教育学校教师编制标准,为学校配备承担教学、康复等工作的教师。"

(3) 教师培养制度。《残疾人教育条例》第三十九条规定:"国务院教育行政部门和省、自治区、直辖市人民政府应当有计划地举办特殊教育师范院校、专业或者在普通师范院校附设特殊教育师资班(部),培养残疾人教育教师。"第四十一条规定:"普通师范院校应当有计划地设置残疾人特殊教育必修课程或者选修课程,使学生掌握必要的残疾人特殊教育的基本知识和技能,以适应对随班就读的残疾学生的教育需要。"

(4) 教师培训制度。《残疾人教育条例》第四十条规定:"县级以上地方各级人民政府教育行政部门应当将残疾人教育师资的培训列入工作计划,并采取设立培训基地等形式,组织在职的残疾人教育教师的进修提高。"

(5) 教育津贴及其他待遇。《残疾人教育条例》第四十二条规定:"从事残疾人教育的教师、职工根据国家有关规定享受残疾人教育津贴及其他待遇。"

(二) 物质条件保障

1. 政府筹措经费

《残疾人教育条例》规定:省、自治区、直辖市人民政府应当根据残疾人教育的特殊情况,依据国务院有关行政主管部门的指导性标准,制定本行政区域内残疾人学校的建设标准、经费开支标准、教学仪器设备配备标准等。残疾人教育经费由各级人民政府负责筹措,予以保证,并随着教育事业费的增加而逐步增加。县级以上各级人民政府可以根据需要,设立专项补助款,用于发展残疾人教育。地方各级人民政府用于义务教育的财政拨款和征收的教育费附加,应当有一定比例用于发展残疾儿童、少年义务教育。

2. 鼓励捐资助学

《残疾人教育条例》规定:国家鼓励社会力量举办残疾人教育机构或者捐资助学。

3. 教育机构的建设

《残疾人教育条例》规定：县级以上地方各级人民政府对残疾人教育机构的设置，应当统筹规划、合理布局。残疾人学校的设置，由教育行政部门按照国家有关规定审批。残疾人教育机构的建设，应当适应残疾学生学习、康复和生活的特点。普通学校应当根据实际情况，为残疾学生入学后的学习、生活提供便利和条件。县级以上各级人民政府及其有关部门应当采取优惠政策和措施、支持研究、生产残疾人教育专用仪器设备、教具、学具及其他辅助用品，扶持残疾人教育机构兴办和发展校办企业或者福利企业。

（三）奖励与处罚

1. 奖励

《残疾人教育条例》对奖励的规定：有下列事迹之一的单位和个人，由各级人民政府或者其教育行政部门给予奖励：（一）在残疾人教育教学、教学研究方面做出突出贡献的；（二）为残疾人就学提供帮助，表现突出的；（三）研究、生产残疾人教育专用仪器、设备、教具和学具，在提高残疾人教育质量方面取得显著成绩的；（四）在残疾人学校建设中取得显著成绩的；（五）为残疾人教育事业做出其他重大贡献的。

2. 处罚

《残疾人教育条例》规定：有下列行为之一的，由有关部门对直接责任人员给予行政处分：（一）拒绝招收按照国家有关规定应当招收的残疾人入学的；（二）侮辱、体罚、殴打残疾学生的；（三）侵占、克扣、挪用残疾人教育款项的。有前款所列第（一）项行为的，由教育行政部门责令该学校招收残疾人入学。有前款所列第（二）项行为，违反《中华人民共和国治安管理处罚条例》的，由公安机关给予行政处罚。有前款所列第（二）项、第（三）项行为，构成犯罪的，依法追究刑事责任。

## 第四节　幼儿园管理法律制度

幼儿教育是基础教育的重要组成部分，是我国学校教育和终身教育的奠基阶段。发展幼儿教育对于促进儿童身心全面健康发展，普及九年义务教育，提高国民素质，促进经济、社会持续、稳定、健康发展具有重要意义。《幼儿园管理条例》的发布实施对幼儿园的管理起到了规范作用。该条例共有六章，除了总则和附则两章外，在分则的四章中分别对举办幼儿园的基本条件和审批程序、幼儿园的保育和教育工作、幼儿园的行政事务、幼儿教育的奖励与处罚等活动作了规范。在这一节中,将重点阐述幼儿园的基本条件、幼儿园的保育和教育工作。

## 【案例导航】

### 幼儿园里培养的诺贝尔奖获得者

1978 年,75 位诺贝尔奖获得者在巴黎聚会。有个记者问其中的一位:"在您的一生里,您认为最重要的东西是在哪所大学、哪所实验室里学到的呢?"这位白发苍苍的诺贝尔奖获得者平静地回答:"是在幼儿园。"记者感到非常惊奇,又问到:"为什么是在幼儿园呢? 您认为您在幼儿园里学到了什么呢?"诺贝尔奖获得者微笑着回答:"在幼儿园里,我学会了很多很多。比如,把自己的东西分一半给小伙伴;不是自己的东西不要拿;东西要放整齐;饭前要洗手;午后要休息;做了错事要表示歉意;学习要多思考;要仔细观察大自然。我认为,我学到的全部东西就是这些。"所有在场的人对这位诺贝尔奖获得者的回答报以热烈的掌声。事实上,大多数的科学家都认为,他们终生所学到的最主要的东西,就是幼儿园老师教给他们的良好习惯。可见幼儿期的教育对一个人的影响是非常深远的。

(唐伟红、崔华芳:"影响孩子一生的 36 种好习惯",原载《北京晚报》,2006 年 11 月 20 日)

思考:

(1)幼儿园里如何培养出诺贝尔奖获得者?

(2)幼儿园教育工作的主要内容是什么?

(3)幼儿教育方针是什么?

## 一、概述

《幼儿园管理条例》于 1989 年 9 月 11 日由当时的国家教育委员会制定发布。《幼儿园管理条例》在总则中对立法宗旨、幼儿教育方针、幼儿教育的管理作了明确的规定。

### (一)立法宗旨

1. 幼儿园管理条例的立法

《幼儿园管理条例》第一条明确了制定该条例的目的,即"为了加强幼儿园的管理,促进幼儿教育事业的发展,制定本条例。"

(1)是加强幼儿园管理的需要。幼儿园是一种学前教育机构,是对幼儿集中进行保育和教育的场所。幼儿园的办学条件是否符合标准、幼儿园的保育和教育工作是否到位等必须予以规范,国务院教育行政部门正是为了加强幼儿园的管理,才研究制定了《幼儿园管理条例》。

(2)是促进幼儿教育事业发展的需要。我国学校教育体制分为学前教育、初等教育、中等教育、高等教育,幼儿教育是学前教育,是学校教育体制的起始教育。学前教育对幼儿身心健康、习惯养成、智力发展具有重要意义。发展幼儿教育对于学生初等教育、中等教育,以至于将来进入高等教育都有很大的影响。长期以来,幼儿教育不够普及,接受幼儿教育的比例还不够高,幼儿教育的质量也不尽如人意,因此,要想促进幼儿教育事业的发展,必须制定相应的规范。事实证明,《幼儿园管理条例》实施以后,幼儿教育越来越得到家庭和社会的普遍关注,幼教事业发展很快,贯彻条例取得了明显效果,呈现出公办、民办齐头并进,竞相发展的态势。

2. 适用范围

《幼儿园管理条例》第二条明确了该条例适用的范围,"本条例适用于招收三周岁以上学龄前幼儿,对其进行保育和教育的幼儿园"。

(二)幼儿园管理的基本原则

作为国家教育事业的一个组成部分,幼儿园管理的基本原则是贯彻国家的教育方针。但是鉴于幼儿教育的特殊性,《幼儿园管理条例》第三条明确规定:"幼儿园的保育和教育工作应当促进幼儿在体、智、德、美诸方面和谐发展。"这是幼儿教育方针。对比国家的教育方针"教育必须为社会主义现代化建设服务,必须与生产劳动相结合,培养德、智、体等方面全面发展的社会主义事业的建设者和接班人",义务教育方针"义务教育必须贯彻国家的教育方针,实施素质教育,提高教育质量,使适龄儿童、少年在品德、智力、体质等方面全面发展,为培养有理想、有道德、有文化、有纪律的社会主义建设者和接班人奠定基础"。可以看出,幼儿教育方针的独特性,在于其将"体育"放在第一位,这是因为幼儿教育具有与义务教育以及其他教育不同的特点。

(三)幼儿园的管理体制

1. 幼儿园的规划

《幼儿园管理条例》第四条规定:"地方各级人民政府应当根据本地区社会经济发展状况,制订幼儿园的发展规划。幼儿园的设置应当与当地居民人口相适应。乡、镇、市辖区和不设区的市的幼儿园的发展规划,应当包括幼儿园设置的布局方案。"

2. 幼儿园的举办

《幼儿园管理条例》第五条规定:"地方各级人民政府可以依据本条例举办幼儿园,并鼓励和支持企业事业单位、社会团体、居民委员会、村民委员会和公民举办幼儿园或捐资助园。"即幼儿园的举办主体是多元化的,政府和社会力量都可以举办。

3. 幼儿园的管理体制

《幼儿园管理条例》第六条规定:"幼儿园的管理实行地方负责、分级管理和各有关部门分工负责的原则。国务院教育行政部门主管全国的幼儿园管理工作;地方各级人民政府的教育行政部门,主管本行政辖区内的幼儿园管理工作。"

## 二、举办幼儿园的基本条件和审批程序

由于幼儿园的举办主体除了政府,还有其他社会力量,因此,必须明确举办幼儿园的基本条件和审批程序。尽管国家教育委员会制定该条例时,《教育法》还没有颁布,还没有上位法可以依据,但是该条例规定的举办幼儿园的基本条件和审批程序还是很科学的。

(一)举办幼儿园的基本条件

1. 区域条件

《幼儿园管理条例》第七条规定:"举办幼儿园必须将幼儿园设置在安全区域内。严禁在污染区和危险区内设置幼儿园。"

2. 校舍和设施条件

《幼儿园管理条例》第八条规定:"举办幼儿园必须具有与保育、教育的要求相适应的园舍和设施。幼儿园的园舍和设施必须符合国家的卫生标准和安全标准。"日托的幼儿园应设活动室、儿童厕所、盥洗室、保健室、办公用房和厨房。有条件的幼儿园可单独设音乐室、游戏室、体育活动室和家长接待室等。寄宿制幼儿园应设寝室、隔离室、浴室、洗衣间和教职工值班室等。幼儿园应有与其规模相适应的户外活动场地,配备必要的游戏和体育活动设施,并创造条件开辟沙地、动物饲养角和种植园地。应根据幼儿园特点,绿化、美化园地。幼儿园应配备适合幼儿特点的桌椅、玩具架、盥洗卫生用具以及必要的教具玩具、图书和乐器等。幼儿园的教具、玩具应有教育意义并符合安全、卫生的要求。寄宿制幼儿园应配备儿童单人床。

3. 工作人员条件

《幼儿园管理条例》第九条规定:"举办幼儿园应当具有符合下列条件的保育、幼儿教育、医务和其他工作人员:(一)幼儿园园长、教师应当具有幼儿师范学校

(包括职业学校幼儿教育专业)毕业程度,或者经教育行政部门考核合格。(二)医师应当具有医学院校毕业程度,医士和护士应当具有中等卫生学校毕业程度,或者取得卫生行政部门的资格认可。(三)保健员应当具有高中毕业程度,并受过幼儿保健培训。(四)保育员应当具有初中毕业程度,并受过幼儿保育职业培训。慢性传染病、精神病患者,不得在幼儿园工作。"

4. 经费来源条件

《幼儿园管理条例》第十条规定:"举办幼儿园的单位或者个人必须具有进行保育、教育以及维修或扩建、改建幼儿园的园舍与设施的经费来源。"

(二)举办幼儿园的审批程序

《幼儿园管理条例》第十一条规定:"国家实行幼儿园登记注册制度,未经登记注册,任何单位和个人不得举办幼儿园。"第十二条规定:"城市幼儿园的举办、停办、由所在区、不设区的市的人民政府教育行政部门登记注册。农村幼儿园的举办、停办,由所在乡、镇人民政府登记注册,并报县人民政府教育行政部门备案。"

由于实行幼儿园登记注册制度,举办幼儿园有严格的审批程序。

## 三、幼儿园的保育和教育工作

《幼儿园管理条例》对幼儿园的保育和教育工作作了规范,1996 年 3 月 9 日国家教育委员会发布了《幼儿园工作规程》,该规程细化了《幼儿园管理条例》对幼儿园的保育和教育工作的要求。

(一)幼儿园的工作原则

幼儿园的工作分为保育工作和教育工作。《幼儿园管理条例》第十三条规定:"幼儿园应当贯彻保育与教育相结合的原则。"具体要求是:"创设与幼儿的教育和发展相适应的和谐环境,引导幼儿个性的健康发展。幼儿园应当保障幼儿的身体健康,培养幼儿的良好生活、卫生习惯;促进幼儿的智力发展;培养幼儿热爱祖国的情感以及良好的品德行为。"

《幼儿园工作规程》还规定了幼儿园保育和教育的主要目标是:促进幼儿身体正常发育和机能协调发展,增强体质,培养良好的生活习惯、卫生习惯和参加体育活动的兴趣。发展幼儿智力,培养正确运用感官和运用语言交往的基本能力,增进对环境的认识,培养有益的兴趣和求知欲望,培养初步的动手能力。萌发幼儿爱家乡、爱祖国、爱集体、爱劳动、爱科学的情感,培养诚实、自信、好问、友爱、勇敢、爱护公物、克服困难、讲礼貌、守纪律等良好的品德行为和习惯，以及活泼、开朗的性格。培养幼儿初步的感受美和表现美的情趣和能力。

（二）幼儿园的招生、编班

《幼儿园管理条例》第十四条规定："幼儿园的招生、编班应当符合教育行政部门的规定。"

1. 幼儿园的招生

幼儿园每年秋季招生，平时如有缺额，可随时补招。

幼儿入园前，须按照卫生部门制定的卫生保健制度进行体格检查，并符合一定的年龄和身体条件，合格者方可入园。幼儿入园除进行体格检查外，严禁任何形式的考试或测查。

2. 幼儿园的编班

幼儿园的规模以有利于幼儿身心健康，便于管理为原则，不宜过大。幼儿园每班幼儿人数一般为：小班（三至四周岁）25 人，中班（四至五周岁）30 人，大班（五周岁至六或七周岁）35 人，混合班 30 人，学前班不超过 40 人。

寄宿制幼儿园每班幼儿人数酌减。幼儿园可按年龄分别编班，也可混合编班。

（三）幼儿园的保育工作

《幼儿园工作规程》对幼儿园的保育工作作了具体规定：幼儿园必须切实做好幼儿生理和心理卫生保健工作。幼儿园应严格执行卫生部颁发的《托儿所、幼儿园卫生保健制度》以及其他有关卫生保健法规、规章和制度。具体有：制订合理的幼儿一日生活作息制度；建立幼儿健康检查制度和幼儿健康卡或档案；建立卫生消毒、病儿隔离制度，认真做好计划免疫和疾病防治工作；建立房屋、设备、消防、交通等安全防护和检查制度；建立食品、药物等管理制度和幼儿接送制度，防止发生各种意外事故；为幼儿提供合理膳食；保证供给幼儿饮水；积极开展适合幼儿的体育活动；夏季要做好防暑降温工作，冬季要做好防寒保暖工作等。

（四）幼儿园的教育工作

关于幼儿园的教育工作，《幼儿园管理条例》第十五条强调教师的规范用语："幼儿园应当使用全国通用的普通话。招收少数民族为主的幼儿园，可以使用本民族通用的语言。"第十六条强调了教育的形式："幼儿园应当以游戏为基本活动形式。幼儿园可以根据本园的实际，安排和选择教育内容与方法，但不得进行违背幼儿教育规律，有损于幼儿身心健康的活动。"第十七条强调了"严禁体罚和变相体罚幼儿"。

关于幼儿园的教育工作,《幼儿园工作规程》强调了幼儿教育工作的原则是:体、智、德、美诸方面的教育应互相渗透,有机结合;遵循幼儿身心发展的规律,符合幼儿的年龄特点,注重个体差异,因人施教,引导幼儿个性健康发展;面向全体幼儿,热爱幼儿,坚持积极鼓励、启发诱导的正面教育;合理地综合组织各方面的教育内容,并渗透于幼儿一日生活的各项活动中,充分发挥各种教育手段的交互作用;创设与教育相适应的良好环境,为幼儿提供活动和表现能力的机会与条件;以游戏为基本活动,寓教育于各项活动之中。

《幼儿园工作规程》还规定了具体的教育工作,主要有:幼儿一日活动的组织;幼儿园日常生活的组织;幼儿园的教育活动的目的、内容、形式;游戏;幼儿品行教育;幼儿个性心理品质培养;幼儿园教育和小学教育的相互衔接等。

（五）幼儿园的安全管理

1. 建立卫生保健制度

《幼儿园管理条例》第十八条规定:"幼儿园应当建立卫生保健制度,防止发生食物中毒和传染病的流行。"

2. 建立安全防护制度

《幼儿园管理条例》第十九条规定:"幼儿园应当建立安全防护制度,严禁在幼儿园内设置威胁幼儿安全的危险建筑物和设施,严禁使用有毒、有害物质制作教具、玩具。"

3. 建立应急救护制度

《幼儿园管理条例》第二十条规定:"幼儿园发生食物中毒、传染病流行时,举办幼儿园的单位或者个人应当立即采取紧急救护措施,并及时报告当地教育行政部门或卫生行政部门。"第二十一条规定:"幼儿园的园舍和设施有可能发生危险时,举办幼儿园的单位或个人应当采取措施,排除险情,防止事故发生。"

安全工作最重要的目的就是预防各类安全事故的发生,即"安全第一,预防为主",为此,教育部等十部委制定的《中小学幼儿园安全管理办法》确定了"积极预防、依法管理、社会参与、各负其责"的安全管理方针。

# 四、幼儿园的其他规定

《幼儿园管理条例》还用一章的篇幅对幼儿园的行政事务作了规范,用一章的篇幅对幼儿园工作的奖励和处罚作了规定。

（一）幼儿园的行政事务

1. 教育行政部门的事务

《幼儿园管理条例》第二十二条规定："各级教育行政部门应当负责监督、评估和指导幼儿园的保育、教育工作，组织培训幼儿园的师资，审定、考核幼儿园教师的资格，并协助卫生行政部门检查和指导幼儿园的卫生保健工作，会同建设行政部门制定幼儿园园舍、设施的标准。"

2. 幼儿园的事务

《幼儿园管理条例》第二十三条规定："幼儿园园长负责幼儿园的工作。幼儿园园长由举办幼儿园的单位或个人聘任，并向幼儿园的登记注册机关备案。幼儿园的教师、医师、保健员、保育员和其他工作人员，由幼儿园园长聘任，也可由举办幼儿园的单位或个人聘任。"

《幼儿园管理条例》第二十四条："幼儿园可以依据本省、自治区、直辖市人民政府制定的收费标准，向幼儿家长收取保育费、教育费。幼儿园应当加强财务管理，合理使用各项经费，任何单位和个人不得克扣、挪用幼儿园经费。"

3. 社会有关部门的事务

《幼儿园管理条例》第二十五条规定："任何单位和个人，不得侵占和破坏幼儿园园舍和设施，不得在幼儿园周围设置有危险、有污染或影响幼儿园采光的建筑和设施，不得干扰幼儿园正常的工作秩序。"

（二）奖励与处罚

1. 奖励

《幼儿园管理条例》第二十六条规定：凡具备下列条件之一的单位或者个人，由教育行政部门和有关部门予以奖励：（一）改善幼儿园的办园条件成绩显著的；（二）保育、教育工作成绩显著的；（三）幼儿园管理工作成绩显著的。

2. 处罚

《幼儿园管理条例》第二十七条规定："违反本条例，具有下列情形之一的幼儿园，由教育行政部门视情节轻重，给予限期整顿、停止招生、停止办园的行政处罚：（一）未经登记注册，擅自招收幼儿的；（二）园舍、设施不符合国家卫生标准、安全标准，妨害幼儿身体健康或者威胁幼儿生命安全的；（三）教育内容和方法违背幼儿教育规律，损害幼儿身心健康的。"

《幼儿园管理条例》第二十八条规定："违反本条例，具有下列情形之一的单位或者个人，由教育行政部门对直接责任人员给予警告、罚款的行政处罚，或者由教育行政部门建议有关部门对责任人员给予行政处分：（一）体罚或变相体罚幼儿的；（二）使用有毒、有害物质制作教具、玩具的；（三）克扣、挪用幼儿园经费的；（四）侵占、破坏幼儿园园舍、设备的；（五）干扰幼儿园正常工作秩序的；（六）在幼儿园周围设置有危险、有污染或者影响幼儿园采光的建设和设施的。前款所列情形，情节严重，构成犯罪的，由司法机关依法追究刑事责任。"

《幼儿园管理条例》第二十九条规定："当事人对行政处罚不服的，可以在接到处罚通知之日起十五日内，向作出处罚决定的机关的上一级机关申请复议，对复议决定不服的，可在接到复议决定之日起十五日内，向人民法院提起诉讼。当事人逾期不申请复议或者不向人民法院提起诉讼又不履行处罚决定的，由作出处罚决定的机关申请人民法院强制执行。"

## 【本章小结】

本章介绍了《职业教育法》、《民办教育促进法》、《残疾人教育条例》和《幼儿园管理条例》。

《职业教育法》主要内容是：职业教育的地位；实施职业教育贯彻国家教育方针应结合职业教育的特点；公民接受职业教育的权利；职业学校教育和职业培训并举；职业教育与残疾人教育、高中教育的相互沟通、协调发展；企业实施职业教育的职责；职业教育中的兼职教师聘任；职业教育生产实习基地的建设。

《民办教育促进法》主要内容是：民办教育的性质；民办教育方针；民办学校的决策机构名称；民办学校的决策机构的人员组成；民办学校教师的地位；民办学校受教育者的地位；民办学校教师的资格和工资福利待遇；发布虚假招生简章或者广告，骗取钱财，非法颁发或者伪造学历证书、结业证书、培训证书、职业资格证书，管理混乱严重影响教育教学，产生恶劣社会影响的法律责任；擅自举办民办学校的法律责任。

《残疾人教育条例》主要内容是：残疾人教育的基本原则；残疾人教育的地位；发展残疾人教育事业的方针；残疾幼儿的学前教育机构；对残疾幼儿的早期发现、早期康复和早期教育；残疾儿童、少年接受义务教育的形式；残疾儿童、少年义务教育的方式；残疾人职业教育体系；残疾人职业教育学校和培训机构要办好实习基地；普通高中、普通职业学校、高等院校、成人教育必须招收残疾人入学；国家鼓励教师终身从事残疾人教育事业；拒绝招收按照国家有关规定应当招收的残疾人入学的，侮辱、体罚、殴打残疾学生的要承担相应的法律责任。

《幼儿园管理条例》主要内容是：幼儿教育方针；幼儿园的工作原则；幼儿园的保育工作；幼儿园的保育工作；幼儿园的教育工作；幼儿园的卫生保健制度、安全防护制度、应急救护制度；未经登记注册，擅自招收幼儿的法律责任；教育内容和方法违背幼儿教育规律，损害幼儿身心健康的法律责任；体罚或变相体罚幼儿的法律责任。

【基础性练习】

（一）填空题

1. 职业学校和职业培训机构可以聘请专业技术人员、有特殊技能的人员和其他教育机构的教师担任（　　）。

2. 幼儿园应当贯彻（　　）相结合的原则，创设与幼儿的教育和发展相适应的和谐环境，引导幼儿个性的健康发展。

3. 在幼儿园的教育活动中，幼儿园应当以（　　）为基本活动形式。

4. 民办教育事业属于（　　）事业，是社会主义教育事业的组成部分。

5. 残疾儿童、少年特殊教育学校（班）的教育工作，应当坚持思想教育、文化教育、（　　）相结合；并根据学生残疾状况和补偿程度，实施分类教学，有条件的学校，实施个别教学。

（二）概念解释题

1. 职业教育体系

2. 幼儿教育方针

3. 民办学校的决策机构

4. 特殊教育

5. 残疾人职业教育体系

（三）单项选择题

1. 国务院有关部门、县级以上地方各级人民政府以及举办职业学校、职业培训机构的组织、公民个人，应当加强职业教育_____的建设。　　　　　　（　　）

　　A. 校办工厂　　　　　　　　　　B. 校办企业

　　C. 生产实习基地　　　　　　　　D. 社会实践基地

2. 违反《幼儿园管理条例》的幼儿园，由教育行政部门视情节轻重，给予限期整顿、停止招生、停止办园的行政处罚，有下列情形之一的除外　　　　（　　）

　　A. 未经登记注册，擅自招收幼儿的

B. 园舍、设施不符合国家卫生标准、安全标准,妨害幼儿身体健康或者威胁幼儿生命安全的

C. 教师没有教师资格证书的

D. 教育内容和方法违背幼儿教育规律,损害幼儿身心健康的

3. 举办民办学校的社会组织,应当具有 （　　）

A. 足够的资金　　B. 法人资格　　　　C. 民事权利能力　D. 民事行为能力

4. 拒绝招收按照国家有关规定应当招收的残疾人入学的,由有关部门对直接责任人员给予 （　　）

A. 行政处罚　　　B. 行政处分　　　　C. 行政制裁　　　D. 行政警告

5. 民办学校与公办学校具有同等的法律地位,国家保障民办学校的 （　　）

A. 招生自主权　　B. 招聘自主权　　　C. 办学自主权　　D. 管理自主权

（四）多项选择题

1. 职业教育必须贯彻国家教育方针,对受教育者进行思想政治教育和职业道德教育,_____,全面提高受教育者的素质。 （　　）

A. 传授职业知识　　　　　　　　B. 培养职业技能

C. 进行职业指导　　　　　　　　D. 强加职业培训

2. 幼儿园工作人员体罚或变相体罚幼儿的,由教育行政部门对直接责任人员给予 （　　）

A. 警告的行政处罚　　　　　　　B. 罚款的行政处罚

C. 行政处分　　　　　　　　　　D. 刑事责任

3. 学校理事会或者董事会由举办者或者其代表、_____等人员组成。（　　）

A. 投资者　　　B. 捐赠者　　　C. 校长　　　　D. 教职工代表

4. 卫生保健机构、残疾幼儿的学前教育机构和家庭,应当注重对残疾幼儿的

（　　）

A. 早期发现　　B. 早期处理　　C. 早期康复　　　D. 早期教育

5. 适龄残疾儿童、少年可以根据条件,通过下列形式接受义务教育 （　　）

A. 在普通学校随班就读

B. 在普通学校、儿童福利机构或者其他机构附设的残疾儿童、少年特殊教育班就读

C. 在残疾儿童康复机构就读

D. 在残疾儿童、少年特殊教育学校就读

（五）判断题

1. 公民有依法接受职业教育的权利。　　　　　　　　　　　　（　　）

2. 任何单位和个人，不得侵占和破坏幼儿园园舍和设施，不得在幼儿园周围设置有危险、有污染或影响幼儿园采光的建筑和设施，不得干扰幼儿园正常的工作秩序。　　　　　　　　　　　　　　　　　　　　　　　　　　　（　　）

3. 国家对民办教育实行积极鼓励、大力支持的方针。　　　　　（　　）

4. 民办学校的教师、受教育者与公办学校的教师、受教育者具有类似的法律地位。　　　　　　　　　　　　　　　　　　　　　　　　　　　（　　）

5. 残疾人职业教育体系由普通职业教育机构和残疾人职业教育机构组成，以残疾人职业教育机构为主体。　　　　　　　　　　　　　　　　　（　　）

（六）简答题

1. 企业如何实施职业教育？

2. 幼儿园的应急救护制度包括哪些内容？

3. 发布虚假招生简章或者广告，骗取钱财的应该承担什么样的法律责任？

4. 发展残疾人教育事业的方针是什么？

5. 职业教育、民办教育、残疾人教育、幼儿教育在贯彻国家教育方针时有何区别？

（七）案例分析题

1. 某职业学校，校舍比较简陋，场地较小，老师素质、水平参差不齐。办学三年来，学校与家长、学生及周边关系矛盾不断，影响较差。后经查，该职业学校教育办学条件不充分。

（1）职业学校设立的基本条件是什么？

（2）上述职业学校如何才能办得合法？

2. 刘某35岁，是包工头。由于他包的工地比较大，人员比较多，距离最近学校有20里路，民工子弟有70多人要求就地上学。于是，刘某就找了5～6人当老师，打扫了两间房子当教室就开学了。办学一年后，经举报被教育局取缔，学生被安排就近入学。

（1）这样的民办教育合法吗？如果要办，应怎样办审批手续？

（2）民办学校教育的教师应具备什么条件？

3. 韩某三岁，患先天性小儿麻痹，在家无人照顾，正值幼儿园招生。家长带他去附近幼儿园报名。该园园长看过韩某后,告诉家长:韩某需要特殊照顾,园里老师少,没有精力接收。家长据理力争,但仍无结果。最后,家长把该幼儿园告上法庭。

(1) 该幼儿园拒收韩某入园对吗?你认为应当如何处理?

(2) 韩某家长能打赢这场官司吗?

4. 某幼儿园有房舍12间,约130平方米,无其他活动场所,园内有3个班级,90多名小朋友,有3位教师,都是工厂下岗的工人,她们是合伙办园,办园3年来无任何证件。去年,园内有5名小朋友出现了手足口病,影响不好,该幼儿园被教育行政部门取缔。

(1) 该幼儿园为什么被取缔?

(2) 举办幼儿园需要哪些条件?

**【拓展性活动】**

(一) 理论探讨

联合国教科文组织在《学会关心:21世纪的教育》的报告中曾经指出:"归根结底,21世纪最成功的劳动者将是最全面发展的人,是对新思想和新的机遇开放的人。"美国职业教育的新理念主张:职业能力不再局限于具体岗位的专门知识与能力,而被视为多种能力与品质的综合体现。新职业能力观重视个人品质在职业活动中的作用,它把人际交往能力、合作共事能力、组织规划能力、解决问题能力、创新能力等作为职业能力的重要构件。新职业能力观强调学习能力的培养,旨在为个人终身学习奠定基础。

请分小组讨论新职业能力观,然后派代表在班上发言。

(二) 社会调查

1. 从西方发达国家教育改革与发展的经验看,中等职业教育在整个国家的中等教育中占有更加重要的地位。德国职业教育以中等职业教育为主,16岁至19岁年龄组的青少年接受职业教育的超过70%;法国中等职业教育涵盖职业教育和技术教育,占高中阶段受教育者的比例为54%(1996年);美国主要通过综合高中来进行职业课程教育,其中综合高中占高中教育的比例为89.2%。

全班学生分工合作对某一区县进行调查,了解该区县中等职业教育占高中教育的学生人数比例。并就这一调查结果和西方发达国家进行比较。写一份调查报告。

2. 对某一地区的民办学校进行调查,了解《民办教育促进法》实施的情况。由对民办教育感兴趣的学生自愿组成调查小组,用照片、数据、图示展示调查结果。

（三）组织活动

1. 到聋哑学校、盲人学校或培智学校做一次献爱心活动,写一份心得体会。

2. 分组到幼儿园教小朋友做一个简单的手工,将自己和小朋友共同制作的作品拍成照片,举行一次作品展。

【学生阅读的文件与书目】

[1]《中华人民共和国职业教育法》.

[2]《中华人民共和国民办教育促进法》.

[3]《中华人民共和国民办教育促进法实施条例》.

[4]《残疾人教育条例》.

[5]《幼儿园管理条例》.

[6]《幼儿园工作规程》.

[7]《国家中长期教育改革和发展规划纲要(2010—2020年)》.

[8]教育部政策研究与法制建设司.现行教育法规与政策选编[M].教育科学出版社,2002.

【本章参考书目】

[1] 彭爽.中国近代职业教育法律制度研究[M].湖南人民出版社出版,2010.

[2] 黄藤,阎光才.民办教育引论:全五册[M].中国社会科学出版社,2003.

[3] 张琪,吴江.中国残疾人就业与保障问题研究[M].中国劳动出版社,2004.

[4] 张燕.幼儿园管理[M].北京师范大学出版社,1997.

# 第七章 教育法律责任与救济

【学习提示】

在现代教育法律中,"权利—义务—责任—救济"构成了教育法律的基本格局。教育法律总是通过规定人们可以、必须或应当遵守的行为模式,以及违反法定行为模式应承担的责任和救济的方法及程序,来实现教育法律对社会关系的指引和调整的。

"没有救济就没有权利",权利的存在以救济为前提,因为一种无法实现法律救济的权利根本称不上真正的法律权利。在现实生活中,权利的合法实现,往往受到各方面的阻碍和侵犯,因此,有必要消除阻碍,实现救济。

【案例导航】

## 老师当众喊学生绰号致其精神分裂  学校被判赔偿

宿迁市某乡初级中学初三(2)班学生小徐,因腿脚有残疾,走路不方便,经常被人取"小瘸腿"等绰号,内心极其抑郁。2008年的一天下午,该中学初三年级同学下楼集合过程中,年级主任邵某对同学们动作缓慢有些生气,于是对着楼上大声喊:"'小瘸腿'都下来了,你们还不快点!"引得同学们哈哈大笑,有的还跑到小徐面前戏谑地称"小瘸腿"。听到平日非常尊重的邵老师竟当着全年级同学的面喊自己"绰号",小徐的脸色顿时苍白,眼泪直流,手脚不停发颤。此后几天,小徐精神恍惚、目光呆滞,回答问题时语言无序。回到家后,父母发现小徐出现多疑、乱语等症状,后经医院诊断为"分裂样精神病",住院治疗3个月,共花费医疗费2万余元。

一怒之下,小徐父母把小徐所在的学校和邵某告上法庭,要求赔偿医疗费、营养费、精神损失费等。

教师邵某在履行教育管理职责过程中,因言语不当,造成原告受到伤害,应由被告某初级中学承担赔偿责任。根据邵某语言不当的程度及情节等,法院判令学校承担60%的责任,赔偿受害人医疗费、护理费以及精神抚慰金等共计2万余元。

(原载《京华时报》,2009年11月11日)

思考题：

（1）文章的标题是老师当众喊学生绰号致其精神分裂，法院为何判学校承担60％的责任？

（2）小徐父母把孩子所在的学校和教师邵某都告上法庭，为什么法院只判学校承担赔偿责任？

（3）法院没有判处教师邵某承担赔偿责任，此事是否就与他无关了？

## 第一节　教育法律责任概述

教育法律责任从属于法律责任，是法律责任在教育法律法规中的运用，所以要理解教育法律责任，就要首先理解法律责任，然后再结合教育领域中的违法问题来理解教育法律责任。在这一节中将阐述教育法律责任的概念、教育法律责任的分类。

### 一、教育法律责任的概念

理解教育法律责任的概念，首先要理解法律责任的概念。

（一）法律责任的概念

法律责任的前提是违法，后果是法律制裁。违法、法律责任、法律制裁三位是一体的，其中法律责任是核心。

1. 违法

违法是指国家机关、企业事业组织、社会团体或公民，因违反法律的规定，致使法律所保护的社会关系和社会秩序受到破坏，依法应承担法律责任的行为。

违法按其性质和危害程度的不同分为违宪、刑事违法（犯罪）、民事违法、行政违法等。

2. 法律责任

法律责任，是指行为人由于违法行为而应承受的某种不利的法律后果。

与道义责任或其他社会责任相比，法律责任有两个特点：

（1）承担法律责任的最终依据是法律。法律责任由法律规范事先明确规定，具有法律规定性。

（2）法律责任具有国家强制性。当然，国家强制力只是在必要时，在责任人不能主动履行其法律责任时才会使用。

按照违法的性质、程度不同，法律责任分为违宪责任、刑事责任、民事责任和行政责任。

### 3. 法律制裁

法律制裁是由特定的国家机关对违法者依其所应承担的法律责任而实施的强制惩罚措施。

根据违法行为和法律责任的性质不同，法律制裁可以分为民事制裁、刑事制裁、行政制裁和违宪制裁。

### (二)教育法律责任的概念

所谓教育法律责任，即指由行为人的违反教育法律规范的行为所引起的，应当由其依法承担的不利的法律后果。

教育违法是承担教育法律责任的前提。教育法要求作为的，不作为，禁止作为的，又去作为，以及不正当地行使自己的权利，都可以构成教育违法，都应当承担教育法律责任。

教育违法者承担什么责任，应依据违法的性质和程度来定。违反教育法的行为具有行政违法的性质时，应承担行政法律责任；违反教育法的行为具有民事违法的性质时，应承担民事责任；违反教育法的行为具有刑事违法的性质时，应承担刑事责任。

### (三)法律责任的免责条件

法律责任的免除，也称免责，是指法律责任由于出现法定条件被部分或全部地免除。从我国的法律规定和法律实践看，主要存在以下几种免责形式：

### 1. 时效免责

时效免责，即法律责任经过了一定的期限后而免除。时效免责的意义在于：保障当事人的合法权益，督促法律关系的主体及时行使权利、结清权利义务关系，提高司法机关的工作效率，稳定社会生活秩序，促进社会经济的发展。

### 2. 不诉及协议免责

不诉及协议免责是指如果受害人或有关当事人不向法院起诉要求追究行为人的法律责任，行为人的法律责任就实际上被免除，或者受害人与加害人在法律允许的范围内协商同意的免责。

### 3. 自首、立功免责

自首、立功免责是指对那些违法之后有立功表现的人，免除其部分和全部的法律责任。

4. 因履行不能而免责

因履行不能而免责,即在财产责任中,在责任人确实没有能力履行或没有能力全部履行的情况下,有关国家机关免除或部分免除其责任。

5. 符合社会价值取向或者特殊需要的免责

这主要包括:正当防卫、紧急避险、利害关系人同意、执行必须执行的命令的行为等等。

当然,应该还有其他免责方式,如自助免责、人道主义免责等。

## 二、教育法律责任的分类

教育法律关系主体实施违法行为是其承担法律责任的前提,但并不是各种违法行为都承担相同的法律后果。根据违法主体的法律地位、违法行为的性质和危害程度的不同,教育法律责任可分为行政法律责任、民事法律责任和刑事法律责任三种。

(一) 行政法律责任

1. 行政法律责任的概念和特征

行政法律责任是指行为人因实施行政违法行为而应承担的法律责任,简称行政责任。

行政法律责任的特征是:

(1) 行政责任具有行政违法性。行政责任是行政违法的法律后果,并且基于行政法律关系而发生。行政责任是行政法律关系主体不履行法定职责所引起的法律后果,它以行政法律义务为基础,以行政违法为前提,即没有行政法律义务、行政违法,也就没有行政责任。

(2) 承担行政责任的主体具有多元性。承担行政责任的主体是行政法律关系的主体,即行政主体和行政相对方。国家的行政机关应依照法定的职权,履行行政管理的职责。滥用职权和不履行义务将导致行政主体承担相应的法律责任。行政机关在依法对相对人进行管理时,相对人应服从行政机关的命令和决定。否则,行政管理机关可以追究其行政责任。

(3) 责任的追究主体和追究程序的多样性。承担行政法律责任的主体具有多元性,由此决定了作出行政制裁措施的机关及程序具有多样性。行政法律责任的追究机关既可以是国家的权力机关、司法机关,也可以是国家的行政机关。

## 2. 行政法律责任的分类

行政责任按行政法律关系的主体区分,分为行政主体的法律责任和行政相对人的法律责任两大类。行政主体又分为行政机关和被授权的行政主体,因此,行政主体的行政责任又分为行政机关的法律责任和被授权的行政主体的法律责任。公务员的行政责任由其所在的行政机关承担,行政机关再向行政责任人追偿。受行政委托人的行政责任由委托的行政机关承担,行政机关再向有责任的受委托人追偿。

行政法律关系按行政机关的内部关系和外部关系区分,分为内部行政法律关系和外部行政法律关系。行政机关和公务员构成了内部行政法律关系的两个主体,因此,内部行政责任的承担主体只能是行政机关和公务员。任何一方违反应当遵守的法律规范,就应当承担相应的法律责任。若行政机关侵犯了公务员的正当权利,如错误地处分了公务员,就应当承担为公务员消除影响或者给予经济补偿的法律责任。而公务员如果违反了行政法律规范,同样需要承担相应的法律责任,如接受行政处分、承当内部追偿责任等。行政主体和行政相对人构成了外部行政法律关系的两个主体,因此,外部行政责任的承担主体只能是行政主体和行政相对人。任何一方违反在该行政法律关系中应当遵守的行政法律规范,就应当承担外部行政法律责任。如行政主体侵害相对人的合法权益时,如行政处罚错误,就有义务消除对相对人的不利影响,具体的承担行政法律责任的方式有撤销违法行为、承认错误、赔礼道歉、消除影响、返还权益、恢复原状、停止违法行为、纠正不当、履行行政职务、行政赔偿等。而行政相对人在违反行政法律规范时,承担行政法律责任的方式有承认错误、赔礼道歉、接受行政处罚、履行法定义务、赔偿损失等。

承担行政责任的行政制裁分为两种:行政处分和行政处罚。行政处分是指国家机关对其所属的公务员违法失职行为尚不构成犯罪的,依据《中华人民共和国公务员法》的规定给予的一种惩戒。行政处分种类有:警告、记过、记大过、降级、撤职、开除。行政处罚是指行政机关或授权行政主体依法定职权和程序对违反行政法规尚未构成犯罪的行政相对人给予行政制裁的具体行政行为。根据《中华人民共和国行政处罚法》和其他法律、法规的规定,行政处罚可以分为以下几种:警告、通报批评;罚款、没收违法所得和没收非法财物;责令停产停业、暂扣或吊销许可证、执照;拘留和劳动教养等。

教育行政机关对其公务员违法的要给予行政处分,对其行政相对人学校、教师的违法行为要进行行政处罚。《教育法》、《义务教育法》、《教师法》对此都有规定。

教育部还制定了《教育行政处罚暂行实施办法》,对教育行政处罚的实施机关与管辖、行政处罚种类与主要违法情形、行政处罚程序与执行都作了明确的规定。这些内容将在下一节中阐述。

(二)民事法律责任

1. 民事法律责任的概念和特征

民事法律责任是指违反民事法律规范,无正当理由不履行民事义务或因侵害他人合法权益所应承担的法律责任。

与其他法律责任相比较,民事责任有如下特征:

(1)民事责任具有民事违法性。民事责任是一种违反民事义务的法律责任。它以民事义务的存在为前提。没有违反民事义务的行为,就不会发生民事责任。

(2)民事责任一般都具有财产性。民事责任的目的不仅要对违反民事义务的人加以制裁,而且还要追究侵害人的赔偿责任。侵害人对他人的人身损害,也只能以财产进行赔偿,因此,民事责任主要是财产责任。民事责任中也有非财产责任,如恢复名誉、赔礼道歉等。

(3)民事责任具有补偿性。民事责任以恢复被侵害的民事权利为目的。民事权利的实现,以民事义务的履行为前提。对民事义务的违反,必然影响到民事权利的实现。民事责任具有对民事权利补偿和对民事义务履行的性质。

(4)民事责任具有协商性。民事责任主要是一方当事人对另一方的责任,在法律允许的条件下,多数民事责任可以由当事人协商解决。法院在审理民事案件时,调解是必走的程序之一。

2. 民事责任的分类

民事责任可以从不同的角度进行分类。这里根据承担民事责任的原因,将民事责任分为违约责任和侵权责任。

违约责任也称为合同责任,当事人一方不履行合同义务或者履行合同义务不符合约定的,应当承担继续履行、采取补救措施或者赔偿损失等违约责任。承担违约责任的具体形式有:继续履行、采取补救措施和赔偿损失等。

侵权的民事责任是由侵权行为引起的,侵权行为指行为人由于过错侵害他人的财产或者人身,依法应当承担民事责任的行为,以及依照法律特别规定应该承担民事责任的其他致人损害的行为。侵权的民事责任,是指行为人因过错而实施侵权行为所应当承担的民事法律后果。侵权的民事责任分为两类:一类是一般侵权责任,包括侵犯财产所有权的民事责任、侵犯公民人身权的民事责任和侵犯知识产权的民事责任;还有一类是特殊侵权责任,依据《中华人民共和国民法通则》(简称《民法通则》)、《中华人民共和国侵权责任法》(简称《侵权责任法》),特殊侵权责任包括:职务侵权行为造成损害的职务责任、产品缺陷致人损害的产品责任、高度危险作业致人损害的高度危险责任、地面施工致人损害和建筑物致人损害的物件损害责任、饲养的动物将人咬伤的饲养动物损害责任、无民事行为能力人和限制民事行为能力人致人损害的监护责任以及医疗事故造成的医疗损害责任。

《中华人民共和国合同法》(简称《合同法》)对学校与其他有关单位或个人签订的各种合同有履行合同的规定,一方违约,另一方可以追究对方的违约责任。《民法通则》、《侵权责任法》对学生在校园内的人身伤害都有明确的责任规定。这些内容将在下一节中予以介绍。

### (三)刑事法律责任

#### 1. 刑事法律责任的概念和特征

刑事责任就是指刑事法律规定的,因实施犯罪行为而产生的,由司法机关强制犯罪者承受的刑事惩罚。

刑事责任具有以下特征:

(1) 刑事责任具有刑事违法性。产生刑事责任的原因在于行为人行为的严重社会危害性,只有行为人的行为具有严重的社会危害性,违反刑法的规定,构成犯罪,才能追究行为人的刑事责任。

(2) 刑事责任具有强制性。刑事责任是犯罪人向国家所负的一种法律责任。它与民事责任由违法者向被害人承担责任有明显区别。刑事责任的大小、有无都不以被害人的意志为转移。

(3) 刑事责任具有严厉性。刑事责任是一种惩罚性责任,其惩罚的力度最大。刑事责任是性质最为严重、否定性评价最为强烈、制裁后果最为严厉的法律责任。

(4) 刑事责任具有专属性。刑事责任只能由犯罪的个人或单位承担,具有专属性,不可转嫁,不能替代。这与"刑罚止于一人"的思想和原则是一致的。

(5) 刑事责任具有准据性。刑法的基本原则:一是罪刑法定原则,即法无明文规定不为罪,法无明文规定不处罚。二是罪刑相当原则,即刑罚的轻重,应当与犯罪分子所犯罪行和承担的刑事责任相适应,重罪重罚、轻罪轻罚、无罪不罚、罪罚相当、罚当其罪。刑事责任一经确定,犯罪人和被害人均不能自行变更,更不允许进行所谓的"私了"。

2. 刑事责任的分类

《中华人民共和国刑法》(简称《刑法》)第三条规定:"法律明文规定为犯罪行为的,依照法律定罪处刑;法律没有明文规定为犯罪行为的,不得定罪处刑。"因此,对刑事责任的承担首先是定罪:是否犯罪、犯的什么罪;然后是处刑:判处什么样的刑罚。

在定罪方面,《刑法》按照受刑法所保护而为犯罪行为所侵犯的社会关系,把社会上形形色色的犯罪行为归为十大类,即《刑法》分则部分规定的十大类犯罪:第一类是危害国家安全罪;第二类是危害公共安全罪;第三类是破坏社会主义市场经济秩序罪;第四类是侵犯公民人身权利、民主权利罪;第五类是侵犯财产罪;第六类是妨害社会管理秩序罪;第七类是危害国防利益罪;第八类是贪污贿赂罪;第九类是渎职罪;第十类是军人违反职责罪。其中第三类破坏社会主义市场经济秩序罪又分成八类犯罪:生产、销售伪劣商品罪;走私罪;妨害对公司、企业的管理秩序罪;破坏金融管理秩序罪;金融诈骗罪;危害税收征管罪;侵犯知识产权罪;扰乱市场秩序罪。第六类妨害社会管理秩序罪又分为九类犯罪:扰乱公共秩序罪;妨害司法罪;妨害国(边)境管理罪;妨害文物管理罪;危害公共卫生罪;破坏环境资源保护罪;走私、贩卖、运输、制造毒品罪;组织、强迫、引诱、容留、介绍卖淫罪;制作、贩卖、传播淫秽物品罪。

在处刑方面,《刑法》将刑罚分为主刑和附加刑。主刑共有五种:管制、拘役、有期徒刑、无期徒刑、死刑。附加刑包括罚金、剥夺政治权利、没收财产。附加刑也可以独立适用。对于犯罪的外国人,可以独立适用或者附加适用驱逐出境。

《刑法》第一百三十八条和第四百一十八条专门设置了"教育设施重大安全事故罪"和"招收公务员、学生徇私舞弊罪"。《教育法》、《义务教育法》、《教师法》对教育领域中犯罪行为也作出了定罪处刑的规定,这些内容将在下一节中阐述。

## 第二节 教育法律责任承担

《教育法》、《义务教育法》、《教师法》、《民办教育法》等教育法律以及《教师资格条例》、《残疾人教育条例》等教育法规对违反相关法律法规的行为作了承担法律责任的规定。本节将分别从教育行政法律责任、教育民事法律责任和教育刑事法律责任介绍这些处罚规定。

## 一、教育行政责任的承担

由于教育行政责任的主体是教育行政法律关系中的行政主体和行政相对人，因此，在阐述教育行政法律责任时将首先阐述行政机关的行政法律责任，然后分别介绍作为行政相对人的学校、教师和学生的行政法律责任。

### （一）行政机关的行政责任

行政机关违法主要有行政失职、行政越权、行政滥用职权、行政处罚事实依据错误、行政处罚适用法律法规错误、程序违法和行政侵权等。

行政机关违反有关法律规定依法承担的法律责任主要集中在以下几个方面。

1. 不按规定核拨教育经费的行政责任

教育经费是教育发展的前提条件，是学校进行正常教育教学活动的物质保证，是教师工资的来源。不按照预算核拨教育经费是一种渎职行为。因此，《教育法》第七十一条规定："违反国家有关规定，不按照预算核拨教育经费的，由同级人民政府限期核拨；情节严重的，对直接负责的主管人员和其他直接责任人员，依法给予行政处分。违反国家财政制度、财务制度，挪用、克扣教育经费的，由上级机关责令限期归还被挪用、克扣的经费，并对直接负责的主管人员和其他直接责任人员，依法给予行政处分；构成犯罪的，依法追究刑事责任。"《义务教育法》第五十一条规定："国务院有关部门和地方各级人民政府违反本法第六章的规定，未履行对义务教育经费保障职责的，由国务院或者上级地方人民政府责令限期改正；情节严重的，对直接负责的主管人员和其他直接责任人员依法给予行政处分。"上述法律规定中的"情节严重的"是指不及时、足额核拨教育经费，造成严重后果，学校的教育教学活动无法正常进行。

2. 向学校乱摊派的行政责任

乱摊派，是指一些行政部门在国家法律法规和有关收费管理规定之外，无依据或违反有关收费标准、范围、用途或程序的要求，向学校，尤其是民办学校收取费用的行为。乱摊派严重侵犯了学校的合法权益，扰乱了学校的教学秩序，削弱了学校的办学积极性。因此，《教育法》第七十四条规定："违反国家有关规定，向学校或者其他教育机构收取费用的，由政府责令退还所收费用；对直接负责的主管人员和其他直接责任人员，依法给予行政处分。"《义务教育法》第五十四条规定："有下列情形之一的，由上级人民政府或者上级人民政府教育行政部门、财政部门、价格行政部门和审计机关根据职责分工责令限期改正；情节严重的，对直接负责的主管人员和其他直接责任人员依法给予处分：（一）侵占、挪用义务教育经费的；（二）向学校非法收取或者摊派费用的。"

3. 不履行义务教育管理职责的行政责任

义务教育是政府行为，各级政府除了要履行对义务教育经费保障职责外，还要履行学校的设置、建设，校舍的维修改造等职责，履行义务教育学校的管理职责，否则义务教育就无法均衡发展。为此《义务教育法》第五十二条规定："县级以上地方人民政府有下列情形之一的，由上级人民政府责令限期改正；情节严重的，对直接负责的主管人员和其他直接责任人员依法给予行政处分：（一）未按照国家有关规定制定、调整学校的设置规划的；（二）学校建设不符合国家规定的办学标准、选址要求和建设标准的；（三）未定期对学校校舍安全进行检查，并及时维修、改造的；（四）未依照本法规定均衡安排义务教育经费的。"第五十三条规定："县级以上人民政府或者其教育行政部门有下列情形之一的，由上级人民政府或者其教育行政部门责令限期改正、通报批评；情节严重的，对直接负责的主管人员和其他直接责任人员依法给予行政处分：（一）将学校分为重点学校和非重点学校的；（二）改变或者变相改变公办学校性质的。县级人民政府教育行政部门或者乡镇人民政府未采取措施组织适龄儿童、少年入学或者防止辍学的，依照前款规定追究法律责任。"

4. 滥用职权、徇私舞弊的行政责任

教育行政部门依职权对申请举办的民办学校有审批的职责，法律之所以赋予教育行政部门这样的权力，是为了规范民办学校的办学行为，加强政府对民办学校的管理。然而有些教育行政部门的工作人员滥用职权、徇私舞弊，严重地挫伤了社会力量办学的积极性，因此，《民办教育促进法》第六十三条规定："审批机关和有关部门有下列行为之一的，由上级机关责令其改正；情节严重的，对直接负责的主管人员和其他直接责任人员，依法给予行政处分；造成经济损失的，依法承担赔偿责任；构成犯罪的，依法追究刑事责任：（一）已受理设立申请，逾期不予答复的；（二）批准不符合本法规定条件申请的；（三）疏于管理，造成严重后果的；（四）违反国家有关规定收取费用的；（五）侵犯民办学校合法权益的；（六）其他滥用职权、徇私舞弊的。"

5. 其他失职违法行为的行政责任

保护未成年人的合法权益是政府的职责，如果政府的某些机关履行职责不到位，使得未成年人合法权益受到侵害，那么相关的机关及其责任人应该承担相应的行政责任，因此，《未成年人保护法》第六十一条规定："国家机关及其工作人员不依法履行保护未成年人合法权益的责任,或者侵害未成年人合法权益,或者对提出申诉、控告、检举的人进行打击报复的,由其所在单位或者上级机关责令改正,对直接负责的主管人员和其他直接责任人员依法给予行政处分。"

《预防未成年人犯罪法》第十八条规定:"未成年人父母或者其他监护人和学校发现有人教唆、胁迫、引诱未成年人违法犯罪的,应当向公安机关报告,公安机关接到报告后,应当及时查处,对未成年人人身安全受到威胁的,应当及时采取有效措施,保护其人身安全。"如果公安机关接到报告后,不及时查处,那么未成年人就可能被教唆、胁迫、引诱而犯罪。因此,该法第五十一条规定:"公安机关的工作人员违反本法第十八条的规定,接到报告后,不及时查处或者采取有效措施,严重不负责任的,予以行政处分;造成严重后果,构成犯罪的,依法追究刑事责任"

### (二)学校的行政责任

《教育法》第二十一条规定:"国家实行学业证书制度。经国家批准设立或者认可的学校及其他教育机构按照国家有关规定,颁发学历证书或者其他学业证书。"第二十二条规定:"国家实行学位制度。学位授予单位依法对达到一定学术水平或者专业技术水平的人员授予相应的学位,颁发学位证书。"因此,高校在颁发学业证书和学位证书时被看成是授权的行政主体,学生向学校主张学业证书和学位证书时发生的纠纷诉至法院时,是在行政庭审理。也就是说,学生打的是"民告官"的官司,学校是作为"官"站在被告席上。如果学校败诉,承担的是授权行政主体的行政责任。

学校一般情况下是作为行政相对人,处于教育行政部门的管理之下,学校违反了行政法律法规,要接受行政处罚,承担相应的行政责任。

学校承担行政责任的情况主要有以下几种。

#### 1. 违规办学的行政责任

学校办学,包括设立学校,需要严格的法律规定,违规办学受伤害的是广大的学生。《教育法》对学校的设立条件和设立程序有明确的规定,违反规定设立学校要承担相应的行政责任。《教育法》第七十五条规定:"违反国家有关规定,举办学校或者其他教育机构的,由教育行政部门予以撤销;有违法所得的,没收违法所得;对直接负责的主管人员和其他直接责任人员,依法给予行政处分。"

民办学校违规办学有些是办学条件不具备,未经批准即开始招生,因此,《民办教育促进法》第六十四条规定:"社会组织和个人擅自举办民办学校的,由县级以上人民政府的有关行政部门责令限期改正,符合本法及有关法律规定的民办学校条件的,可以补办审批手续;逾期仍达不到办学条件的,责令停止办学,造成经济损失的,依法承担赔偿责任。"

民办学校还有其他方面违规办学的情况,为此,该法第六十二条规定:"民办学校有下列行为之一的,由审批机关或者其他有关部门责令限期改正,并予以警告;有违法所得的,退还所收费用后没收违法所得;情节严重的,责令停止招生、吊销办学许可证;构成犯罪的,依法追究刑事责任:(一)擅自分立、合并民办学校的;(二)擅自改变民办学校名称、层次、类别和举办者的;(三)发布虚假招生简章或者广告,骗取钱财的;(四)非法颁发或者伪造学历证书、结业证书、培训证书、职业资格证书的;(五)管理混乱严重影响教育教学,产生恶劣社会影响的;(六)提交虚假证明文件或者采取其他欺诈手段隐瞒重要事实骗取办学许可证的;(七)伪造、变造、买卖、出租、出借办学许可证的;(八)恶意终止办学、抽逃资金或者挪用办学经费的。"

义务教育学校违规办学主要集中在把班级分成重点班和非重点班,开除学生等方面,因此,《义务教育法》第五十七条规定:"学校有下列情形之一的,由县级人民政府教育行政部门责令限期改正;情节严重的,对直接负责的主管人员和其他直接责任人员依法给予处分:(一)拒绝接收具有接受普通教育能力的残疾适龄儿童、少年随班就读的;(二)分设重点班和非重点班的;(三)违反本法规定开除学生的;(四)选用未经审定的教科书的。"

2. 违规招生的行政责任

《教育法》规定的学校的权利中有"招收学生或者其他受教育者的权利。"但是学校的招生权不能超出应有的范围和规定的程序,否则就是滥用职权。《教育法》第七十六条规定:"违反国家有关规定招收学员的,由教育行政部门责令退回招收的学员,退还所收费用;对直接负责的主管人员和其他直接责任人员,依法给予行政处分。"第七十七条规定:"在招收学生工作中徇私舞弊的,由教育行政部门责令退回招收的人员;对直接负责的主管人员和其他直接责任人员,依法给予行政处分;构成犯罪的,依法追究刑事责任。"

违规招生主要集中在民办学校中,发布虚假招生简章或者广告,骗取钱财,因此,《民办教育促进法》第六十二条对此作了相关处罚规定。

拒绝招收按照国家有关规定应当招收的残疾人入学的,也要承担相应的行政责任。《残疾人教育条例》第五十条规定:"拒绝招收按照国家有关规定应当招收的残疾人入学的由有关部门对直接责任人员给予行政处分。"

### 3. 违规收费的行政责任

学校违反国家有关收费范围、项目、标准以及有关收费事宜的审批、核准、备案以及收费的减、免等方面的规定,自立收费项目或超过规定的收费标准,非法或不合理地向学生收取费用,会给学生及其家庭带来负担,因此,《教育法》第七十八条规定:"学校及其他教育机构违反国家有关规定向受教育者收取费用的,由教育行政部门责令退还所收费用;对直接负责的主管人员和其他直接责任人员,依法给予行政处分。"

义务教育不收学费、杂费、教材费,但是总有学校在以各种名目收费,为此《义务教育法》第五十六条规定:"学校违反国家规定收取费用的,由县级人民政府教育行政部门责令退还所收费用;对直接负责的主管人员和其他直接责任人员依法给予处分。学校以向学生推销或者变相推销商品、服务等方式谋取利益的,由县级人民政府教育行政部门给予通报批评;有违法所得的,没收违法所得;对直接负责的主管人员和其他直接责任人员依法给予处分。"

### (三) 教师的行政法律责任

教师是履行教育教学职责的专业人员,承担教书育人和提高民族素质的使命。教师是教育法律关系中的重要主体之一。为此,《教师法》对教师滥用权利、逃避义务等违法行为规定了明确的法律责任。

### 1. 故意不完成教育教学任务和体罚学生的行政责任

《教师法》规定教师有"贯彻国家的教育方针,遵守规章制度,执行学校的教学计划,履行教师聘约,完成教育教学工作任务"和"关心、爱护全体学生,尊重学生人格,促进学生在品德、智力、体质等方面全面发展"的义务。

完成教育教学任务是教师必须履行的工作职责,教师不完成教育教学工作任务,就要承担相应的行政责任。热爱学生是教师的天职,尊重学生是教师的美德,教师如果不能平等地对待每一个学生,甚至体罚或变相体罚学生,就要承担相应的行政责任,甚至刑事责任。为此《教师法》第三十七条规定:"教师有下列情形之一的,由所在学校、其他教育机构或者教育行政部门给予行政处分或者解聘:(一) 故意不完成教育教学任务给教育教学工作造成损失的;(二) 体罚学生,经教育不改的;(三) 品行不良、侮辱学生,影响恶劣的。教师有前款第(二)项、第(三)项所列情形之一,情节严重,构成犯罪的,依法追究刑事责任。"其中,所谓的"教育教学任务",是依照聘任合同的约定或岗位职责所明确的教师应当完成的教育教学任务。体罚学生,是指教师以暴力的方法或以暴力相威胁,或以其他强制性的手段,侵害学生的身心健康的行为。品行不良、影响恶劣的行为,是指教师的人品或行为严重有悖于社会公德和教师的职业道德,严重损害为人师表的形象和身份,在学生中和社会上产生恶劣影响的行为。侮辱学生,是指教师公然贬低或侵害学生的人格,损害学生名誉的违法行为。

《教师资格条例》第十九条对教师品行不良、侮辱学生,影响恶劣的行为还规定:"由县级以上人民政府教育行政部门撤销其教师资格""被撤销教师资格的,自撤销之日起5年内不得重新申请认定教师资格,其教师资格证书由县级以上人民政府教育行政部门收缴"。

《残疾人教育条例》第五十条规定:侮辱、体罚、殴打残疾学生的,由有关部门对直接责任人员给予行政处分;违反《中华人民共和国治安管理处罚条例》的,由公安机关给予行政处罚。

2. 伪造资历、业绩,剽窃他人成果的行政责任

以教师为违法主体的违法行为还有许多其他情况:

对于"弄虚作假、骗取教师资格的",《教师资格条例》第十九条规定:"由县级以上人民政府教育行政部门撤销其教师资格""被撤销教师资格的,自撤销之日起5年内不得重新申请认定教师资格,其教师资格证书由县级以上人民政府教育行政部门收缴"。第二十条规定:"参加教师资格考试有作弊行为的,其考试成绩作废,3年内不得再次参加教师资格考试。"

对于"伪造资历、业绩,剽窃他人成果等弄虚作假者",《江苏省中小学教师专业技术资格条件》规定:对于申报职称"伪造资历、业绩,剽窃他人成果等弄虚作假者,延迟3年以上。对伪造学历、学位等情节特别严重者,取消其现任教师职务资格"。

(四)学生的行政责任

受教育者是教育的对象,也是教育法调整的社会关系的重要主体之一。学生违反相关法律法规也要承担相应的行政法律责任。

1. 考试舞弊行为

我国中考、高考或其他正规的考试制度属于国家教育制度的一部分,学生必须遵守考试规则,在考试中不得有舞弊行为。《教育法》第七十九条规定:"在国家教育考试中作弊的,由教育行政部门宣布考试无效,对直接负责的主管人员和其他直接责任人员,依法给予行政处分。"

《教育行政处罚暂行实施办法》第十四条规定:"参加国家教育考试的考生,有下列情形之一的,由主管教育行政部门宣布考试无效;已经被录取或取得学籍的,

由教育行政部门责令学校退回招收的学员;参加高等教育自学考试的应试者,有下列情形之一,情节严重的,由各省、自治区、直辖市高等教育自学考试委员会同时给予警告或停考一至三年的处罚:(一)以虚假或伪造、涂改有关材料及其他欺诈手段取得考试资格的;(二)在考试中有夹带、传递、抄袭、换卷、代考等考场舞弊行为的;(三)破坏报名点、考场、评卷地点秩序,使考试工作不能正常进行或以其他方法影响、妨碍考试工作人员使其不能正常履行责任以及其他严重违反考场规则的行为。"

2. 扰乱教育教学秩序的行政责任

公民必须维护学校教育教学正常秩序,扰乱学校教育教学秩序,要承担相应的法律责任。扰乱学校教育教学秩序的,一般是社会闲散人员、学生家长。引起扰乱事件发生的原因往往与在校学生有关,有时候扰乱事件也有学校学生参加。为了维护学校正常的教育教学秩序,《教育法》第七十二条规定:"结伙斗殴、寻衅滋事、扰乱学校及其他教育机构教育教学秩序或者破坏校舍、场地及其他财产的,由公安机关给予治安管理处罚。构成犯罪的,依法追究刑事责任。"

对于扰乱学校教育教学秩序的人员,《中华人民共和国治安管理处罚法》第二十三条规定:"处警告或者二百元以下罚款;情节较重的,处五日以上十日以下拘留,可以并处五百元以下罚款。"

## 二、教育民事责任的承担

教育民事法律责任的承担主要发生在学校。学校承担的民事责任涉及的方面很多,校长侵害教师民事权利,教师侵害校长民事权利,教师侵害教师民事权利,教师侵害学生民事权利等等,凡是民事侵权行为都要承担相应的民事责任。由于学校的服务对象是学生,因此,这里仅重点介绍因学生伤害事故而引起的学校及其他相关人员的民事责任。在介绍这部分内容时依据的法律是《民法通则》和 2010 年 7 月 1 日起施行的《侵权责任法》。

(一)学校的民事责任

1. 限制民事行为能力人受伤,学校承担过错责任

《侵权责任法》第三十九条规定:"限制民事行为能力人在学校或者其他教育机构学习、生活期间受到人身损害,学校或者其他教育机构未尽到教育、管理职责的,应当承担责任。"《侵权责任法》的这一规定明确了限制民事行为能力人受到的人身伤害,学校适用过错责任原则。何为过错责任原则?《侵权责任法》第六条对过错

责任原则作了表述："行为人因过错侵害他人民事权益,应当承担侵权责任。"过错责任原则,是以过错作为侵权人承担民事责任必要条件的归责原则法。

过错责任原则适用于一般侵权行为,一般侵权行为由四个构成要件组成:有加害行为、有损害事实的存在、加害行为与损害事实之间有因果关系、行为人主观上有过错。过错责任原则的特点是相对于损害事实、违法行为、违法行为与损害事实间的因果关系等构成要件而言,过错是归责的最终要件,有过错即有责任,无过错即无责任。

过错责任原则的举证责任是"谁主张,谁举证",即由受害人对侵权人的过错承担举证责任。限制民事行为能力的学生受到人身伤害,在追究学校责任时,除需要拿出自己的损害事实外,还需要拿出学校在教育、管理方面的违法行为,学校的违法行为与自己的损害事实之间存在因果关系,学校对自己的人身损害存在主观上的故意或是过失的过错。

限制民事行为能力人受到的伤害,学校适用过错责任原则,并不意味着学校就不需要举证了,学校要想不承担责任,就必须拿出足够的证据证明学校无过错,学校尽到了教育、管理职责,同时要拿出导致学生受到人身伤害的原因。

2. 无民事行为能力人受伤,学校承担过错推定责任

由于无民事行为能力人的自我保护意识和自我保护能力非常弱,因此,法律加大了对幼儿园、小学的责任追究。《侵权责任法》第三十八条规定:"无民事行为能力人在幼儿园、学校或者其他教育机构学习、生活期间受到人身损害的,幼儿园、学校或者其他教育机构应当承担责任,但能够证明尽到教育、管理职责的,不承担责任。"《侵权责任法》的这一规定明确了无民事行为能力人受到的人身伤害,幼儿园和小学适用的是过错推定原则。何为过错推定原则?《侵权责任法》第六条的表述是:"根据法律规定推定行为人有过错,行为人不能证明自己没有过错的,应当承担侵权责任。"上述法律规定的前半句就是"推定","推定"无民事行为能力人在学习、生活期间受到人身损害时,不管幼儿园、小学是否有过错,都先推定他们有过错,要求他们承担责任。上述法律规定的后半句就是对"推定"的否定,即幼儿园、小学要想推翻前面的"推定",就必须提供证据,证明自己尽到了教育、管理职责。过错推定原则,就是根据法律规定,行为人不能证明自己没有过错时便推定其有过错,并因此承担民事责任的归责原则法。

与过错责任原则的"谁主张,谁举证"举证责任不同,过错推定责任原则的举证责任是"举证倒置",受害人对自己的损害事实、侵权人的违法行为、侵权人的违法

行为与受害人的损害事实之间存在着因果关系、侵权人主观上的过错这四个构成要件中只要承担自己所受到的损害事实一个举证责任即可,至于其他三个构成要件的举证责任则转移到被告身上。被告如果提供的证据不能证明自己的行为是合法的,不能证明自己的行为与受害人的损害事实之间没有因果关系,不能证明自己主观上没有过错,则必须承担侵权责任。

### (二)教师的民事责任

#### 1. 学校承担用人单位责任

《民法通则》第一百二十一条规定:"国家机关或者国家机关工作人员在执行职务中,侵犯公民、法人的合法权益造成损害的,应当承担民事责任。"《侵权责任法》第三十四条规定:"用人单位的工作人员因执行工作任务造成他人损害的,由用人单位承担侵权责任。"依据上述法律规定,教师在教育教学过程中造成学生伤害的,包括体罚和变相体罚学生的,由学校承担赔偿责任。

学校承担的用人单位责任是一种特殊侵权责任,适用的是无过错责任原则,对于无过错责任原则,《民法通则》第一百零六条的规定是:"没有过错,但法律规定应当承担民事责任的,应当承担民事责任。"《侵权责任法》的表述更为明确,即第七条的规定:"行为人损害他人民事权益,不论行为人有无过错,法律规定应当承担侵权责任的,依照其规定。"在教师的职务行为造成学生伤害事件中,学校没有过错,或者说根本不考虑学校是否有过错,依据法律规定,作为用人单位必须承担赔偿责任,学校就得承担赔偿责任。

#### 2. 学校向有责任的教师进行追偿

教师的职务过错造成学生伤害的责任由学校承担,并不意味着教师本人就可以不承担责任了,《江苏省中小学生人身伤害事故预防与处理条例》第三十五条规定:"因学校教职员工在履行职务中造成学生伤害事故的,学校承担赔偿责任后,可以向有故意或者重大过失的责任人进行追偿。"第四十条规定:"学校教职员工对学生伤害事故负有责任的,教育行政部门或者学校应当给予批评教育或者行政处分,情节严重的,可以依法予以解聘;构成犯罪的,依法追究刑事责任。"也就是说,如果是因为教师本人的职务过错造成的学生伤害事故,教师承担的是被追偿的责任。

教师本人是否要承担被追偿的责任,判断的标准是一般侵权责任的四个构成要件,即学生是否存在人身伤害,教师是否存在违法行为,教师的违法行为与学生的人身伤害之间是否存在因果关系,教师在学生人身伤害事件中是否存在过错,包括故意过错和过失过错。也就是说,对于教师承担的被追偿责任,适用的是过错责任原则。

（三）监护人的民事责任

1. 监护人承担无过错责任

《民法通则》第一百三十三条规定:"无民事行为能力人、限制民事行为能力人造成他人损害的,由监护人承担民事责任。监护人尽了监护责任的,可以适当减轻他的民事责任。有财产的无民事行为能力人、限制民事行为能力人造成他人损害的,从本人财产中支付赔偿费用。不足部分,由监护人适当赔偿,但单位担任监护人的除外。"《侵权责任法》第三十二条规定:"无民事行为能力人、限制民事行为能力人造成他人损害的,由监护人承担侵权责任。监护人尽到监护责任的,可以减轻其侵权责任。有财产的无民事行为能力人、限制民事行为能力人造成他人损害的,从本人财产中支付赔偿费用。不足部分,由监护人赔偿。"两部法律的表述几乎一样。

由于法律对监护人的责任规定得非常清楚,因此,监护人对于孩子在学校发生的伤害事故,承担的是无过错责任。即对孩子造成的他人伤害,监护人本人并没有唆使孩子这样做,监护人没有错,由于法律规定了孩子造成的伤害由监护人承担,监护人就得承担。

对于孩子是否造成了他人损害,则需要用一般侵权的四个构成要件进行判断,即他人是否存在损害,孩子是否存在违法行为,孩子的违法行为与他人的损害之间是否存在因果关系,孩子在他人损害中是否存在过错。如果在孩子造成他人的损害中,双方都有过错,这种情形称为混合过错,则可以依据《侵权责任法》第二十六条的规定:"被侵权人对损害的发生也有过错的,可以减轻侵权人的责任。"对于一般过错和混合过错,适用的是过错责任原则。

2. 学校承担过错责任或过错推定责任

未成年学生在学校发生伤害事故,学校承担民事责任的规定在前面已经介绍,这里不再重复。

（四）第三人的民事责任

1. 第三人承担过错赔偿责任

前面介绍的是学校内部发生的学生伤害事故,如果发生校外人员对学校的学生实施伤害,校外人员就称为第三人。社会上有些人对单位不满,对生活丧失信心,欲报复社会,他们往往会闯入幼儿园、中小学对学生实施伤害,法律会追究他们的刑事责任,同样法律也会规定追究他们的民事责任。《侵权责任法》第二十八条规定:"损害是因第三人造成的,第三人应当承担侵权责任。"第四十条规定:"无民事行为能力人或者限制民事行为能力人在幼儿园、学校或者其他教育机构学习、生活期间,受到幼儿园、学校或者其他教育机构以外的人员人身损害的,由侵权人承担侵权责任。"这一法律规定明确了第三人承担的是过错赔偿责任,他们必须为自己的过错承担赔偿责任,而不能把自己的责任推向学校。

2. 学校有过错承担补充赔偿责任

在第三人造成的学生伤害事故中,如果学校有过错,学校也要承担责任。这就是《侵权责任法》第四十条规定中的最后一句话:"无民事行为能力人或者限制民事行为能力人在幼儿园、学校或者其他教育机构学习、生活期间,受到幼儿园、学校或者其他教育机构以外的人员人身损害的,由侵权人承担侵权责任;幼儿园、学校或者其他教育机构未尽到管理职责的,承担相应的补充责任。"学校承担补充赔偿责任,前提是学校有过错,如果学校有证据证明自己没有过错也可以不承担责任。

（五）各方均无过错的公平原则

如果在学校发生的伤害事故中,学校、教师、学生各方均无过错,那么对于伤害造成的损失,如学生体育比赛中的意外伤害,这是谁都不愿意看到的事情,但是体育比赛要求运动员发挥拼搏的竞赛精神,全力战胜对方,取得比赛的胜利,很有可能出现人身损害的后果,正当的竞技行为或者被判技术犯规的行为所造成的人身损害,致害人并没有侵害受害人的恶意,双方对引起损害后果均没有过错,则适用公平原则。《民法通则》第一百三十二条规定:"当事人对造成损害都没有过错的,可以根据实际情况,由当事人分担民事责任。"《侵权责任法》第二十四条规定得更为明确:"受害人和行为人对损害的发生都没有过错的,可以根据实际情况,由双方分担损失。"公平原则的前提是当事人均无过错,且无法律规定由谁来承担责任。由于没有过错,因此,对损害的承担用了"分担"二字。

## 三、教育刑事责任的承担

判断教育领域中的违法行为是否属于情况严重、构成犯罪,必须先了解有关犯罪构成的基本知识。任何犯罪的犯罪构成都由主、客观要件构成。主观要件有犯罪主体、犯罪主观方面;客观要件有犯罪客体、犯罪客观方面。犯罪主体,是指实施犯罪并且依法应当承担刑事责任的人和单位。犯罪主观方面是指犯罪主体对其所实施的危害社会的行为及其危害结果所持的心理态度。犯罪主观方面包括:犯罪故意和犯罪过失。犯罪故意分为直接故意犯罪和间接故意犯罪;犯罪过失分为"疏忽大意"犯罪和"过于自信"犯罪。犯罪客体,是指刑法所保护而为犯罪行为所侵犯的社会关系。犯罪的客观方面,是犯罪活动外在表现的客观事实,其中犯罪行为是必备的客观事实。犯罪的四个要件缺一不可,否则构不成犯罪。教育领域中的犯罪主要有以下一些类别。

（一）教育行政管理人员的刑事责任

1. 贪污贿赂罪——贪污罪、受贿罪、挪用公款罪

《刑法》分则中的第八大类犯罪是贪污贿赂罪。教育行政管理人员有可能触犯的是贪污罪、受贿罪和挪用公款罪。

（1）贪污罪。教育法律法规对国家工作人员的贪污罪没有具体惩罚规定,但是掌握着教育经费的国家工作人员中的贪污情况还是比较严重的。

《刑法》第三百八十二条明确:"国家工作人员利用职务上的便利,侵吞、窃取、骗取或者以其他手段非法占有公共财物的,是贪污罪。"第三百八十三条规定:"对犯贪污罪的,根据情节轻重,分别依照下列规定处罚:（一）个人贪污数额在十万元以上的,处十年以上有期徒刑或者无期徒刑,可以并处没收财产;情节特别严重的,处死刑,并处没收财产。（二）个人贪污数额在五万元以上不满十万元的,处五年以上有期徒刑,可以并处没收财产;情节特别严重的,处无期徒刑,并处没收财产。（三）个人贪污数额在五千元以上不满五万元的,处一年以上七年以下有期徒刑;情节严重的,处七年以上十年以下有期徒刑。个人贪污数额在五千元以上不满一万元,犯罪后有悔改表现、积极退赃的,可以减轻处罚或者免予刑事处罚,由其所在单位或者上级主管机关给予行政处分。（四）个人贪污数额不满五千元,情节较重的,处二年以下有期徒刑或者拘役;情节较轻的,由其所在单位或者上级主管机关酌情给予行政处分。对多次贪污未经处理的,按照累计贪污数额处罚。"

尽管违反财经纪律的行为不等于犯贪污罪;数量不大的私拿多占、滥发奖金、集体私分数量不大的公款等也不按贪污罪处理;贪污不足 5000 元且情节较轻的,一般不构成犯罪。但是这些行为都是违法行为,违法行为积累到一定程度时就会有质的变化。国家工作人员必须检点自己的行为,反腐倡廉。

（2）受贿罪。教育法律法规对国家工作人员的受贿罪也没有具体惩罚规定,但是掌握着人财物大权的国家工作人员中的受贿情况还是比较严重的。

《刑法》第三百八十五条明确:"国家工作人员利用职务上的便利,索取他人财物的,或者非法收受他人财物,为他人谋取利益的,是受贿罪。国家工作人员在经

济往来中,违反国家规定,收受各种名义的回扣、手续费,归个人所有的,以受贿论处。"第三百八十六条规定:"对犯受贿罪的,根据受贿所得数额及情节,依照本法第三百八十三条的规定处罚。索贿的从重处罚。"

受贿罪的主体是特殊主体,只能是在职的国家工作人员;本罪的主观方面是故意;本罪的客观方面表现为利用职务上的便利索贿和收受贿赂的行为;本罪的客体是国家工作人员的受贿行为侵犯了其职务的廉洁性。国家工作人员要经得起行贿人的"软硬兼施",不能把国家的财产当人情送人,更不能利用国家的财产为自己的私利与行贿人交易,否则将受到严厉的刑事处罚。

(3) 挪用公款罪。《教育法》明确要惩罚的是挪用公款罪。《教育法》第七十一条规定:"违反国家财政制度、财务制度,挪用、克扣教育经费的,由上级机关责令限期归还被挪用、克扣的经费,并对直接负责的主管人员和其他直接责任人员,依法给予行政处分;构成犯罪的,依法追究刑事责任。"《教师法》第三十八条规定:"违反国家财政制度、财务制度,挪用国家财政用于教育的经费,严重妨碍教育教学工作,拖欠教师工资,损害教师合法权益的,由上级机关责令限期归还被挪用的经费,并对直接责任人员给予行政处分;情节严重,构成犯罪的,依法追究刑事责任。"《残疾人教育条例》第五十条规定:"侵占、克扣、挪用残疾人教育款项的,构成犯罪的,依法追究刑事责任。"

《刑法》第三百八十四条对挪用公款罪作了界定并规定挪用公款罪的处罚:"国家工作人员利用职务上的便利,挪用公款归个人使用,进行非法活动的,或者挪用公款数额较大、进行营利活动的,或者挪用公款数额较大、超过三个月未还的,是挪用公款罪,处五年以下有期徒刑或者拘役;情节严重的,处五年以上有期徒刑。挪用公款数额巨大不退还的,处十年以上有期徒刑或者无期徒刑。"

挪用公款罪的犯罪主体是特殊主体,只限于国家工作人员。在主观方面,挪用公款的行为人是明知故犯。侵犯的客体是国家的财经管理制度和公款的使用权。客观方面表现为国家工作人员利用职务上的便利,挪用公款归个人使用,进行非法活动的,或者挪用公款数额较大,进行营利活动的,或者挪用公款数额较大、超过三个月未还的行为。

有人觉得,将公款挪用给其他单位使用的,又不是装进自己的腰包,殊不知,挪用公款的动机是什么,是供本人使用还是供他人使用,或者是否以个人名义将公款供给其他单位使用,或者是否为私利个人决定将公款挪用给其他单位使用,均不影响挪用公款罪的成立。还有人认为,挪用公款只是暂时用一下,又不是永久占有,要知道只要定性为犯罪,处罚都是很重的。因此,国家机关中的财会人员一定要切记,不能挪用公款。

2. 渎职罪——招收学生徇私舞弊罪、滥用职权罪、玩忽职守罪

《刑法》分则规定的第九大类犯罪是渎职罪。渎职罪,是指国家机关工作人员利用职务上的便利或者徇私舞弊、滥用职权、玩忽职守,妨害国家机关的正常活动,损害公众对国家机关工作人员职务活动客观公正性的信赖,致使国家与人民利益遭受重大损失的行为。渎职罪的具体罪名有徇私舞弊罪、滥用职权罪和玩忽职守罪等。

(1) 招收公务员、学生徇私舞弊罪。《刑法》对教育领域中的渎职罪,有罪名的只有一个,即招收公务员、学生徇私舞弊罪。《刑法》第四百一十八条规定:“国家机关工作人员在招收公务员、学生工作中徇私舞弊,情节严重的,处三年以下有期徒刑或者拘役。”因此,《教育法》第七十七条规定:“在招收学生工作中徇私舞弊的,由教育行政部门责令退回招收的人员;对直接负责的主管人员和其他直接责任人员,依法给予行政处分;构成犯罪的,依法追究刑事责任。”

招收公务员、学生徇私舞弊罪的主体为特殊主体,即国家机关工作人员;客体为招生管理正常的秩序和政府的廉洁性;客观方面表现为徇私舞弊招收不符合条件的学生;主观方面为故意。招收公务员、学生徇私舞弊罪的量罪要素是情节严重。这里的“情节严重”,参照《最高人民检察院关于渎职侵权犯罪案件立案标准的规定》,是指具有下列情形之一的:(一)徇私情、私利,利用职务便利,伪造、变造人事、户口档案、考试成绩等,弄虚作假招收学生的;(二)徇私情、私利,三次以上招收或者一次招收三名以上不合格的学生的;(三)因招收不合格的学生,导致被排挤的合格人员或者其亲属精神失常或者自杀的;(四)因徇私舞弊招收学生,导致该项招收工作重新进行的;(五)招收不合格的学生,造成恶劣社会影响的。若徇私舞弊情节未达到严重程度的,则不构成犯罪,而属于一般违法行为。

招收学生徇私舞弊罪是教育领域特有的犯罪行为。国家机关工作人员在招收公务员、学生工作中一定得注意,不要因为私利、私情而违法招收不符合条件的学生,不要因为自己的行为破坏招生管理工作的秩序,损害国家机关的形象。否则就有可能犯下招收公务员、学生徇私舞弊罪。

(2) 滥用职权罪和玩忽职守罪。《民办教育促进法》第六十三条规定:“审批机关和有关部门有下列行为之一的,由上级机关责令其改正;情节严重的,对直接负责的主管人员和其他直接责任人员,依法给予行政处分;造成经济损失的,依法承

担赔偿责任;构成犯罪的,依法追究刑事责任:(一)已受理设立申请,逾期不予答复的;(二)批准不符合本法规定条件申请的;(三)疏于管理,造成严重后果的;(四)违反国家有关规定收取费用的;(五)侵犯民办学校合法权益的;(六)其他滥用职权、徇私舞弊的。"

《教师资格条例》第二十二条规定:"在教师资格认定工作中玩忽职守、徇私舞弊,对教师资格认定工作造成损失的,由教育行政部门依法给予行政处分;构成犯罪的,依法追究刑事责任。"

在民办学校审批过程中出现滥用职权、徇私舞弊的,在教师资格认定工作中玩忽职守、徇私舞弊的,《刑法》对此没有直接的罪名,但是依据《刑法》第三百九十七条规定:"国家机关工作人员滥用职权或者玩忽职守,致使公共财产、国家和人民利益遭受重大损失的,处三年以下有期徒刑或者拘役;情节特别严重的,处三年以上七年以下有期徒刑。本法另有规定的,依照规定。国家机关工作人员徇私舞弊,犯前款罪的,处五年以下有期徒刑或者拘役;情节特别严重的,处五年以上十年以下有期徒刑。"可以据此将在民办学校审批过程中出现滥用职权、徇私舞弊的,定为滥用职权罪;将在教师资格认定工作中玩忽职守、徇私舞弊的,定为玩忽职守罪。

滥用职权罪和玩忽职守罪侵犯的客体是国家机关的正常活动秩序和信誉,主体均是国家机关工作人员。客观方面,两罪的共同之处在于造成了重大损失,区别在于滥用职权罪表现为非法行使本人职务范围内的权力或超越职权范围而行使权力,玩忽职守罪表现为不履行或不正确履行法定职责。主观方面,滥用职权罪是故意,玩忽职守罪是过失。只要具备了上述要件,就构成了滥用职权罪或玩忽职守罪。徇私舞弊罪是滥用职权罪和玩忽职守罪的加重处罚情节,相对于滥用职权罪,徇私舞弊罪是为了私利或私情而故意滥用职权;相对于玩忽职守罪,徇私舞弊罪是因为私利或私情而过失地不履行法定职责。

国家机关工作人员在审批民办学校、认定教师资格以及行使其他职权时要认真对待手中的职权,防止因过失而犯下玩忽职守罪,防止因放纵而犯下滥用职权罪。

(二)学校教职员工的刑事责任

1. 危害公共安全罪——教育设施重大责任事故罪

危害公共安全罪是《刑法》中的第二大类罪。《刑法》在这类罪中确立了教育设施重大责任事故罪。教育设施重大责任事故罪是指学校及其他教育机构的直接责任人员,明知校舍或者教育教学设施有危险而不采取措施或者不及时报告,致使发生重大伤亡事故的行为。《刑法》第一百三十八条规定，"明知校舍或者教育教学设施有危害性，而不采取措施或者不及时报告，致使发生重大伤亡事故的，对直接责任人员，处三年以下有期徒刑或者拘役；后果特别严重的，处三年以上七年以下有期徒刑。"《教育法》第七十三条也规定："明知校舍或者教育教学设施有危险，而不采取措施，造成人员伤亡或者重大财产损失的，对直接负责的主管人员和其他直接责任人员，依法追究刑事责任。"

教育设施重大责任事故罪的主体为特殊主体，即对校舍或者教育教学设施负有直接责任的人员。本罪在主观上表现为，对发生严重后果是出于过失，但对校舍和教育教学设施存在的危险和隐患则是明知的。本罪在客观方面表现为对校舍或教育教学设施存在不采取措施或者不及时报告，致使发生重大伤亡事故的行为。发生重大伤亡事故是构成本罪的必要条件。只是造成重大财产损失而没有伤亡的，不构成本罪。因此，作为学校的领导，校舍和教育教学设施的管理者要注意定期检查校舍和教育教学设施，一旦发现问题要立即采取措施，保证校舍和教育教学设施的安全使用，预防教育设施重大责任事故的发生。

2. 侵犯公民人身权利、民主权利罪——故意伤害罪、过失伤害罪

学校教师有可能触犯刑法的是涉嫌侵犯公民人身权利罪。

《义务教育法》、《教师法》和《未成年人保护法》都规定了教师要为人师表，要关心爱护学生，尊重学生的人格尊严，不能体罚或变相体罚学生，不能侮辱学生。《教师法》第三十七条还专门规定了教师有"体罚学生，经教育不改的""品行不良、侮辱学生，影响恶劣的"情形之一的，情节严重，构成犯罪的，要依法追究刑事责任。《残疾人教育条例》第五十条规定：侮辱、体罚、殴打残疾学生的，构成犯罪的，依法追究刑事责任。

教师体罚学生，情节严重的，会构成故意伤害罪。《刑法》第二百三十四条规定："故意伤害他人身体的，处三年以下有期徒刑、拘役或者管制。犯前款罪，致人重伤的，处三年以上十年以下有期徒刑；致人死亡或者以特别残忍手段致人重伤造成严重残疾的，处十年以上有期徒刑、无期徒刑或者死刑。"

教师变相体罚学生的情形很多。常见的是限制学生的人身自由，对学生罚站，不许走动；把学生关在教室里，不让回家等。情节严重的，会构成非法拘禁罪。《刑法》第二百三十八条规定："非法拘禁他人或者以其他方法非法剥夺他人人身自由的，处三年以下有期徒刑、拘役、管制或者剥夺政治权利。具有殴打、侮辱情节的，从重处罚。"

教师侮辱学生的情形也很多,常见的是当众辱骂学生。情节严重的,会构成侮辱罪和诽谤罪。《刑法》第二百四十六条规定:"以暴力或者其他方法公然侮辱他人或者捏造事实诽谤他人,情节严重的,处三年以下有期徒刑、拘役、管制或者剥夺政治权利。"

因此,教师在教育、管理学生时一定要注意自己的言行,不要触犯法律。

3. 侵犯财产罪——诈骗罪

侵犯财产罪是《刑法》中的第五大类罪。侵犯财产罪的具体罪名很多,其中有诈骗罪。诈骗罪是指以非法占有为目的,用虚构事实或者隐瞒真相的方法,骗取数额较大的公私财物的行为。

针对一些民办学校的招生诈骗花样百出,群众防不胜防。《民办教育促进法》第六十二条有针对性地对"发布虚假招生简章或者广告,骗取钱财的"行为作出规定,除了"由审批机关或者其他有关部门责令限期改正,并予以警告;有违法所得的,退还所收费用后没收违法所得;情节严重的,责令停止招生、吊销办学许可证",还强调了"构成犯罪的,依法追究刑事责任"。《刑法》第二百六十六条规定:"诈骗公私财物,数额较大的,处三年以下有期徒刑、拘役或者管制,并处或者单处罚金;数额巨大或者有其他严重情节的,处三年以上十年以下有期徒刑,并处罚金;数额特别巨大或者有其他特别严重情节的,处十年以上有期徒刑或者无期徒刑,并处罚金或者没收财产。"

诈骗罪侵犯的客体,是公私财物所有权。在客观方面,表现为使用骗术,即虚构事实或者隐瞒真相的欺骗方法,使财物所有人、管理人产生错觉,信以为真,从而似乎"自愿地"交出财物。主体是一般主体。在主观方面,应当由直接故意构成,并且具有非法占有公私财物的目的。民办学校要自律,预防犯罪;教育行政部门要加大监督,防止违法行为的发生;上当受骗的学生要举报,绝不能让诈骗犯逍遥法外。

4. 贪污贿赂罪——贪污罪、受贿罪、挪用公款罪

前面介绍了第八大类犯罪——贪污贿赂罪。国家工作人员贪污、受贿问题比较严重。学校的领导,尤其是中小学实行的是校长负责制,贪污、受贿的案件也时有发生。校长预防犯罪要从预防贪污受贿开始。这里不再阐述。

5. 渎职罪——招收学生徇私舞弊罪

前面介绍了《刑法》第九大类犯罪——渎职罪中的国家工作人员犯的招收公务员、学生徇私舞弊罪。其犯罪主体是教育行政主管部门工作人员中涉嫌招收学生徇私舞弊的,没有任何疑问。但如果学校校长、教师等人员涉嫌该罪时,在犯罪的

主体的认定上存在争议。学校校长、教师不是国家机关工作人员，但是却往往行使着实际的招生权，尤其是校长及主管招生的副校长。依据全国人民代表大会常务委员会关于《中华人民共和国刑法》第九章渎职罪主体适用问题的解释："在依照法律、法规规定行使国家行政管理职权的组织中从事公务的人员，或者在受国家机关委托代表国家机关行使职权的组织中从事公务的人员，或者虽未列入国家机关人员编制但在国家机关中从事公务的人员，在代表国家机关行使职权时，有渎职行为，构成犯罪的，依照刑法关于渎职罪的规定追究刑事责任。"也就是说，招收学生徇私舞弊罪的主体具有一定的特性，国家工作人员涉嫌此罪时要依据此罪定罪处罚，学校校长、教师涉嫌此罪时，不仅要依据此罪定罪处罚，还可以定受贿罪，数罪并罚。因为这类人代表国家行使职权，符合全国人大有关从事公务人员的定罪的规定。有招收学生徇私舞弊罪嫌疑的学校校长、教师不能存有侥幸心理，以为自己不是国家公务员，可以逃避法律的制裁。要想规避法律的制裁只有一条路可走，即依法办事。

除了上述几类的犯罪外，教育行政管理人员和学校教职员工也有可能涉足其他种类的犯罪。因此，预防犯罪是警钟长鸣，不得不敲。

## 第三节 教育法律救济

根据现行的有关法律、法规的规定，教育行政法律救济的途径主要包括教育申诉、教育行政复议、教育行政诉讼以及教育行政赔偿。本节主要介绍前三种救济途径。

### 一、教育法律救济概述

（一）基本含义

法律救济的基本含义：一是指为权利受到损害的受害者提供法律上的补偿，使受损害的权利得到恢复和补救；二是指通过救济受害者使被破坏了的社会关系得到恢复和补救，从而使个别的法律主体仍然可以在恢复正常的法律关系中正当地享有权利。

（二）基本原则

教育法律救济主要分为三大类，即行政法律救济、民事诉讼法律救济和刑事诉讼法律救济。三种救济手段都有其特有的基本原则,这里主要阐述贯穿于三大法律救济之中、对三大法律救济均起指导作用的共有原则。

1. 事后救济的原则

只有侵害教育权益的不法行为发生之后,受害的当事人才能寻求相应的教育权益法律救济,一般不存在事前救济或事中救济。

2. 主管职权专属的原则

本原则的基本含义是指权利救济要求只能向特定的机关提起,即只有特定的机关才有分配社会正义的权力,如刑事诉讼一般由公安机关侦查、检察院提起公诉、人民法院审判;民事诉讼和行政诉讼只能向人民法院提起;而行政复议、行政申诉也只能向特定的复议和申诉机关提起。这种主管职权由特定机关行使的原则实际上是宪法所规定的"司法统一"原则的具体体现。只有这样,权利救济才能够真正体现社会公平。

3. 正当程序原则

本原则是指特定的权力机关在履行分配正义的过程中,必须遵循法律规定的程序,作出分配正义的结果,这样得到的结果才具有法律效力,相关的当事人必须遵从,从而为受害者提供有效的法律救济。

(三)法律救济渠道

法律救济的渠道分为司法救济、行政救济和其他救济。

1. 司法救济

司法救济,即诉讼渠道。凡符合民事诉讼法、刑事诉讼法和行政诉讼法受案范围的都可以通过诉讼渠道得到司法解决。针对学校特点,《教育法》和《教师法》都明确规定了学校、教师和学生三个重要主体的诉讼渠道。

2. 行政救济

行政救济,即行政渠道。我国有行政申诉、行政复议和行政赔偿制度。《教育法》、《教师法》都规定了受教育者申诉和教师申诉制度两种行政救济方式。

3. 其他救济

其他救济渠道,主要是仲裁制度、本组织机构内部调解制度、社会其他救济渠道。1994 年 8 月 31 日第八届全国人大第九次会议通过了《中华人民共和国仲裁法》(简称《仲裁法》),有关立法部门还在研究建立教育仲裁制度。在人民调解制度的基础上,随着教育法制的健全,根据《教育法》、《教师法》的基本精神,正在逐步建立校内调解制度。

## 二、教育申诉制度

申诉制度是指公民在其合法权益受到损害时,向国家机关申诉理由,请求处理或重新处理的制度。它是保障宪法赋予公民申诉权利的一项具体制度。教育申诉制度分为教师申诉制度与学生申诉制度。

（一）教师申诉制度

1. 教师申诉制度的含义和特征

所谓教师申诉制度,是指教师在其合法权益受到侵犯时,依照法律、法规的规定,向主管的行政机关申诉理由,请求处理的制度。教师申诉制度的法律依据来自《教师法》。根据《教师法》第三十九条的规定:"教师对学校或者其他教育机构侵犯其合法权益的,或者对学校或者其他教育机构作出的处理不服的,可以向教育行政部门提出申诉,教育行政部门应当在接到申诉的 30 日内作出处理。"《教师法》同时又规定:"教师认为当地人民政府有关行政部门侵犯其根据本法规定享有的权利的,可以向同级人民政府或上一级人民政府有关部门提出申诉;同级人民政府或上一级人民政府有关部门应当作出处理。"

与其他申诉制度相比,教师申诉制度具有如下特征:

（1）教师申诉制度是一项法定申诉制度。《教师法》明确规定了教师申诉的程序,各级人民政府及其有关部门必须依法在规定的期限内对教师的申诉作出处理决定,使教师的合法权益及时得到保护。

（2）教师申诉制度是一项专门性的权利救济制度。它在宪法赋予公民申诉权利的基础上,将教师的申诉权利具体化。对教师申诉的处理决定具有行政法上的效力,当然具有执行力、确定力和拘束力。

（3）教师申诉制度是非诉讼意义上的行政申诉制度。非诉讼意义上的申诉中被请求方为特定的行政机关,申诉的内容为享有行政管理权的机关的行政行为。

2. 教师申诉制度的受案范围

《教师法》对可以提起申诉的范围规定得比较宽乏,具体内容包括:

（1）教师认为学校或其他教育机构侵犯其《教师法》规定的合法权益的,可以提起申诉。这里的合法权益,包括《教师法》规定的教师在职务聘任、教学科研、工作条件、民主管理、考核奖惩、培训进修、工资福利待遇、退休等方面的各项权益。只要教师认为自己的上述权益受到侵犯,都可以提起申诉。

（2）教师对学校或其他教育机构作出的处理决定不服的,可以提出申诉。学校和其他教育机构本无教育执法的职权,但是有关教育法律、法规授权它们实施某些执法行为,其中与教师相关的有评定教师职称、依法奖励或处分教师等,从而使这些组织成为教育执法的主体。相应地,教师对学校和其他教育机构作出的决定不服的,可以比照行政执法机关的执法行为提起申诉。

(3) 教师认为当地人民政府的有关行政部门侵犯其根据《教师法》享有的合法权益的,可以提出申诉。需特别指出的是,这里的被诉对象只能是当地人民政府隶属的行政机关。

3. 受理申诉的机关和管辖

(1) 受理申诉的机关。

因被诉对象的不同而有所不同。教师如果是对学校和其他教育机构提出申诉的,受理申诉的机关为主管的教育行政部门;如果是对当地人民政府的有关行政部门提出申诉的,受理申诉的机关可以是同级人民政府或者是上一级人民政府对口的行政主管部门。

(2) 教师申诉的管辖。

管辖是指行政机关之间受理教师申诉案件的分工和权限。教师申诉制度的管辖主要有四类:一是隶属管辖:指教师提出申诉时,应当向该学校或其他教育机构所隶属的教育行政部门提出申诉。二是地域管辖:指在没有直接隶属关系的学校或其他教育机构工作的教师提出申诉时,按照教育行政部门的管理权限,所在行政区的教育行政部门受理该申诉。三是选择管辖:指教师在两个或两个以上有管辖权的行政机关之间选择一个提出申诉,受理申诉的机关不得以另一机关也有管辖权为理由推诿。对当地人民政府有关行政部门的申诉,申诉人可以在同级人民政府或上一级人民政府的有关部门选择受理机关。四是移送管辖:行政机关对不属于其管辖范围的申诉案件,应当移送给有管辖权的行政机关办理,同时告知申诉人。

另外还有协议管辖和指定管辖。前者即因申诉管辖发生争议的,由涉及管辖的行政机关协商确定。后者指因管辖权发生争议的,由它们所属的同一级人民政府或共同的上级主管部门指定。

4. 教师申诉制度的程序

(1) 提出申诉。

教师应当以书面形式提出申诉。申诉书应载明如下内容:① 申诉人的姓名、性别、年龄、住址等。② 被申诉人(指教师所在学校或其他教育机构以及当地人民政府的有关行政部门)的名称、地址、法定代表人的姓名、性别、职务等。③ 申诉要求。主要写明申诉人对被申诉人因侵犯其合法权益或不服对申诉人的处理决定而要求受理机关进行处理的具体要求。④ 申诉理由。主要写明被申诉人侵害其合法权益或不服被申诉人处理决定的事实依据,针对被申诉人的侵权行为或处理决定的错误,提出纠正的法律、政策依据,并就其陈述理由。⑤ 附项。写明并附交有关的物证、书证或复印件等。

(2) 对申诉的处理。

主管的教育行政部门接到申诉书后,应对申诉人的资格和申诉的条件进行审查,根据不同情况,作出如下处理:① 对于符合申诉条件的应予以受理。② 对于不符合申诉条件的,答复申诉人不予以受理。③ 对于申诉书未说明申诉理由和要求的,要求重新提交申诉书。

(3) 对申诉作出处理决定。

行政机关对受理的申诉案件,应当进行全面的核查,根据不同情况,作出如下处理决定:① 学校或其他教育机构的管理行为符合法定权限和程序、适用法律法规正确、事实清楚的,可以维持原处理结果。② 对于被申诉人不履行法律、法规和规章规定的职责的,可以责令其限期改正。③ 学校管理行为部分适用法律、法规和规章错误的,或处理决定事实不清的,可变更不适用部分或责令学校重新处理。④ 学校管理行为违反法律法规的,可撤销其原处理决定,其所依据的内部规章制度与法律、法规及其他规范性文件相抵触的,可责令学校进行修改或废止。⑤ 对学校和其他教育机构提起的申诉,主管教育行政部门应在收到申诉书的次日起30天内进行处理,在移送管辖的情况下,从有管辖权的主管教育部门接到移送的申诉案件的次日起计算期限。主管教育部门逾期未作处理的,或者久拖不决的,其申诉内容直接涉及人身权、财产权以及属于其他行政复议、行政诉讼受案范围的,申诉人可依法提起行政复议或行政诉讼。⑥ 行政机关作出申诉处理决定后,应当将申诉处理决定书发送申诉当事人。申诉处理决定书自送达之日起发生效力。申诉当事人对申诉处理决定书不服的,可向原处理机关隶属的人民政府申请复核。其申诉内容直接涉及人身权、财产权内容的,可依法提起行政诉讼。

(二) 学生申诉制度

1. 学生申诉制度的含义

学生申诉制度,是指学生在其合法权益受到侵害时,依照《教育法》及其他法律的规定,向主管的行政机关申诉理由,请求处理的制度。《教育法》第四十二条规定,学生享有对学校给予的处理不服向有关部门提出申诉,对学校、教师侵犯其人身权、财产权等合法权益提出申诉或者依法提起诉讼的权利。这为维护学生的合法权益而确立的法律救济制度,也是教育法赋予学生维护自身合法权益的一项民主权利。

2. 学生申诉的范围

《教育法》对受教育者申诉范围的规定比较宽。这对维护学生在学校或其他教育机构中的合法权益是十分有利的。依提出申诉的对象和内容可分为如下几种:

(1)学生对学校给予的处理不服的,包括学籍管理、考试、校规等方面,有权申诉。

(2)学生对学校和教师侵犯其合法财产权利的可以提出申诉。例如,对学校违反《义务教育法》的规定乱收费的,有权提起申诉。包括学校违法设定因迟到、打架、不交作业进行的"罚款",以及不正当的"实验费"、"补课费"等等。学生对教师强迫其购买与教学无关的物品、资料等,有权申诉。

(3)学生对学校和教师侵犯其人身权利,可以提起申诉。例如,学生对学校在校纪管理中处理不当而侵害了其人身健康权、名誉权的,有权申诉。学生对教师私拆、扣压信件而导致其身心伤害的,侮辱体罚学生,放学后长时间留校限制学生人身自由,非法搜查学生书包等行为,均有权申诉。

(4)学生对学校或教师侵犯其知识产权可以提出申诉。例如,教师剽窃学生的著作权、发明权或其他科技成果权,学校强行将学生的知识产权收归学校等,这不仅侵害了学生的人身权,同时也侵犯其财产权,学生有权提出申诉。

3. 学生申诉制度的申诉人和被申诉人

学生申诉制度的申诉人,主要包括合法权益受到侵害的受教育者本人及其监护人。

学生申诉制度的被申诉人,一般是指学生所在的学校或者其他教育机构、学校工作人员以及教师。这里包含两层含义:一是学生对学校或其他教育机构按照学生管理规定给予的处分不服提出申诉,这里被申诉人只限于学校及其他教育机构;二是学校、学校工作人员、教师侵犯学生人身权、财产权等合法权益时,这些侵权主体都可以作为被申诉人。

4. 学生申诉的管辖和程序

根据学校教育实际,通常情况下,如果学生对学校的处分不服或因学校侵犯其人身权、财产权等合法权益而提出的申诉,学校是被申诉人,受理申诉的机关应是与该校有隶属关系的教育行政主管部门;如果学生因教师侵犯其权益而提出申诉,教师为被申诉人,那么受理申诉的机关应是学校,也可以是教育行政部门。

学生申诉要遵循一定的程序:首先提出申诉;等待主管机关的受理审查;听取对申诉的处理结果。不服申诉的,学生还可以向法院提起诉讼。提出申诉可以以口头或书面形式。以口头形式提出的要讲明被申诉人的自然状况、申诉的理由和事件发生的基本事实经过,最后提出申诉要求。书面形式的申诉要求:写明申诉人的年龄、性别、住址、与被申诉人的关系等;写明被申诉人的名称、地址、法定代表人的姓名、性别、职务等;写明申诉要求,主要写明申诉人对被申诉人因侵犯其合法权益或对某个具体行为的实施,要求受理机关重新处理或撤销决定的具体要求;申诉理由和事实经过,要求写明被申诉人侵害申诉人合法权益的事实经过或处理决定的事实与法律政策依据,并陈述理由。只要认为是受侵害,都可提出申诉。

主管机关接到学生的口头或书面申诉后,可以依具体情况经审查后作出不同的处理。对于属于自己主管的,予以受理;对于不属自己主管的,告知学生向其他部门申诉或驳回申诉;对于虽属本部门主管,但不符合申诉条件的,告知学生不能申诉;对于未说明申诉理由和要求的,可要求其再次说明或重新提交申诉书。主管机关对于口头申诉应在当时或规定时间内作出是否受理的答复;对于书面申诉则应在规定时间内给予是否受理的正式通知。

5. 对申诉的处理

主管机关受理申诉后,应该对事件进行调查核实,根据实际情况作出正确处理:如果学校、教师或其他教育机构的行为或决定符合法定权限或程序,适用法律规定正确,事实清楚,可以维持原来的处分或决定和结果;如果处分或决定违反相关的法律法规规定,侵害了申诉人合法权益,可以撤销原处理决定或责令被申诉人限期改正;具体处分决定或具体行为决定的一部分适用法律、法规或规章错误,或事实不清的,可责令退回原机关重新处理或部分撤销原决定;处理或决定所依据的规章制度或校纪校规与法律、法规及其他规范性文件相抵触时,可撤销原处理决定;如果是对侵犯人身权、财产权等而进行的申诉,学生对申诉处理结果不服,可依法向法院起诉。

## 三、教育行政复议制度

行政复议制度是我国行政法律制度的重要组成部分,是向公民、法人和其他组织提供行政法律救济的基本渠道之一。它通过行政机关的层级监督和对行政活动的审查,纠正违法和不当的行政行为,以保护公民、法人和其他组织的合法权益不受行政机关的侵犯,维护和监督行政机关依法行使职权。行政复议依据《中华人民共和国行政复议法》(简称《行政复议法》),该法于1999年4月29日颁布,同年10月1日起施行。

《幼儿园管理条例》第二十八条规定:"违反本条例,具有下列情形之一的单位或者个人,由教育行政部门对直接责任人员给予警告、罚款的行政处罚,或者由教育行政部门建议有关部门对责任人员给予行政处分:(一)体罚或变相体罚幼儿的;(二)使用有毒、有害物质制作教具、玩具的;(三)克扣、挪用幼儿园经费的;(四)侵占、破坏幼儿园园舍、设备的;(五)干扰幼儿园正常工作秩序的;(六)在幼儿园周围设置有危险、有污染或者影响幼儿园采光的建设和设施的。前款所列情形,情节严重,构成犯罪的,由司法机关依法追究刑事责任。"第二十九条规定:"当事人对行政处罚不服的,可以在接到处罚通知之日起十五日内,向作出处罚决定的机关的上一级机关申请复议,对复议决定不服的,可在接到复议决定之日起十五日内,向人民法院提起诉讼。当事人逾期不申请复议或者不向人民法院提起诉讼又不履行处罚决定的,由作出处罚决定的机关申请人民法院强制执行。"《幼儿园管理条例》中的这一规定明确了行政复议的范围、行政复议的机关、行政复议的程序等。这里有必要了解行政复议。

### (一)教育行政复议的概念

#### 1. 教育行政复议的概念

教育行政复议,是指教育行政管理相对人认为教育行政机关作出的具体行政行为侵犯其合法权益,向作出该行为机关的上一级教育行政机关或该机关所属的本级人民政府提出申请,受理申请的行政机关对发生争议的具体行政行为进行复查并作出决定的活动。

#### 2. 教育行政复议与教育申诉制度的区别

教育行政复议与教育申诉制度都是重要的教育行政救济途径。这两条途径都是为了解决教育行政相对人和行政主体之间的纠纷,其处理决定都有法律效力,都会对争议双方当事人的权利、义务产生影响。有关教育法律和文件还规定,对教育申诉处理决定不服的或受理申诉的主体未按期作出申诉处理决定的,其申诉内容涉及人身权、财产权及其他属于行政复议受案范围的,申诉人可以依法提起行政复议。可见,教育行政复议同时也是对教育申诉的救济。但是,教育行政复议与教育申诉制度还是有着很大的差异性,主要表现如下:

（1）提起的主体不同。按照现行有关教育法律、法规的规定，目前能够提出教育申诉的还只限于认为其合法权益受到损害或对行政主体作出的处理不服的教师或学生，其他组织和个人虽然也是教育行政相对人，但目前法律并未规定他们可以提起教育申诉。而有权提起教育行政复议的主体则较为广泛，这其中既包括教师和学生，也包括其他教育行政相对人。

（2）受理的机关不同。按照有关教育法律的规定，教师对学校或者其他教育机构提出申诉的受理机关主要为其所在区域的主管教育行政部门，对当地人民政府的有关行政部门提出的申诉，受理机关为同级人民政府或上一级人民政府的有关部门；学生对学校的处分不服或认为学校、教师侵犯其合法权益的申诉，则主要由当地教育主管部门或学校来受理。而教育行政复议的受理机关，可由本级人民政府或上一级教育主管部门管辖；只有对国务院教育主管部门的具体行政行为不服的复议申请，由原教育行政机关管辖。

（3）被申请人不同。教育行政复议中的被申请人只能是作出具体行政行为的教育行政机关，而教育申诉中的被申请人可以是教育行政机关，也可以是所在的学校，还可以是当地人民政府的其他行政部门。

（4）程序不同。教育申诉制度在我国尚处于起步阶段，并无非常严格的程序规定。而教育行政复议则须按《行政复议法》关于程序的规定严格执行。

（5）范围不同。教育申诉的范围按《教育法》和《教师法》的规定，教师、学生可以对受到的处理、处分提起申诉，也可以对其他侵犯合法权益的行为提起申诉。而教育行政复议一般只能对教育行政机关的具体行政行为提起。教育申诉的内容只有直接涉及人身权、财产权及其他属于行政复议受案范围的，才可以依法提起行政复议。此外，教育行政复议与教育申诉在当事人的称谓、处理期限、法律依据等方面也存在着不同。

### （二）教育行政复议的范围

教育行政复议的范围，指教育行政复议机关受理行政复议案件的权限和界域，即教育行政相对人对教育行政机关作出的具体行政行为不服，认为侵犯其合法权益而向有关机关申请救济的范围。

教育行政复议的范围主要包括以下几方面：

（1）对教育行政处罚不服的。《教育行政处罚暂定实施办法》第 9 条规定教育行政处罚的种类包括：警告；罚款；没收违法所得，没收违法颁发、印制的学历证书、学位证书及其他学业证书；撤销违法举办的其他教育机构；撤销教师资格；停考，停止申请认定资格;责令停止招生;吊销办学许可证;法律、法规规定的其他教育行政处罚。教育行政部门实施上述处罚时,应当责令当事人改正、限期改正违法行为。

（2）对教育行政强制措施不服的。按照《行政复议法》的规定,教育行政相对人对教育行政机关对其财产的查封、扣押、冻结等行政强制措施不服的,可以申请复议。

（3）对教育行政机关作出的有关许可证、执照、资质证、资格证等证书变更、中止、撤销的决定不服的。教育法律、法规将办学许可证审批和管理、教师资格的审批及教师资格证书的发放及管理等行政管理权限赋予各级教育行政机关。当教育行政机关在日常管理中认为管理相对人不符合法定的资格条件或者有违法行为发生时,可作出变更、中止或撤销相对人的办学许可证、教师资格证书等处理决定。行政相对人对此不服的,可以申请复议。

（4）对教育行政机关因不作为、违法的行为不服的。教育行政相对人认为符合法定条件,申请教育行政机关颁发许可证、执照、资质证、资格证等证书,或者申请行政机关审批、登记有关事项,行政机关没有依法办理的。行政相对人申请教育行政机关履行保护人身权利、财产权利、受教育权利的法定职责,行政机关没有依法履行的。

（5）认为教育行政机关违法集资、征收财务、摊派费用或者违法要求履行其他义务的。

（6）认为教育行政机关侵犯自己合法的经营自主权的。在教育行政复议中,主要是校办企业作为行政相对人,认为教育行政机关侵犯其法律、法规规定的经营自主权,主要包括干预、限制、取消或截留其对财产享有的占有权、自主使用权、收益权及支配权等。

（7）认为教育行政机关的其他具体行政行为侵犯其合法权益的。

申请复议的人在申请复议时如果认为教育行政机关的具体行政行为所依据的政府的规定不合法,可以一并向行政复议机关提出对该规定的审查申请,但是不能提出对国务院部、委员会规章和地方政府规章的审查,因为规章的审查须依照相关法律、行政法规办理。如果不服教育行政机关作出的行政处分或者其他人事处理决定的,不能申请复议,可以依照有关法律、行政法规的规定提出申诉。如果不服教育行政机关对民事纠纷作出的调解或者其他处理,可以依法申请仲裁或者向人民法院提起诉讼。

（三）教育行政复议机关

行政复议机关是指受理行政复议申请，依法对具体行政行为进行合法性、适当性审查并作出裁决的行政机关。我国并未特设行政复议机关，一般是作出具体行政行为的行政机关的上一级行政机关即为行政复议机关，但是法律、法规另有规定时，从其规定。根据法律、法规的规定，国务院、乡级人民政府和不设立派出机构的县级人民政府所属工作部门不承担复议职责，不能成为行政复议机关。

对县级以上人民政府教育行政部门的具体行政行为不服申请复议的，由本级人民政府或上一级教育行政部门作为复议机关。对国务院教育行政部门的具体行政行为不服申请复议的，作出具体行政行为的国务院教育行政部门作为复议机关；对省级人民政府的具体行政行为不服申请复议，作出具体行政行为的省级人民政府为复议机关。

（四）教育行政复议的管辖

行政复议的管辖是确定行政复议机关在受理行政复议案件上的分工和权限的制度。

1. 上级管辖

上级管辖就是由上一级行政机关管辖。绝大多数不服行政处罚的复议案件都由作出行政处罚决定的行政机关的上一级行政机关管辖。如治安处罚复议案件必须由上一级公安机关管辖。

2. 本级管辖

本级管辖是指由作出具体行政行为的行政机关本身或本级人民政府管辖。包括三种情况：上一级没有相应主管部门的由本级人民政府管辖；对省、自治区、直辖市人民政府的具体行政行为不服的，由作出具体行政行为的人民政府管辖；对国务院各部门的具体行政行为不服的，由作出具体行政行为的部门管辖。如对国家教育部的具体行政行为不服，复议案件由原机关即教育部管辖。

3. 特殊管辖

特殊管辖主要包括：不服共同行政行为的，由做出该行为的行政机关的共同上一级行政机关管辖；不服派出机关和机构的具体行政行为的，由设立派出机关或机构的政府或其部门管辖；不服被授权或委托组织的具体行政行为的，由直接主管该组织的行政机关管辖；不服需要逐级批准的具体行政行为的，由批准机关的上一级机关管辖；不服被撤销的行政机关在被撤销前作出的具体行政行为的，由继续行使其职权的行政机关的上一级行政机关管辖。

（五）教育行政复议的程序

教育行政复议程序基本上分为申请、受理、审理、决定和执行几个步骤。

1. 申请

它是指公民、法人或其他组织认为行政机关的具体行政行为侵犯教育法所保护的其合法权益，依照法律规定的条件向有关机关提出复议的要求。申请人应以书面形式在 60 日内提出复议申请。复议申请书应载明下列内容：申请人的自然情况（姓名、性别、年龄、职业、住址等）；被申请人的名称、地址；申请复议的要求和理由；附交有关的物证、书证或复印件；提出申请的日期。

2. 受理

它是指教育行政复议机关基于相对人的申请，经审查认为符合法律规定的申请条件，决定立案并准备审理的行为。复议机关决定受理的标志是立案。一旦立案，复议机关必须依法对案件进行审理，复议申请人和被申请人法律地位平等，申请人不得重复申请复议。

3. 审理

它是教育行政复议的中心阶段。复议机关应当在受理之日起 7 日内将复议申请书副本发送被申请人。被申请人在收到复议申请书副本之日起 10 日内，应向复议机关提交作出该具体行政行为的有关材料或者证据以及答辩书。被申请人逾期不答辩的，不影响复议。

复议机关根据复议申请书和被申请人提供的材料、证据和答辩书，对原行政执法决定进行审查。通过审查，查明事实真相，确定原行政执法决定是否违法、失当、侵害了申请人的合法权益。行政复议应以书面形式进行，复议机关认为必要时，也可采取其他方式。

4. 决定

它是指对案件进行审理后，在判明具体行政行为的合法性、正当性的基础上，有关机关作出相应的裁断。复议机关应在复议期限内（自受理之日起 60 日内）作出决定。复议决定有：维持决定，补正程序决定，撤销和变更决定，履行职责决定，赔偿决定。

5. 执行

复议决定生效后就具有国家强制力，复议双方应自觉履行，否则，将强制执行。在教育行政复议的过程中，如果行政机关拒绝履行复议决定的，复议机关可以直接或建议有关部门对该行政机关的法定代表人给予行政处分。复议参加人或其他人阻碍复议人员依法执行职务的,在未使用暴力和其他威胁手段的情况下,由公安机关给予行政处罚;在使用暴力或其他威胁手段的情况下,则依法追究刑事责任。复议机关工作人员失职的,复议机关或有关部门应批评教育或给予行政处分,直至追究刑事责任。

## 四、教育行政诉讼制度

行政诉讼,俗称"民告官"。行政诉讼依据《中华人民共和国行政诉讼法》(简称《行政诉讼法》),该法于 1989 年 4 月 5 日公布,自 1990 年 10 月 1 日起实施。

### (一) 行政诉讼的涵义

1. 行政诉讼的涵义

行政诉讼是指公民、法人和其他组织认为行政机关的具体行政行为侵犯其合法权益,依法向人民法院提起诉讼,由人民法院进行审理并作出判决的制度。这一概念包含以下几个方面的内容:第一,行政诉讼是处理和解决行政争议的活动;第二,行政诉讼是在人民法院主持下进行的;第三,行政诉讼适用独立的行政诉讼程序;第四,行政诉讼起因于处于行政相对方的公民、法人或者其他组织对具体行政行为不服而向法院提起诉讼。

2. 行政诉讼与行政复议的区别

行政诉讼与行政复议都是处理行政争议的行政救济制度。二者有很多相似之处,如二者产生的根源缘于行政纠纷的存在;目的都是为了解决行政争议,保护行政相对方的合法权益,维护和监督行政机关依法行使职权;都是对具体行政行为进行审查,都是依申请的行为等。但二者的差别表现在:

(1) 性质不同。行政复议是行政活动,而行政诉讼是人民法院行使审判权的司法活动。

(2) 受理机关不同。行政复议的受理机关是行政机关,而行政诉讼的受理机关是人民法院。

(3) 适用程序不同。行政复议适用行政程序,实行一级复议制,进行书面审理,程序简便;而行政诉讼适用司法程序,实行两级终审制,以公开审理为主,程序严格。

(4) 审查范围不同。行政复议对具体行政行为的合法性与适当性进行审查,而行政诉讼只对其合法性进行审查。

（5）法律效力的终局性不同。行政复议决定除法律规定的终局复议外，一般不具有终局效力，相对方不服可在法定期限内向人民法院提起诉讼，而行政诉讼的终审判决具有最终的法律效力，当事人必须履行。

依据《行政诉讼法》，教育行政诉讼，是指教育行政管理相对人认为教育行政机关或教育法律、法规授权的组织的具体行政行为侵犯其合法权益，依法向人民法院起诉，请求给予法律救济；人民法院对教育行政机关或教育法律、法规授权的组织的具体行政行为的合法性进行审查，维护和监督行政职权的依法行使，矫正或撤销违法侵权的具体行政行为，给予相对人的合法权益以保护的法律救济活动。

## （二）教育行政诉讼的范围

关于教育行政诉讼的具体受案范围，《行政诉讼法》第十一条和第十二条分别从肯定性的列举和排除性的规定两方面作出了明确的规范。在教育行政诉讼中，教育行政案件的涉案范围与教育行政复议的范围极为相似，主要集中在以下几方面：

（1）对教育行政处罚不服的；

（2）认为符合法定条件申请教育行政机关颁发许可证或执照，教育行政机关拒绝颁发或不予答复的；

（3）申请教育行政机关履行保护人身权、财产权的法定职责，教育行政机关拒绝履行或者不予答复的；

（4）认为教育行政机关违法要求履行义务的；

（5）认为教育行政机关侵犯其他人身权、财产权的。

不可诉的行政行为主要有：

（1）教育行政法规、规章或者教育行政机关制定、发布的具有普遍约束力的决定、命令；

（2）教育行政机关对行政机关工作人员的奖惩、任免等决定；

（3）法律规定由教育行政机关最终裁决的具体行政行为。

## （三）行政诉讼的管辖

### 1. 级别管辖

级别管辖是关于上下级人民法院受理第一审行政案件的权限分工。具体内容是：基层人民法院受理第一审行政案件，但属于中级、高级和最高人民法院管辖的第一审行政案件除外。中级人民法院管辖的行政案件有三类：一是确认发明专利权案件和海关处理案件；二是对国务院各部门或者省、自治区、直辖市人民政府所作的具体行政行为提起诉讼的案件；三是本辖区内重大、复杂的案件。高级人民法院管辖本辖区内重大、复杂的第一审行政案件。最高人民法院管辖全国范围内重大、复杂的第一审行政案件。

2. 地域管辖

地域管辖是关于同级人民法院之间受理第一审行政案件的权限分工，可分为一般地域管辖和特殊地域管辖。一般地域管辖是对地域管辖的原则规定。原则上由最初作出具体行政行为的行政机关所在地的人民法院管辖，这里的"最初"，是针对经过行政复议的案件，复议机关没有改变原具体行政行为，由作出原具体行政行为的行政机关所在地的人民法院管辖。特殊地域管辖有三项内容：对复议机关改变原具体行政行为的，原具体行政行为的行政机关所在地或复议机关所在地都有管辖权；对限制人身自由的行政强制措施不服提起的诉讼，被告所在地或原告所在地人民法院都有管辖权，原告所在地包括原告的住所地、经常居住地和被羁押地；因不动产提起的行政诉讼，只有不动产所在地的人民法院有管辖权。

（四）行政诉讼的当事人

行政诉讼的当事人，是指因具体行政行为发生争议，以自己的名义参加诉讼，并受人民法院管辖约束的人，包括原告、被告和第三人。

1. 原告

作为原告，必须是因不服行政机关的具体行政行为，而以行政机关为被告向人民法院提起诉讼的公民、法人或其他组织。原告必须是认为被行政行为侵害的人，包括具体行政行为直接针对的行政相对人，如果被违法行为侵害的人不服行政机关对违法行为人的处罚，也可以作为原告向人民法院提起行政诉讼。

2. 被告

作为被告，应当是由原告指控其具体行政行为侵犯了原告的合法权益，并经人民法院通知应诉的行政机关。被告具体指：未经复议而直接起诉的，作出具体行政行为的行政机关为被告；经过复议的案件，复议决定维持原具体行政行为的，作出原具体行政行为的行政机关为被告，复议决定改变原具体行政行为的，复议机关为被告；两个以上的行政机关作出同一具体行政行为的，共同作出具体行政行为的行政机关是共同被告；由法律、法规授权的组织作出的具体行政行为，该组织为被告；由行政机关委托的组织作出的具体行政行为，委托的行政机关为被告；由派出机构作出的具体行政行为，由该派出机构所在的行政机关为被告，但如果有法律、法规的授权,派出机构为被告;行政机关和非行政机关共同作出的处理决定,以行政机关为被告;行政机关被撤销的,以继续行使其职权的行政机关为被告。

3. 第三人

行政诉讼的第三人,是指同被诉的具体行政行为有利害关系,而申请或者由人民法院通知参加到诉讼中的公民、法人和其他组织。第三人是独立的诉讼主体,与诉讼的原告和被告之间不存在连带关系,他有权提出与案件有关的独立的诉讼请求,对一审判决不服,可依法提起上诉。

(五) 行政诉讼的程序

1. 起诉和受理

起诉是公民、法人和其他组织依法向人民法院提出诉讼请求的诉讼行为,将产生一定的法律后果,因此,必须符合法定的起诉条件。起诉条件是有明确的原告:认为行政机关的具体行政行为侵犯了其合法权益的公民、法人和其他组织;有明确的被告;有具体的诉讼请求和事实依据;属于人民法院受案范围和受诉人民法院管辖。对于当事人的起诉,人民法院经审查,应当在接到起诉状之日起七日内立案或裁定不予受理,当事人对不予受理的裁定不服,可以提起上诉。

2. 审理和判决

行政诉讼实行两审终审,二审作出的判决和裁定为终审的判决裁定,案件到此为止、最后审结,如果发现确有错误,可以再经审判监督程序予以纠正。

在审理依据上,根据《行政诉讼法》的规定,人民法院审理行政案件,依据法律和行政法规、地方性法规,参照行政规章。所谓"参照",是指有条件地适用规章。人民法院在审理行政案件时,首先要对行政规章的合法性加以确定,合法的予以适用,不合法的不予以适用。但对不予适用的规章,人民法院无权撤销。人民法院如果认为部委之间的规章或地方规章与部委规章有不一致的,由最高人民法院报请国务院作出解释或裁决。

人民法院对行政案件作出审理后,根据不同情况作出不同判决:

(1) 维持判决。即对具体行政行为证据确凿,适用法律、法规正确,符合法定程序的,人民法院作出维持具体行政行为的判决。

(2) 撤销判决。撤销判决即判决撤销或部分撤销被告的具体行政行为,并可以判决被告作出新的具体行政行为。该判决适用的前提条件是:具体行政行为主要证据不足,适用法律、法规错误,违反法定程序,超越职权,滥用职权。

(3) 履行职责判决。对于被告不履行或拖延履行法定职责的,人民法院可以判决其在一定期限内履行职责。

（4）变更判决。人民法院经审查，认为被告作出的行政处罚行为显失公正，可以直接加以变更。

（5）驳回诉讼请求判决。即人民法院经过审理对原告的实体诉讼请求不予满足的判决。

（6）确认判决。即人民法院审理行政案件终结时，针对被诉具体行政行为的合法与否所作出确认的判决。

3. 执行

执行程序，是诉讼活动的最后阶段，人民法院对发生法律效力的判决裁定，在义务人逾期不执行时，有权依法采取强制措施，迫使其履行义务。

行政诉讼的执行有两种情况：一种是当公民、法人或其他组织拒不履行判决、裁定时，行政机关可以向人民法院申请强制执行；另一种是当行政机关不履行判决、裁定时，根据另一方当事人的申请，人民法院依法强制执行。对行政机关主要的强制执行措施有：通知银行从行政机关的账户内划拨应当归还的罚款或给付的赔偿金，对行政机关按日处以 50 至 100 元的罚款，向行政机关提出司法建议，追究主管人员和直接责任人员的刑事责任。

## 【本章小结】

本章阐述了教育法律责任的追究和权利救济制度，主要内容有违法、法律责任、法律制裁；法律责任的免责条件；行政法律责任、民事法律责任、刑事法律责任的概念和分类；行政机关的行政责任、学校的行政责任、教师的行政责任、学生的行政责任；学校对无民事行为能力人的损害承担过错推定责任、学校对限制民事行为能力人的损害承担过错责任、学校对教师的职务侵权承担用人单位责任、学校向负有责任的教师进行追偿、监护人承担无过错责任、第三人承担过错赔偿责任、学校有过错则对第三人造成的损害承担补充赔偿责任、各方均无过错的公平原则；教育行政管理人员的刑事责任、学校教职员工的刑事责任；教育法律救济的基本原则、法律救济渠道；教育申诉制度、学生申诉制度；教育行政复议制度；教育行政诉讼制度等。教育法律责任与救济有利于充分保障学校、教师、学生的教育权利，也有利于教育活动的法制化，树立和维护教育法律法规的权威。

## 【基础性练习】

（一）填空题

1. 违反《教育法》规定，颁发学位证书、学历证书或者其他学业证书的，由教育行政部门( ），责令收回或者予以没收；有违法所得的，没收违法所得；情节严重的,( ）。

2.《教育法》规定：在国家教育考试中作弊的，由教育行政部门( )，对直接负责的主管人员和其他直接责任人员，依法( )。

3.《义务教育法》规定：县级以上地方人民政府未定期对学校校舍安全进行检查，并及时维修、改造的，由上级人民政府( )；情节严重的，对直接负责的主管人员和其他直接责任人员依法( )。

4.《教师法》规定：教师对学校或者其他教育机构侵犯其合法权益的，或者对学校或者其他教育机构作出的处理不服的，可以向教育行政部门提出申诉，教育行政部门应当在接到申诉的( )，作出处理。

5.《教师法》规定：侮辱、殴打教师的，根据不同情况，分别给予( )或者( )；造成损害的，责令赔偿损失；情节严重，构成犯罪的，依法追究刑事责任。

(二) 概念解释题

1. 违法

2. 法律责任

3. 法律制裁

4. 行政处罚

5. 行政处分

6. 过错责任原则

7. 过错推定责任原则

8. 无过错责任原则

9. 公平原则

10. 法律救济

(三) 单项选择题

1.《义务教育法》第五十七条规定：学校分设重点班和非重点班的，或违反本法规定开除学生的，由县级人民政府教育行政部门责令限期改正；情节严重的，对直接负责的主管人员和其他直接责任人员依法给予 ( )

A. 行政处罚　　　B. 行政处分　　　C. 处分　　　　D. 处罚

2. 教师有下列情形之一的，只能由所在学校、其他教育机构或者教育行政部门给予行政处分或者解聘 ( )

A. 故意不完成教育教学任务,给教育教学工作造成损失的

B. 体罚学生,经教育不改的

C. 品行不良、侮辱学生,影响恶劣的

D. 过失伤人,致人重伤

3. 明知校舍或者教育教学设施有危害性,而不采取措施或者不及时报告,致使发生重大伤亡事故的,对直接责任人员,处 3 年以下有期徒刑或者拘役;后果特别严重的 （　　）

A. 处 3 年以上有期徒刑　　　　　B. 处 3 年以上 7 年以下有期徒刑

C. 处 3 年以上 10 年以下有期徒刑　　D. 处 10 年以上有期徒刑

4. 故意伤害他人身体、致人重伤的,处 （　　）

A. 3 年以下有期徒刑　　　　　　B. 3 年以上有期徒刑

C. 3 年以上 10 年以下有期徒刑　　D. 10 年以上有期徒刑

5. 诈骗公私财物,数额较大的 （　　）

A. 处管制

B. 处管制或拘役

C. 处 3 年以下有期徒刑、拘役或者管制

D. 处 3 年以下有期徒刑、拘役或者管制,并处或者单处罚金

（四）多项选择题

1.《教育法》规定:_____扰乱学校及其他教育机构教育教学秩序或者破坏校舍、场地及其他财产的,由公安机关给予治安管理处罚;构成犯罪的,依法追究刑事责任。 （　　）

A. 打砸抢劫　　　B. 结伙斗殴　　　C. 打架斗殴　　　D. 寻衅滋事

2.《义务教育法》规定:县级以上人民政府或者其教育行政部门将学校分为重点学校和非重点学校的,或改变或者变相改变公办学校性质的,由上级人民政府或者其教育行政部门_____;情节严重的,对直接负责的主管人员和其他直接责任人员依法给予行政处分。 （　　）

A. 责令限期改正　　　　　　　B. 责令恢复原状

C. 通报批评　　　　　　　　　D. 行政处分

3.《教师法》第三十六条规定:对依法提出_____的教师进行打击报复的,由其所在单位或者上级机关责令改正;情节严重的,可以根据具体情况给予行政处分。 （　　）

A. 申诉　　　　　B. 控告　　　　　C. 检举　　　　　D. 揭发

4. 民办学校发布虚假招生简章或者广告,骗取钱财的,由审批机关或者其他有关部门责令限期改正,并予以警告;有违法所得的,退还所收费用后没收违法所得;情节严重的,_____;构成犯罪的,依法追究刑事责任。　　　　　　　( )

A. 责令停止招生　　　　　　　B. 责令停止办学

C. 吊销办学许可证　　　　　　D. 吊销办学执照

(五) 判断题

1.《义务教育法》规定学校违反国家规定收取费用的,由县级人民政府教育行政部门责令退还所收费用;对直接负责的主管人员和其他直接责任人员依法给予行政处分。　　　　　　　　　　　　　　　　　　　　　　　　　　　　( )

2.《义务教育法》规定:学校以向学生推销或者变相推销商品、服务等方式谋取利益的,由县级人民政府教育行政部门给予通报批评;有违法所得的,没收违法所得;对直接负责的主管人员和其他直接责任人员依法给予处分。　　( )

3. 教师认为当地人民政府有关行政部门侵犯其根据本法规定享有的权利的,可以向同级人民政府提出申诉,同级人民政府应当作出处理。　　　　( )

4. 社会组织和个人擅自举办民办学校的,由县级以上人民政府的有关行政部门责令限期改正,符合《民办教育促进法》及有关法律规定的民办学校条件的,可以补办审批手续;逾期仍达不到办学条件的,责令停止办学,造成经济损失的,依法承担赔偿责任。　　　　　　　　　　　　　　　　　　　　　　　( )

5. 适龄儿童、少年的父母或者其他法定监护人无正当理由未依照本法规定送适龄儿童、少年入学接受义务教育的,由当地乡镇人民政府或者县级人民政府教育行政部门给予行政处分,责令限期改正。　　　　　　　　　　　　　　( )

(六) 简答题

1. 什么是教育设施重大责任事故罪? 如何处罚?

2. 什么是招收学生徇私舞弊罪? 如何处罚?

3. 什么是挪用公款罪? 对挪用公款罪如何处罚?

4. 对违反国家有关规定向受教育者收取费用的行为如何处罚?

5. 教师体罚学生、侮辱学生影响恶劣的,将承担何种行政责任和刑事责任?

6. 什么是滥用职权罪和玩忽职守罪? 在教育领域如何表现? 如何处罚?

7. 什么是诈骗罪? 在教育领域如何表现? 如何处罚?

8. 教育行政复议的范围有哪些？

9. 简介行政诉讼的管辖。

10. 比较教育行政复议、行政诉讼与教育申诉的相同点与不同点。

（七）案例分析

1. 打教师者需承担哪些责任？

2006 年 10 月的一天下午，某中学王主任在校园里巡视值班，突然，发现一位男青年吴某闯进学校，只见他穿着拖鞋，叼着香烟，浑身散发着酒气，跷起二郎腿，坐在教学楼前的石板凳上，一边吸着烟，一边胡言乱语。这时，同学们已陆陆续续回到学校来上课，王主任见状，上前叫吴某离开学校。吴某非但不听，而且粗言乱骂一通，王主任十分恼火，大声勒令其迅速离校，吴某恶言相向，红着脸，扯着王主任的头发，对准王主任的面部，重重地打了一巴掌，把她推倒在地，王主任被打得鼻孔流血。师生们立刻聚拢起来，吴某见势不妙，马上逃离现场。王主任心脏本来就有毛病，被吴某这样一打一推，脸色发青，老师们马上送她到医院去，后来住院一周，用去医药费 12000 元。

本案中吴某需承担哪些责任？

2. 以罚治校合法吗？

某校制定的规章制度中有这样的规定：学生迟到每次罚款 1 元，旷课一次罚款 2 元，不上课间操一次罚款 1 元，不交作业一次罚款 1 元，打架骂人罚款 5 元，吸烟罚款 10 元，损坏桌椅罚款 10～150 元，损坏玻璃罚款 5～20 元，损坏门窗罚款 50～100 元，迟还图书罚款 5 元，乱放自行车罚款 1 元。教师迟到一次罚款 10 元，教师旷班罚款 20 元。

请问：这些规定合法吗？

3. 考试时女生突然跳楼摔成重伤。

2007 年 9 月 29 日上午，重庆市忠县白石中学初一年级学生考试语文，15 岁的海燕被安排在教学楼 4 楼一间教室。突然，海燕离座走向窗前，踩在一个凳子上，猛地一下跳出了窗外。由于事发突然，只有附近两个同学目击这一行为，等监考老师和同学反应过来，为时已晚，大家七手八脚，把海燕送往当地卫生院。幸运的是，海燕没有生命危险。经过一个月治疗，海燕出院。经司法鉴定，海燕两上肢分别留下 10 级和 8 级伤残。

海燕及家人认为，此事是监考老师和学校管理不善才造成的。2008 年初，海燕家人一纸诉状将学校起诉到忠县人民法院，要求学校赔偿损失 14 万余元。其代理律师蒋建认为,海燕是站在板凳上跳出窗户,监考老师应当发现;海燕平时心理正常,当时一定是受到了什么刺激。

白石中学的代理律师冉启植辩解,学校的教育设施无任何安全隐患,教育和管理过程中已尽到相关注意义务,海燕是自杀,学校不该担责。

（原载《重庆晚报》,2008 年 11 月 11 日）

问:对于海燕是否是自杀,以上原告与被告的观点你认为谁更有理? 学校该不该承担责任呢? 为什么? 法院会怎么判?

【拓展性活动】

（一）写申诉书、起诉书

以下列案例"教师生病遭学校解聘、拒不补发工资及其他待遇"为由,拟写一份申诉书和一份起诉书。

**案例:"教师生病遭学校解聘、拒不补发工资及其他待遇"**

某学校体育教师张某于 2002 年 9 月在授课时不慎将腰扭伤,休病假。直到 2003 年 3 月 5 日去上班时,被学校通知解聘。此后张多次找校长要求解决问题,但校长一直拖到 4 月下旬才在电话中表示对张的处理不妥。但此后不久,校长调离,新校长只同意聘张工作,但不解决以前遗留问题。张某认为学校无正当理由口头解聘教师、拒不补发工资及其他待遇,这违反了《教师法》第 7 条的规定。2005 年 6 月 23 日,张某委托律师向该校所在区教育局递交了申诉书。区教育局在收到申诉后 30 日内未予处理,也未予答复。张某于 2005 年 8 月 3 日依据《行政诉讼法》第十一条的规定,以区教育局拒不履行法定职责为由,向人民法院提起行政诉讼,要求法院判令区教育委员会履行法定职责。张某想问:对学校的解聘行为能否主张权利,即能否对此提出申诉? 学校单方面解聘教师的行为是否侵犯了他的合法权益?

（二）模拟法庭

到法院旁听法官审理案件,并模拟法庭审理案件的程序,审理下列案件。

**1. 问题学生遭遇粗暴教师自杀身亡索赔案**

自杀的学生名叫刘威(化名),是某中学初三年级的学生。这一年期中考试前,刘威看到同班同学李某偷到一部彩色童车,有点好奇,便与李某商量以 46 元的价格买了下来。不久,偷车事发,老师廖某在班上说李某和刘威是"偷车贼",并要刘威与李某停课写检查。刘威被停课一个星期,共写了 4 份检查、一份保证书。几天后,同学小刚(化名)便以每天 7 元的租金从刘威处租车玩。但小刚骑了一天后却付不出租金,只得偷偷将其父珍藏多年的毛主席像章变卖。此事被小刚之父发现,便到学校找到刘威,对其大声呵斥。廖某则指责刘威敲诈别人钱财,又一次将他关进小房间写检查。刘威回到家后,母亲带他到小刚家中赔礼道歉,下午,其母下班回到家中,发现儿子已打开煤气自杀身亡。

刘威死后,刘威的父母遂向法院提起民事诉讼,要求教师廖某、学校以及小刚父亲三被告共同赔偿死亡补偿费、丧葬费和精神损失费。

**2. "警察抓小偷"引出的人身损害索赔案**

某小学一年级学生小强、小虎(均为化名)和几个学生在课间休息时玩"警察抓小偷"的游戏。小虎扮演警察,小强扮演小偷。经过一番追逐,"警察"终于逮住了"小偷"。哪知"小偷"一把挣脱了"警察"的手,拔腿就跑,由于跑得太快,"小偷"重重地撞到了另一个"小偷"林林(化名)身上,林林大哭起来。学生立刻报告老师,老师立刻将其送往医院抢救。医院检查,林林的胳膊骨折,花去医疗费1800元。

林林家长找学校要医疗费,学校认为其没有过错,不应该承担医疗费。学校出面请小强、小虎的学生家长来商谈医疗费的事。这些家长都认为自己不应该赔偿,要赔也是学校赔。现在林林的法定代理人向法院提出诉讼,要求学校及几个孩子的家长共同承担林林的医疗费1800元、后期治疗费2000元、家长的误工费500元、林林的营养费500元,精神抚慰金10000元。共计14800元。

**3. 十四岁少年告派出所**

周小明(化名)家住湖北省随州市某镇的一个山村,当年14岁,是该镇古城小学六年级的学生。1996年11月3日这天下午,他骑着自行车过一座小桥时,不慎将正在桥上行走的8岁的雷小玲(化名)撞伤,雷的父母要求周小明赔偿,双方未能达成一致意见。18日,雷家到镇派出所报案。派出所接到投诉后,以交通肇事为由受理该案,并召集双方家长进行调解,未达成协议。1997年1月7日下午,周小明正在学校上课,派出所派员向学校领导和老师说:"周小明骑车撞伤他人,我们需要把他带到所里了解一下情况。"谁知,进了派出所,等他出来时已是3天以后了。周小明的母亲说尽好话,要求放人。派出所答复:"放人可以,但必须交清交通事故处理费1000元。"1000元对于深居山区的贫困家庭来说无疑是一笔大数字。周的母亲两天两夜只借到600元钱,另外打了一张400元欠条。至此,派出所才解除对周小明的关押。周小明不服:派出所为什么要关我?以后村人和老师同学又该怎么看我?我究竟犯了什么法,他们非关我不可?老师讲现在不是可以民告官吗?我为什么就不能告他们?母子俩找律师求教,1997年1月27日,周小明向随州市中级人民法院递交了起诉状。要求确认派出所限制其人身自由违法,退还所交的600元钱和400元欠条,并承担诉讼费。法院对此案会如何审理?

**4. 教师体罚学生不当,依法构成故意伤害罪**

某日下午,某初级中学的教师张某在讲解化学试卷时,发现学生小李没有拿出试卷,并与同桌的同学讲话。张某看了小李几眼,以示警示,但小李仍我行我素,张某便走到小李课桌旁,用脚踢向小李左腰部,又打了他左脸一巴掌。张某继续讲课,他发现小李痛苦地伏在课桌上,便让同学扶其回寝室休息。张某不放心接着赶去寝室观察,派学生请来医生为其诊治。医生诊断:可能脾脏受伤。张某感到事态严重,即向校长报告了整个事件的经过。当晚九时许,张某护送小李到市医院抢救治疗。小李入院后脾脏破裂经手术摘除,伤残程度为重伤。县人民检察院以张某犯故意伤害罪且造成重伤向县人民法院提起公诉,张某及其律师辩称其行为是为提醒学生上课时注意听讲,没有伤害的故意,是过失犯罪,主观恶性较小。案发后张某有自首情节,并积极赔偿小李的经济损失,请求减轻处罚,适用缓刑。法院对这起刑事案件会如何审理?

## 【学生阅读的文件与书目】

[1]《中华人民共和国教育法》

[2]《中华人民共和国义务教育法》

[3]《中华人民共和国教师法》

[4]《教师资格条例》

[5]《中华人民共和国未成年人保护法》

[6]《中华人民共和国预防未成年人犯罪法》

[7]《中华人民共和国民办教育促进法》

[8]《残疾人教育条例》

[9]《幼儿园管理条例》

[10]《中华人民共和国民法通则》

[11]《中华人民共和国侵权责任法》

[12]《中华人民共和国刑法》

[13]《中华人民共和国行政复议法》

[14]《中华人民共和国行政诉讼法》

[15]申素平.教育法学——原理、规范与应用.教育科学出版社,2009.

## 【本章参考书目】

[1]教育部全国教育普法领导小组办公室.教师法治教育读本[M].教育科学出版社,2002.

[2] 教育部人事司. 教育法制基础[M]. 北京:北京师范大学出版社,2002.

[3] 申素平. 教育法学[M]. 教育科学出版社,2009.

[4] 黄崴. 教育法学[M]. 广东高等教育出版社,2002.

[5] 李晓燕. 教育法学[M]. 高等教育出版社,2001.

[6] 劳凯声. 教育法学[M]. 辽宁大学出版社,2000.

[7] 褚宏启. 中小学法律问题分析[M]. 红旗出版社,2003.

[8] 杨汉平. 教师与学校权益法律保护[M]. 西苑出版社,2001.

[9] 国家司法考试辅导用书编委会. 2010 年国家司法考试辅导用书:第三卷[M]. 法律出版社,2010.

# 后　记

　　教师是人类灵魂的工程师,是知识的传播者和创造者。教师的思想政治和道德素质关系到亿万青少年学生的健康成长,教师的知识和业务水平决定着教育的质量。有好的教师,才有好的教育。为建设一支高素质的教师队伍,必须办好师范教育。温家宝总理指出:"师范教育的目标绝不是造就'教书匠',而是要造就堪为人师的教育家。师范教育不能仅注重让学生在知识、能力和专业素质方面得到应有的发展,更要注重未来教师气质的培养,最重要的是文化熏陶。"因此,要通过深化教师教育改革,创新培养模式,增强实习实践环节,强化师德修养和教学能力训练,不断提高教师培养质量。

　　而加强对师范生教育法律法规的教育,是培养未来教师气质和素养的重要方面。道德和法律是调整人与人之间关系最重要的行为规范。道德教育与法纪教育犹如车之两轮,鸟之双翼,是辩证统一的,两者相互促进、相互补充,对育人都有不可或缺的作用。因此,在五年制高等师范学校的课程设计上,对师范生既要进行教师职业道德教育,也要加强法制教育,尤其是要加强教育法律法规的教育。这既是培养合格公民的迫切需要,也是培养未来教师的必然要求。教育法律法规是师范生的一门必修课。

　　为了帮助师范生系统学习和掌握国家教育法律法规的基本内容和具体要求,培养高素质、专业化的小学、幼儿园教师,我们组织编写了《教育法律法规教程》一书,作为五年制高等师范学校四年级思想政治课的教材。

　　参加本书编写的成员有:第一章 绪论,邵晓龙;第二章 教育基本法律制度,高志明;第三章 义务教育法律制度,朱平;第四章 教师管理法律制度,姚建平;第五章 学生保护法律制度,徐建会;第六章 其他教育法律法规,孙志敏;第七章 教育法律责任与救济,宋纪连。江苏省高师政治协作组刘毓航、潘建中参与了编写纲目的研讨。本书由黄正平研究员负责编写纲目的确定和统稿、定稿等工作,南京晓庄学院阎玉珍教授做了大量统稿和书稿审定工作。

　　在本书编写过程中,参阅和引用了一些书刊中的资料与成果,得到了江苏教育学院各分院领导和教师的关心与支持,也得到了南京大学出版社胡豪副编审的具体指导,谨在此一并表示衷心感谢。由于水平有限,时间较紧,书中难免有不当之处,敬请广大教师、读者和专家批评指正。

编　者

**图书在版编目(CIP)数据**

　教育法律法规教程 / 黄正平,阎玉珍主编. —南京：
南京大学出版社,2011.3(2021.8重印)
　高等学校小学教育专业教材
　ISBN 978-7-305-08138-5

　Ⅰ.①教… Ⅱ.①黄…②阎… Ⅲ.①教育法令规程
—中国—师范大学—教材　Ⅳ.①D922.16

　中国版本图书馆 CIP 数据核字(2011)第 024517 号

出版发行　南京大学出版社
社　　址　南京市汉口路 22 号　　邮　编　210093
网　　址　http://www.NjupCo.com
出 版 人　左　健

书　　名　**教育法律法规教程**
主　　编　黄正平　阎玉珍
责任编辑　潘琳宁　　　　　　　　编辑热线　025-83592401
照　　排　南京紫藤制版印务中心
印　　刷　南京京新印刷有限公司
开　　本　787×960　1/16　印张 18.25　字数 315 千
版　　次　2011 年 3 月第 1 版　2021 年 8 月第 12 次印刷
ISBN　978-7-305-08138-5
定　　价　45.00 元

发行热线　025-83594756
电子邮箱　Press@NjupCo.com
　　　　　　Sales@NjupCo.com(市场部)